曾国藩
领导力十二讲

Lectures on Zeng Guofan's
Art of Leadership

宫玉振　著

图书在版编目（CIP）数据

曾国藩领导力十二讲/宫玉振著.—北京：北京大学出版社，2018.10
ISBN 978-7-301-29653-0

Ⅰ.①曾… Ⅱ.①宫… Ⅲ.①曾国藩（1811—1872）—领导艺术
Ⅳ.①K827＝52 ②C933.22

中国版本图书馆 CIP 数据核字（2018）第 135365 号

书　　　名	曾国藩领导力十二讲 ZENG GUOFAN LINGDAOLI SHIER JIANG
著作责任者	宫玉振　著
策划编辑	贾米娜
责任编辑	贾米娜
标准书号	ISBN 978-7-301-29653-0
出版发行	北京大学出版社
地　　　址	北京市海淀区成府路 205 号　100871
网　　　址	http：//www.pup.cn
微信公众号	北京大学经管书苑（pupembook）
电子邮箱	编辑部 em@pup.cn　　总编室 zpup@pup.cn
电　　　话	邮购部 010-62752015　发行部 010-62750672　编辑部 010-62752926
印　刷　者	涿州市星河印刷有限公司
经　销　者	新华书店
	730 毫米×1020 毫米　16 开本　15.75 印张　216 千字 2018 年 10 月第 1 版　2025 年 2 月第 11 次印刷
定　　　价	68.00 元

未经许可，不得以任何方式复制或抄袭本书之部分或全部内容。
版权所有，侵权必究
举报电话：010-62752024　电子邮箱：fd@pup.cn
图书如有印装质量问题，请与出版部联系，电话：010-62756370

目录

导　语　曾国藩：中国传统文化中的领导力 …………………… 001
　　一、"立德、立功、立言"三不朽 ………………………………… 001
　　二、大道至拙：以理念而非权谋为核心的领导力 ……………… 005
　　三、一生三变：一个领导者的成长轨迹 ………………………… 010
　　四、内圣外王：本土领导力的典型案例 ………………………… 016

第一讲　重 …………………………………………………………… 021
　　一、深沉厚重，是第一等资质 …………………………………… 021
　　二、谋定后动，审定而行 ………………………………………… 024
　　三、端庄厚重是贵相 ……………………………………………… 030

第二讲　耐 …………………………………………………………… 035
　　一、做官以耐烦为第一要义 ……………………………………… 035
　　二、天下断无易处之境遇 ………………………………………… 037
　　三、能下人，斯能上人；能忍人，斯能胜人 …………………… 040
　　四、一经焦躁，则心绪少佳，办事必不能妥善 ………………… 046
　　五、存其倔强，而去其忿激 ……………………………………… 048

第三讲 浑 ………………………………………………………… 054

一、才智英敏者，宜加浑厚学问 …………………………… 054

二、扬善于公庭，规过于私室 ……………………………… 056

三、以才自足，以能自矜，则为小人所忌，亦为君子所薄 … 059

四、"浑"则无往不宜 ……………………………………… 061

第四讲 明 ………………………………………………………… 065

一、莅事以"明"字为第一要义 …………………………… 065

二、处人处事所以不当者，以其知之不明也 ……………… 067

三、明有二：曰高明，曰精明 ……………………………… 070

四、当局则迷，旁观则醒 …………………………………… 073

五、事前易暗，事后易明 …………………………………… 076

第五讲 辣 ………………………………………………………… 080

一、殊为眼明手辣 …………………………………………… 080

二、以霹雳手段，行菩萨心肠 ……………………………… 084

三、合之以文，齐之以武 …………………………………… 086

四、雷霆与雨露，一例是春风 ……………………………… 090

第六讲 慎 ………………………………………………………… 094

一、天下古今之才人，皆以一"傲"字致败 ……………… 094

二、常存敬畏之心，才是惜福之道 ………………………… 097

三、圣贤成大事者，皆从战战兢兢之心而来 ……………… 099

四、常怀愧对之意，便是载福之器 ………………………… 102

五、有福不可享尽，有势不可使尽 ………………………… 106

第七讲 勤 ………………………………………………………… 109

一、"勤"字为人生第一要义 ……………………………… 109

二、当为餐冰茹蘖之劳臣，不为脑满肠肥之达官 ………… 111

三、五到：身到、心到、眼到、手到、口到 …………………… 114
　　四、天下事未有不由艰苦得来，而可大可久者也 …………… 121

第八讲　实 ……………………………………………………………… 124
　　一、观人之道，以朴实廉介为质 ………………………………… 124
　　二、天下事当于大处着眼，小处下手 …………………………… 127
　　三、不行架空之事，不谈过高之理 ……………………………… 130
　　四、惟天下之至拙，能胜天下之至巧 …………………………… 135
　　五、不自欺，不欺人 ……………………………………………… 140

第九讲　暇 ……………………………………………………………… 144
　　一、此心必常有休暇之致 ………………………………………… 144
　　二、世事多因忙里错，且更从容 ………………………………… 147
　　三、凡遇事须安详和缓以处之 …………………………………… 151
　　四、留一分自在，方可容得大事 ………………………………… 154

第十讲　裕 ……………………………………………………………… 158
　　一、富贵功名，皆人世浮荣 ……………………………………… 158
　　二、尽其在我，听其在天 ………………………………………… 161
　　三、莫问收获，但问耕耘 ………………………………………… 162
　　四、有活泼泼之胸襟，有坦荡荡之意境 ………………………… 166

第十一讲　恕 …………………………………………………………… 168
　　一、须从"恕"字痛下功夫 ……………………………………… 168
　　二、一言可以终生行 ……………………………………………… 172
　　三、舍己从人，大贤之量 ………………………………………… 174
　　四、功不必自己出，名不必自己成 ……………………………… 178
　　五、"恕"则不蔽于私 …………………………………………… 181

第十二讲　强 …………………………………………………… 190

一、男儿自立，须有倔强之气 ……………………………… 190

二、打脱牙，和血吞 ………………………………………… 192

三、天下事果能坚忍不懈，总可有志竟成 ………………… 195

四、以"硬"字法冬藏之德 ………………………………… 199

五、在自修处求"强" ……………………………………… 202

结　语　而困而知，而勉而行 …………………………… 207

附　录　曾文正公嘉言钞 ………………………………… 213

后　记 ………………………………………………………… 245

| 导 语 |

曾国藩：中国传统文化中的领导力

一、"立德、立功、立言"三不朽

每一个领导者都会关注这样一个问题：在中国社会文化的情境下，究竟什么样的领导力才会使领导者走向成功？对于这个问题，曾国藩无疑是揭开答案的线索之一。无论是毛泽东曾经说过的"愚于近人，独服曾文正"，还是蒋介石所说的曾国藩为人行事"足为吾人之师资"，都昭示了这样一个事实：在曾国藩的身上，一定有某些与中国情境下成功的领导行为相契合的要素。

清末民初学者徐珂所编的《清稗类钞》中有这样一个故事：湘军名将刘长佑担任直隶总督时，在"剿捻"的方案上主张的是"合剿"；而湘军统帅、奉命主持全盘"剿捻"事务的曾国藩主张的则是"分堵"。二人意见不合，然而曾国藩却对刘长佑极力称道。刘长佑感慨地说："涤翁于此乃毫无芥蒂，良由做过圣贤工夫来也。"（曾国藩老先生在这件事上竟然毫无芥蒂，实在是因为做过圣贤的功夫呀。）

中国古人对一个人的最高评价，是所谓的"立德、立功、立言"三不朽。曾国藩是中国历史上少有的几位可以真正达到"三不朽"境界的人物之一。

首先是"立德"。"立德"就是品德的修养，修为的境界。曾国藩在这方面的成就是非常高的。慈禧太后对曾国藩曾经有一个评价，说这是"古今第一完人"，即古往今来最完美的一个人。

曾国藩一生的追求是做什么呢？做圣贤。什么叫圣贤？圣贤就是道德完美的人。所以他的座右铭是"不为圣贤，便为禽兽"。在他看来，人生只有两种境界：要么是圣贤，要么是畜生，没有中间的余地，没有妥协的空间。这种成圣成贤的理念，构成了他一生追求卓越的强大的内在驱动力。他一生历经挫折、打击与苦难，但是他始终不曾放弃，凭借的就是要做圣贤的这种志向。

中国古人十分推崇"修、齐、治、平"，也就是修身、齐家、治国、平天下，而"修身"是齐家、治国、平天下的起点。用我们今天的话说，就是自我管理是组织管理的前提。管理好自己，你才有资格去领导别人。立德的修养，使曾国藩有了远非常人所及的眼光、胸怀、气度、格局和境界，这是成就他事业的基础。今天许多人之所以对曾国藩的家书、日记很感兴趣，很重要的一点就是想学习他的修养方略。

立德十分重要，但仅仅立德是不够的。在生活中，我们经常发现：有些人品德非常好，但却是书呆子，比较迂腐，做不成事。而曾国藩不仅要立德，还要"立功"。"立功"，就是要建功立业，把事情给做成。

曾国藩做的最大的一件事情，就是镇压了太平天国运动。这件事从政治上来说，当然可以做出完全不同的评价，但是你不得不承认，他把这件事做成是非常不容易的。

曾国藩是一个什么样的人？文人，不懂军事，手无缚鸡之力。他依靠的部队叫什么？湘军。湘军最早是团练，也就是民兵，是地方武装，不是国家的正规军。当年国家的正规军是八旗和绿营。湘军是国家体制之外的一支临时招募的、地方性的武装，得不到国家资源的支持。

一个不懂军事的文人，带领一支体制之外的临时武装，竟然完成了正规军都完成不了的事业，这里边肯定有它的道理。湘军后来成了团队精神的代名词，凝聚力极强、战斗力极强、执行力极强。现在很多人想到湘军，马上会想到团队精神；想到团队精神，马上会想到湘军。曾国藩怎么能够在那么短的时间内，把湘军由一群草根起家的乌合之众，打造成了那个时代最有凝聚力、最有战斗力的部队？他抓住了哪些最基本的要素？湘军是怎样炼成的？

还有，曾国藩是个文人，在军事上并不专业，指挥才能并不高明。但他有一个特点很厉害，那就是用人。那个时代几乎所有的优秀人才都愿意为他所用，他手下也出了很多影响了那个时代的人物，像李鸿章、左宗棠、胡林翼、郭嵩焘、刘长佑，等等。他的事业是怎么成就的？天下一流的人才都愿意为他所用，最后水涨船高，把他推到了一个顶峰。我们都知道，让别人心甘情愿地为你所用，这本身就是一种本事。领导力艺术的核心，其实就是用人的艺术。曾国藩是怎么识人、育人、留人以及用人的？这是每个领导者都十分关注的话题。

此外，曾国藩毕竟不是皇帝。他是大臣，是官员，他最多就是做到大学士、两江总督。他要想做成事，就必须首先处理好官场的各种关系，包括与朝廷的关系、与同僚的关系、与下属的关系等，而官场的关系，向来是极为复杂的。在任何一种领导情境中，处理好各种各样复杂的关系，都是把事情做好、做成的前提。在这方面，曾国藩究竟表现出了什么样的智慧？

有人品德非常好，事情做得也很漂亮，但是不会讲。曾国藩的第三个特点，就是"立言"。"立言"就是能够总结出自己的一套理论体系。

曾国藩是一个悟透了中国文化的人，更重要的是，他有非常丰富的管理实践经验。他一辈子带兵打仗，经历的生死存亡的事情不知道有多少件，见过的各色人等不知道有多少种，所以他对人性、对社会的理解就远远超出一般人。

他又特别善于总结，经常把自己对人生、对社会的体悟总结成一个字、一句话、一副对联，跟家人、朋友以及下属分享。他总结的东西往往很通俗，但是很深刻，很耐人寻味。李鸿章对曾国藩的这一点就非常佩服，他曾经对人说："古人谓一言可以终身行，真有此理！"（古人说一个字就可以一辈子遵行不悖，真是有这样的道理！）梁启超在谈到曾国藩所总结出来的人生道理时也说："彼其所言，字字皆得之阅历，而切于实际，故其亲切有味，资吾侪当前之受用者，非唐宋以后儒先之言所能逮也。"（他所说的话，字字都是从阅历中来，符合实际，所以亲切有味，可以使我们受益无穷，不是唐宋之后的那些儒生们所能比拟的。）

曾国藩所总结出来的这些道理，往往都非常简洁、通俗，也非常深刻、耐人寻味，具有很强的操作性与实践性。我们来看一下他所总结出来的一些道理，譬如人生三畏："畏天命、畏人言、畏君父"，天道三忌："忌巧、忌盈、忌贰"，都是人生的经验之谈。他所指出的居官四败："昏惰任下者败，傲狠妄为者败，贪鄙无忌者败，反复多诈者败"，不能不谓之深刻。今天，官场上那些出事的官员，几乎都跌跤于这四败之中。至于治事五到："身到、心到、脚到、手到、口到"，对于做事的人来说是很实用的；课心课身六法："敬、恕、诚、静、勤、润"，每个字都意味深长；还有处事八德："勤、俭、刚、明、忠、恕、谦、浑"，无一不包含着深刻的管理智慧。

他写的对联，像"天下断无易处之境遇，人间哪有空闲的光阴""好人半自苦中来，莫图便益；世事多因忙里错，且更从容""战战兢兢，即生时不忘地狱；坦坦荡荡，虽逆境亦畅天怀""打仗不慌不忙，先求稳当，次求变化；办事无声无息，既要老到，又要精明"，也都十分耐人寻味。凡此等等，都是领导者可以作为箴言来读的。这是曾国藩给后人留下的最宝贵的财富。

二、大道至拙：以理念而非权谋为核心的领导力

不少人心中的曾国藩，往往是"权谋"的形象。曾国藩因此也成为官场权谋的代名词。事实上，曾国藩领导力的核心，并非权谋，而是理念。

曾国藩并非天资聪明之人。左宗棠对曾国藩的评价是"才略太欠"，是个"书憨"，即书呆子。梁启超也说曾国藩"非有超群轶伦之天才，在并时诸贤杰中，称最钝拙"（他没有超群绝伦的才华，在当时的杰出人物中，被认为是最笨的一个）。

曾国藩对自己也很有自知之明，他评价自己"生平短于才""自问仅一愚人"。曾国藩在给家里写信时也说，"吾兄弟天分均不甚高明"（我们兄弟的天资都不高）。他曾以读书、做事为例，"余性鲁钝，他人目下二三行，余或疾读不能终一行；他人顷刻立办者，余或沉吟数时不能了"（我性格鲁钝，别人一眼就能读两三行，而我却用尽全力还读不完一行；别人立刻就能办好的事情，而我却犹豫半天也无法了结）。曾国藩的作战指挥也是如此，"行军本非余所长，兵贵奇而余太平，兵贵诈而余太直"（行军打仗本来就不是我的强项，因为打仗贵在出奇制胜，而我过于平实；打仗贵在权谋变诈，而我过于直接）。曾国藩的这些特点，同以聪明与才略而著称的胡林翼和左宗棠相比，确实是非常突出的。

然而曾国藩的成功之处在于，他恰恰因此而发展出了一套"困勉""拙诚"的功夫。所谓的"困勉"，就是一步步从艰苦中勉力做出。曾国藩说："自以秉质愚柔，舍困勉二字，别无入处。"（我天资愚钝柔弱，除了困知勉行之外，别无下手之处。）所谓的"拙诚"，就是做事做人不存投机取巧之心，一步步地做，实实在在地做。他认为"天道忌巧"，他相信"惟天下之至诚，能胜天下之至伪；惟天下之至拙，能胜天下之至巧"。梁启超认为曾国藩的成功，恰恰就是这个"困勉""拙诚"的功夫，"而困而知，而勉而行，历百千艰阻而不挫屈，不求近效，铢积寸累。受之以虚，将之以

勤，植之以刚，贞之以恒，帅之以诚，勇猛精进，坚苦卓绝。如斯而已，如斯而已"。民国学者萧一山也说曾国藩"不尚机权，惟务质实"，这是曾国藩人生哲学的核心，是他一生得力之处。

在我们今天看来，曾国藩的领导力中，并非完全没有权谋的因素，但其大体，却是以卫道为激励之本、以纯朴为用人之本、以推诚为驭将之本、以耐烦为治心之本、以包容为处世之本、以大局为决策之本、以勤实为治事之本、以力行为修身之本。而其核心，则是"忠义血性"的理念。

曾国藩以书生之身份从戎，所面临的环境非常险恶。一方面，太平军所向披靡，势如破竹。另一方面，他所处的时代，又正是封建王朝的末世。整个统治集团中，官吏渎法贪冒，柔靡浮滑；士子不知廉耻，唯利是图。流波所及，军队之中，将帅贪婪平庸，士卒望敌而走。按曾国藩的说法，这些人都已经丧尽天良了。

在曾国藩看来，可怕的不是太平军的造反，而是人心的陷溺、人欲的横流。军事的失败只是一种表象，它的背后是价值体系的崩溃："无兵不足深忧，无饷不足痛哭。独举目斯世，求一攘利不先，赴义恐后，忠愤耿耿者，不可亟得。……此其可为浩叹也。"（没有兵不必深忧，没有饷也不必痛哭。唯独放眼向这个世界望去，竟然很难找到一个见了有利可图的事情不奋勇争先、见了急公好义的事情唯恐落人之后的人。这是真正令人深深叹息的现象啊！）

要扭转这种局面，全在于"一二人之心之所向而已""此一二人者之心向义，则众人与之赴义；一二人者之心向利，则众人与之赴利"（社会的关键，就在于一两个领导者的价值追求往哪个方向。这一两个人追求大义，那么众人就会与之一起追求大义；这一两个人追求私利，那么众人就会与之一起追求私利）。

因此，在曾国藩看来，当务之急，是以"忠义血性"为核心的理念来激发天良，改变人心，号召那些"抱道君子"，以"舍身卫道""杀身成仁"的精神，以"打脱牙，和血吞"的刚毅，以"志之所向，金石为开"的信念，投身于挽狂澜于既倒的事业中。

在"舍身卫道""忠义血性"的驱动下，曾国藩的湘军确实表现出了异于其他军队的战斗力。《中兴将帅别传》说曾国藩"履危濒死屡矣，有百折不挠之志"，胡林翼"虽挫而其气弥厉"，江忠源"每战亲临阵，踔厉风发"，罗泽南和他的弟子们"以灭贼自任""忠义愤发，虽败犹荣"……这些平时手无缚鸡之力的书生，竟然"敢战胜于勇悍愚夫"，与"忠义血性"的激励是有很大关系的。曾国藩在《湘乡昭忠祠记》里回顾湘军成功的原因时说过一段非常精彩的话：

> 君子之道，莫大乎以忠诚为天下倡。世之乱也，上下纵于亡等之欲，奸伪相吞，变诈相角，自图其安而予人以至危，畏难避害，曾不肯捐丝粟之力以拯天下。得忠诚者起而矫之，克己而爱人，去伪而崇拙，躬履诸艰，而不责人以同患，浩然捐生，如远游之还乡，而无所顾悷。由是众人效其所为，亦皆以苟活为羞，以避事为耻。呜呼！吾乡数君子所以鼓舞群伦，历九载而戡大乱，非拙且诚者之效欤？

> 君子之道，没有比"以忠诚为天下倡"更大的了。世道混乱的时候，上上下下都拼命追求没有节制的欲望，用奸伪之心相互吞并，用变诈之心相互争斗，各自图谋自己的安全，而不惜把别人置于最危险的地方。畏难避害，就连捐出一丝一粟来拯救天下的力量也不想出。得到忠诚之人的帮助奋起矫正这种风气，克己爱人，去伪崇拙，亲临艰难而不苛求人共患难，浩然献身如同远游之人回到故乡而无所犹豫担心。于是众人效其所为，也以苟活为羞，以避事为耻。我们同乡的几位君子之所以能够鼓舞大家的士气，纵横天下，戡平大乱，难道不正是拙和诚的效用吗？

这无疑是对曾国藩与湘军成功之道最好的总结。可以说，他的信念、他的抱负、他的道德、他的品格、他的毅力、他的胸怀和他强烈的救世意识，以及他执着地将自己的理念付诸行动所形成的强大感召力，便是他的领导力的核心。正因为如此，他不仅暂时挽救了大清王朝，而且改变了那个时代的风气。因此，曾国藩的领导力，从根本上来说，就是他用理念（所谓的"忠诚"、所谓的"卫道"、所谓的"以道德、气节、廉耻为提倡"）激励起一批有着同样价值观的人共同投身于他所谓的事业，从而使湘军成为中国历史上"第一支有主义的军队"（蒋百里语），成为一支"扎硬寨，打死仗""尚朴实，耐劳苦"的军队。这是他能最终完成戡平"大乱"事业的根本原因。

这一点，也是历代的共识。梁启超说：

> 曾文正生雍、乾后，举国风习之坏，几达极点，而与罗罗山诸子，独能讲举世不讲之学，以道自任，卒乃排万险、冒万难，以成功名，而其泽至今未斩。今日数踔敦笃之士，必首屈指三湘。……则曾文正所谓转移习俗而陶铸一世之人者，必非不可至之业，虽当举世混乱之极点，而其效未始不可观，抑正惟举世混乱之极，而志士之立于此漩涡中者，其卓立而渐被之，乃益不可已也。

曾国藩生于雍正、乾隆之后，举国风气的败坏，几乎达到了极点。唯独曾国藩与罗泽南等人，讲求举世都不去讲求的学说，以传承圣人的价值体系为己任，最终排除千难万险，成就了功业，而他们的这种影响直到今天依然没有断绝。今天一谈到特立独行、敦朴笃实的志士，人们一定首先想到三湘大地。……由此可见，曾国藩所说的"以转移社会风气来造就一代之人才"，并不是不可达成的事业。即使在举世混乱至极的时候，它的效果都未必不为壮观。抑或说，正是在举世混乱至极的时候，仁人志士立于漩涡之中，其卓立独行、涤荡人心的功效，才更加不可阻止啊。

曾国藩理念的核心，其实就是传统的儒家思想。儒家的理念，用宋代理学家张载的话说，就是"为天地立心，为生民立命，为往圣继绝学，为万世开太平"。这一理念早就在那里了，然而一般的儒生却只是想、只是说，而不敢做、不去做。曾国藩与一般的儒生不一样的是，他坚信"天下事在局外呐喊议论，总是无益，必须躬自入局，挺膺负责，乃有成事之可冀"。因而他以"忠诚为天下倡"的信念，以"拙诚"地"力行"的功夫，以"知一句便行一句"的精神，把儒家的理念转化为强有力的行动，从而完成了他的功业。

毛泽东对曾国藩的这一点非常佩服。他认为中国历史上有两种人，一种是办事之人，一种是传教之人。而曾国藩是"办事兼传教"之人，而且是通过"传教"把事情给做成的。毛泽东认为，中国历史上只有两个人可以达到这样的境界，一个是曾国藩，另外一个就是北宋时期的范仲淹。其实毛泽东也是典型的"办事兼传教"之人。从历史兴衰中我们可以看得很清楚，仅仅着眼于做事，只能成就一般的事业。伟大的事业，背后一定是需要伟大的价值追求的。

研究领导力问题的著名专家詹姆斯·库泽斯和巴里·波斯纳曾说："理念影响着我们生活的每一个方面：我们的道德判断，我们对他人行为的反应，我们对个人目标和组织目标的投入程度，等等。理念为我们每天要做出的各种决策设定了坐标。与理念相反的意见很少付诸行动，即使付诸行动了，也不会很投入地去做。理念是我们个人的'底线'。"[①] 事实上，这也是伟大的领导力的共同特点：伟大的领导力，一定是以清晰的理念为核心、以坚定的践行为关键的，一定是大中至正、可昭日月的。曾国藩的明道以救世、修己以治人，正是领导力中真正的大智慧。毛泽东所说的"传教"，可以说是点出了曾国藩关键的领导特质与成功因素。

---

① 〔美〕詹姆斯·库泽斯、巴里·波斯纳.领导力（第4版）[M].北京：电子工业出版社，2009：41—42.

三、一生三变：一个领导者的成长轨迹

对于领导者来说，清晰而执着的理念非常重要，但仅有理念还不够。所有的领导行为都是在一定的现实环境中展开的，成熟的领导力，除了理想的追求，一定还需要清醒的现实取向，需要有在现实中解决问题的能力。

曾国藩的朋友欧阳兆熊曾说，曾国藩"一生三变"：

做京官时以程朱为依归，办理军务一变而为申韩，咸丰八年再出而以黄老处世。

程朱，即程颢、程颐兄弟与朱熹，是理学的大师；申韩，即申不害与韩非子，是法家的代表；黄老，即黄帝与老子，是道家的别称。欧阳兆熊的这段话，很好地点出了曾国藩的领导力是从"儒家"到"法家"再到"道家"——实际上反映了一个领导者从理想到现实再到成熟的螺旋式成长轨迹。

曾国藩在北京为官的时候，信奉的是儒家思想，具体来说就是理学。应该说曾国藩一生就是以理学家自居的，理学对其领导力特质的形成起到了至关重要的作用。那么，理学对曾国藩产生了什么影响呢？

二程曾经说过，学理学就是要"学做圣贤"。就像学佛是为了成佛，学道是为了成仙，学理学就是要"做圣贤"。这就有了曾国藩的那句座右铭："不为圣贤，便为禽兽。"我们今天看来，这就像人发了一个大愿一样——一定要做圣贤。所以曾国藩的一生，就是追求做圣贤的一生，他逼着自己一定要进行品格的提升，要达到道德完美的境界，达到圣贤的境界。做圣贤是他一生最大的志向。正如我们前面所说的，这就是曾国藩能够成就其事业最强大的心理动力。

理学对曾国藩的另一个影响，就是有强烈的"卫道"意识。"士不可以

不弘毅,任重而道远",真正的儒生都会有强烈的担当意识、责任意识、传承孔子以来道统的意识,即所谓的"民物命何以立,圣贤道何以传"。然而太平天国信仰的是天主教,并以天主教来打击孔子的文化地位,所到之处都在砸孔庙、烧诗书,甚至宣布上帝罚孔子在地狱里扫厕所。孔子在中国读书人的心目中是"万世师表",太平天国的这种做法无疑激起了当时知识分子强烈的仇恨,认为这样做是要毁掉几千年来中国的人伦传统,孔孟就是在九泉之下也会痛哭。曾国藩聪明的地方在于,他出来镇压太平天国,打的旗号不是简单的"忠君",而是"卫道"。这样一来,就把湘军和太平军的战争,从军事、政治层面的对决,抬高到了价值层面的对决,而价值是无可置疑的。这就吸引了一大批读书人——所谓的"抱道君子"——加入到他的队伍中,使湘军出现了一个突出的特点,就是"书生带领农民",而这些书生有强烈的使命感和强烈的狂热性,一定要把太平天国镇压下去。这也就使得湘军变成了"中国历史上第一支有主义的军队"。在我们今天看来,这是曾国藩能够成就事业的根本因素。这一点,应该说是儒家对曾国藩最深刻的影响。

在中国文化中,儒家一直扮演着主体的角色,儒家为中国人提供了理想的人格和价值的追求,有很多很正面的影响,但是儒家也存在其局限性。如果你读过《论语》,读过《孟子》,读过程朱的著作,就会发现,孔孟也好,程朱也罢,历代的儒家,翻过来覆过去,讲的就是一个主题,也就是"伦理道德"。问题在于,道德原则从来是完美的,应用道德的现实世界却从来都是不完美的。因而理想主义色彩过浓的儒生,往往是"迂远而阔于事情",变成迂腐的书生,无法把事情做成。

因此,对于必须解决现实问题的曾国藩来说,只靠儒家的价值理念,显然是远远不够的。所以曾国藩出来统帅湘军、带兵打仗,"一变而为申韩",开始运用法家的理念。

法家与儒家有很大的不同。如果说儒家相信人性有向善的可能,相信道德的力量,强调的是人性理想的一面,那么法家相信的则是人性本恶,人是有求利的本性的，它强调的是人性现实的一面。

韩非子曾经说过一段著名的话："舆人成舆，则欲人之富贵；匠人成棺，则欲人之夭死也。非舆人仁而匠人贼也。人不贵，则舆不售；人不死，则棺不卖，情非憎人也，利在人之死也。"做车的工匠做好了车，就希望富贵的人越多越好；做棺材的工匠做成了棺材，就希望人死得越早越好。并不是做车的道德多么高尚，做棺材的道德多么败坏，而是利益决定了他们的不同行为。在法家看来，这个社会，从本质上来说是围绕着利益而展开的。离开了对人的求利本性的把握，你根本就无法对人进行基本的激励。

除了利益，法家所信奉的还有实力。儒家对道德的力量充满了自信，所谓"君子之德风，小人之德草"，风往哪边去，草就会往哪边倒。用今天的话说，儒家相信的是道德的影响力、感召力，相信的是德化的力量。法家从来不相信这些，法家相信的是强制性的权势的力量，即所谓的"力生强，强生威，威生德"。法家认为权势才真正具有让人屈服和顺从的力量，人的行为也只有通过强制的力量才能改变，即所谓的"力多则人朝，力寡则朝于人"，在法家心目中，除了实力，没有什么是真正靠得住的。

此外，法家还强调争夺。儒家相信人是向善的，因而对人的良性互动抱有乐观的期望，强调的是建立一个和谐的社会，而法家认为这个社会的本质就是争夺，就是弱肉强食。争什么？争利益。靠什么争？靠实力。

儒家讲的是道义，法家讲的是利益；儒家讲的是道德，法家讲的是实力；儒家讲的是和谐，法家讲的是争夺。与儒家相比，法家的特点是非常冷酷，但非常现实。法家把儒家那些温情脉脉的东西全部撕开，让你看到人性和社会的另一个层面。

如果儒家提供的是人生的理想，那么法家所提供的就是一种现实的取向。这就使得曾国藩与一般的儒生有了区别。他依然有儒家的理想，但不再是理想主义者。法家的现实使得曾国藩对官场利害、人情世故有了深刻的理解，很多问题比常人看得明白，达到了所谓的"巨细周知，表里洞彻",这无疑是他能在为官从政过程中始终保持清醒头脑的关键因素。

但是法家也有其不足。法家最大的问题是什么?就是过于强势、过于冷酷、过于霸道、过于刻薄、过于自是、过于以自我利益为中心。什么都要争,什么都要靠自己的实力去争,这样的人的人际关系一定是一塌糊涂的,最后也一定是一败涂地的。

曾国藩在湖南办团练时,这个特点充分表现了出来,他一方面对起来造反的百姓,效法"武健之吏",以"严刑峻法痛加诛戮",自己"身得残忍严酷之名亦不敢辞"(学习那些法家的酷吏,以严厉的刑法加以强力的诛戮,自己背上残忍严酷的名声也在所不惜);另一方面对待官场,则是"所办之事,强半皆侵官越俎之事。以为苟利于国,苟利于民,何嫌疑之可避?是以贸然为之"(所查办的事情,大多数是侵犯与凌越其他人权限的事情,以为只要对国家有利、对百姓有利,有什么要避嫌的?所以不管不顾,放胆去做)。

如此的逞强、霸道、自是,一定会导致别人的敌意与对抗。而一个人一旦陷入这种局面中,一定是要失败的。所以曾国藩在湖南和江西带兵时,陷入了极度紧张的人际关系中。他所到之处,与官场冲突不断,以至于在长沙的时候把文官和武官全都得罪了,因此不得不避走衡阳,而在江西,更是到了"通国不能相容"的地步,最后的结果是一败涂地,被咸丰皇帝罢免了兵权,被迫回家守制,也因此跌到了自己人生的最低谷。

挫败一度使曾国藩陷入无尽的焦虑抑郁之中,他不明白为什么自己一心一意想做事,所到之处,官场却总是跟他作对,甚至连朝廷都对他弃如敝屣。正在他焦头烂额、走投无路的时候,他的朋友欧阳兆熊的一席话——"岐黄可医身疾,黄老可医心病",让他豁然开朗。因为曾国藩向来是一个非常自负的人,他总是把所有的问题都归咎于别人,归咎于外部,譬如,别人腐败,别人不配合,别人紧握实权,等等。现在他突然意识到,也许自己身上也有问题,于是开始反思。曾国藩的反思大概持续了一年的时间,他把自己关在一个房间里,天天在那儿静坐,把过去的事情一件件翻出来，在那儿解剖。这是一个非常痛苦的过程，因为这是一个曾经很成功的人要否定自己的过程。曾国藩最后终于想明白了，所有问题的根子就在自己身上。他后来给弟弟曾国荃写信讲到自己的这一段心路历程时说：

> 兄昔年自负本领甚大，可屈可伸，可行可藏。又每见人家不是。自从丁巳、戊午大悔大悟之后，乃知自己全无本领，凡事都见得人家有几分是处。故自戊午至今九载，与四十岁前迥不相同。大约以能立能达为体，以不怨不尤为用。立者，发奋图强，站得住也；达者，办事圆融，行得通也。

我以前以为自己很了不起，眼中所看到的，都是人家的不对、人家的问题。自从丁巳到戊午这一年的大悔大悟之后，我才知道自己其实一点本事都没有，无论遇到什么事，都觉得人家有几分道理。所以现在九年过去了，跟我四十岁以前是完全不一样的。大约说来，是以能立能达为体，以不怨不尤为用。立，就是想要做事，要发愤图强，这样才能站得住；达，就是还要会做事，要办事圆融，这样才能把事情做成。

巨大的挫折像一个熔炉，使曾国藩有了一个自我反省并得以真正脱胎换骨的机会。这一年的反省对曾国藩的人生观产生了极大的影响，于是他"咸丰八年再出而以黄老处世"。黄老就是道家。道家与法家相比最大的不同在哪里？如果说法家的特点在于一个"刚"字，那么道家的特点便在于一个"柔"字。道家的重要命题是"柔弱胜刚强"，是"天下之至柔，驰骋天下之至坚"，是"江海之所以能为百谷王，以其善下之"，是"强大处下，柔弱处上"，是"为而不争，以其不争，故天下莫能与之争"，是"方而不割，廉而不刿，直而不肆，光而不耀"，是"知其雄，守其雌"。法家之弊是逞强，是刚愎自用，是自以为是。道家的"柔弱""不争"，恰恰是要打破人的自矜、自伐、自是、自彰，从过分的自我之中走出来。

人天然地都以自我为中心，往往会把自己看得高，把别人看得低；把自己看得重，把别人看得轻。这是人性的本质。领导者是组织的核心，领导行为的本质就是要处理"人"与"我"的关系。领导力的突破过程，其实就是一个突破自我的过程，就是一个打通"人我"、融汇"人我"的过程，就是走出小我、成就大我的过程。一个"自负本领"甚大、"又每见人家不是"的人，其领导行为一定是自我的、尖刻的、排斥的、抗拒的、敌对的、盛气凌人的。这样的领导行为是无法得到别人心甘情愿的追随与合作的。曾国藩的"大悔大悟""乃知自己全无本领"，正是对过去过分自我的超越。一个"凡事都见得人家有几分是处"的人，其领导行为往往是超我的、谦和的、吸收的、包容的、合作的、平易近人的。这样一来才能得到更多、更优秀的人的帮助，最终成就一个全新的大我。

正是从这个角度出发，曾国藩提出了一系列为人的基本原则，如"自家的优点，要掩藏几分，这是涵育以养深；别人的缺点，要掩藏几分，这是浑厚以养大""与人忿争，不可自求万全处；白人是非，不可过于武断""凡人我之际，须看得'平'；功名之际，须看得'淡'""功不必自己出，名不必自己成""功不独居，过不推诿""凡利之所在，当与人共分之；凡名之所在，当与人共享之""舍己从人，大贤之量""以贤临人，未有得人者也；以贤下人，未有不得人者也"，等等。

领导行为的失败，往往是由过于自我导致的。当一个人走出自我的藩篱时，心态、认知和待人处事的风格都会发生根本的转变。它能让人更清楚地看清自己，也更清醒地理解别人，学会倾听、学会欣赏、学会包容，从而更好地处理"人"与"我"的关系，也就能够"行得通"。这就是领导力达到真正成熟境界的最终表现。

如果说儒家给了曾国藩理想的追求，法家给了曾国藩现实的眼光，那么道家就给了曾国藩真正成熟的心态。道家展现出了一种包容，一种耐烦，一种从容，一种恬淡，一种灵活，一种弹性，一种圆融，一种更高的人生智慧。欧阳兆熊说曾国藩"一生三变"，其实曾国藩是把儒、法、道三家的精髓完美地结合在了一起。他既有儒家的理想与追求，又有法家的清醒与现实，同时还有道家的成熟与灵活，从而达到了真正圆通无碍的境界。

对于领导者来说，仅有做事的激情是不行的，还要有解决问题的能力；仅有对价值的执着是不行的，还要有与现实妥协的智慧。一个伟大的领导者，既需要有对理想的坚守，又需要有清醒的现实取向。要在理想中关注现实，也要在现实中追求理想。理想与现实之间的这种平衡，是曾国藩领导力的最大特色，也是他最终能够成就事业的根本原因。

从曾国藩的"一生三变"我们还可以看出，曾国藩的成长过程，与普通人一样，也是一个学习的过程。他也走了我们都走过的弯路，经历过我们都经历过的失败，也犯了我们都犯过的错误。但是他与普通人不一样的是，一般人在经历那样的失败后基本就完了，而他能够从失败中重新站起来，并超越了自己。这是他最厉害的地方。我们今天读曾国藩的东西，就是为了少走曾国藩曾经走过的弯路，少犯曾国藩曾经犯过的错误。曾国藩是一个曾经吃过大亏的人，只有了解了曾国藩的人生历程，我们才能更深刻地理解与把握他的思想，才能对他所总结的东西产生真正的共鸣，才能从中真正地受益。

四、内圣外王：本土领导力的典型案例

曾国藩的领导力，是一种典型的中国式领导力。这种领导力所体现的全是中国文化的基本精神。与曾国藩同时代的薛福成在分析他成功的原因时说："'以克己为体，以进贤为用'，二者足以尽之矣"，而"其克己之功，老而弥笃，虽古圣贤自强不息之学，亦无以过之也。"民国时期浙江大学教授胡哲敷在评价曾国藩时也说："大概谦、恕二字，可以代表他待人接物的气度。勤、恒二字，则是他终身行事的不二精神。"同样是民国时期的学者龙梦荪在《曾文正公学案序》中也认为，曾国藩一生成就，其得力之

处，在于"强毅"与"谦谨"：

> 曾文正为近世之大人物，德业文章，炳耀寰宇，虽妇孺亦知钦佩其为人。彼果何所得力而成就如斯之盛哉？吾尝读其遗集，案其行事，反复推求，始知其得力所在，盖由"强毅"、"谦谨"而来也。惟其"强毅"也，故困知勉行，力追前哲；特立独行，自拔流俗。虽极人世艰苦之境，而曾不少易其心；虽遇千挫百折之阻，亦不足以夺其志。真者必信，而不为外界所移；妄者必不信，而不为古人所欺。惟其"谦谨"也，故尝以事理无尽，不敢以才智自矜。其接物也，则小心翼翼，无一人之敢慢。其赴公也，则兢兢业业，恐一事之或忽。以世务莫测，所推之或误也，则时思以博访于人；以国事万端，才力之未逮也，则举贤共图如不及。其学问之所以增进，道德之所以高尚，功业文章之所以炳耀寰宇，诚所谓日就月将，有本有源者矣。

谦恕也好，勤恒也好，强毅也好，谦谨也好，都是源于中国文化的品德修养的功夫。借用萧一山先生的话说：勤恒、强毅为"刚"，表示"求善固执"的求是精神，代表自强不息；谦恕、谦谨为"虚"，表示"虚怀若谷"的宽容精神，代表厚德载物。二者合一，乃得刚柔并济之效，这又是中庸的道理。由此可见，曾国藩领导力的大本大源，就是中国传统文化的活水。

民国时期曾留学哈佛、牛津，被学者誉为学贯中西、文通古今的郭斌和，在《曾文正公与中国文化》一文中说：

> 我国过去教育目的，不在养成狭隘之专门人才，而在养成有高尚品格、多方发展之完人。求之西方，以英国牛津、剑桥两大学之教育理想，与此为最近似。
>
> 曾文正公，即我国旧有教育理想与制度下所产生最良之果之一，故能才德俱备，文武兼资。有宗教家之信仰，而无其迷妄；

有道德家之笃实，而无其迂腐；有艺术家之风采，而无其浮华；有哲学家之深思，而无其凿空；有科学家之条理，而无其支离；有政治家之手腕，而无其权诈；有军事家之韬略，而无其残忍。

西洋历史上之人物中，造诣偏至者固甚多，然求一平均发展道德文章事功三者之成就，可与文正相比者，实不数觏。而文正之在中国，虽极伟大，也不过为中国正统人物中之一人。呜呼！斯真中国教育之特色、中国文化之特色也。

中国传统文化的重心，强调的是"修己安人""内圣外王""有体有用"。在中国人看来，领导者必须具备"圣""王"的双重资格：有"圣"人修己之体，然后才能为"王"者治人之用。中国文化所强调的是，内在品格的养成是领导力成长的前提。用最通俗的话说，就是先学做人，后学做事，做人是领导力之本。曾国藩"兼具圣王双重的资格，造成精神事业的领袖"，其领导力正是从传统文化中浸润而来的。这确实体现了中国文化的大智慧与大境界。

有意思的是，曾国藩身上虽然不可避免地带有那个时代的局限性，但是，他所总结出来并亲身践行的、在我们今天看来典型地与中国文化特性密切相关的许多内容，如耐烦、包容、谨慎、谦卑、果断、坦诚、朴实、恕道、毅力等，也恰恰是当代西方管理学理论中越来越重视的领导品质。这些内容，既是中国情境下领导者成功所必备的要素，也是成就伟大的领导者所必备的共同特质。从曾国藩身上，可以清楚地看出，几千年的中国文化具有多么强大的生命力。从这个意义上，可以把曾国藩看作本土领导力最典型的一个案例，借以体悟本土领导力的深沉厚重。

曾国藩的领导力，可以用"仰之弥高"来形容。任何一本书，都无法涵盖曾国藩思想的全部。本书从曾国藩所总结出来的大量关于领导力的要诀中，选取了其中的十二个字："重""耐""浑""明""辣""慎""勤""实""暇""裕""恕""强"，并结合曾国藩的事例及现代管理实践，揭示其对于中国情境下的领导行为的启发意义。

"重",厚重、稳重。吕坤在《呻吟语》中曾说,"深沉厚重,是第一等资质","重"反映了在中国文化环境下一个领导者应该具备的外在形象和内在涵养。

"耐",耐烦、耐心。曾国藩经常说的一句话是,"做官以耐烦为第一要义"。对于领导者来说,情绪化的反应是一种不成熟的表现,耐烦是领导者的必修之课。

"浑",浑含、浑厚。精明是领导者的第一层境界,浑厚则是领导者的第二层境界。用曾国藩的话说,"精明亦要十分,只须藏在浑厚里作用"。"浑"是一种包容的境界。

"明",明白、清醒。曾国藩说:"办事以明字为第一要义。""明"对于领导者领导行为的成败具有根本的价值。优秀的领导者,是高明与精明的集合体。

"辣",泼辣、果断。眼明还要手辣,"辣"就是一种决断力,关键时刻敢出手、敢拍板、敢下决心、敢承担责任。"辣"是成大事者必备的素质。

"慎",谨慎、自制。"常存敬畏之心,才是惜福之道",对于领导者来说这是始终保持清醒的头脑、自制的意识的关键。自制对于领导者来说永远是一种美德。

"勤",勤奋、勤恳。"勤字为人生第一要义。""天下事未有不由艰苦中来而可大可久者。""勤"要做到"五到",即身到、心到、眼到、手到、口到。

"实",扎实、朴实。"天道忌巧",管理最忌讳的就是投机取巧。管理的关键就是要把事情实实在在地做到位,"扎硬寨,打死仗""尚朴实,耐劳苦"是湘军的基本精神,也是湘军战斗力的来源。"实"代表的是一种真正的大智慧。

"暇",空闲、从容。"世事多因忙里错,且更从容","暇"字强调的是安详从容的处事风格，着眼的是对做事节奏的把握。"暇"代表的是成熟大气的领导境界。

"裕"，宽裕、坦荡。"裕"是"万事浮云过太虚"的达观，是"尽人事，听天命"的释然，是"活泼泼之胸襟、坦荡荡之意境"的开怀。"裕"是对生命本质的深刻体悟。

"恕"，恕道、宽容。恕是将心比心，是同情的理解，是对自我的一种突破，是走出小我、成就大我，从而成就事业的关键。恕道是中国式领导力的核心。

"强"，倔强、刚强。曾国藩说："男儿自立，须有倔强之气。""强"强调的是坚韧的意志力量，是"好汉打脱牙，和血吞"的精神，是不轻易认输的意志，是看明白之后的一种坚持。对于领导者来说，这也是能够成就大事的关键品质。

这十二个字，其实就是在中国文化和社会环境下，一个成功的领导者应该遵循的十二条基本原则，或者说领导力修炼的十二个纲目。今天的我们可能很难完全做到这十二个字，但是这十二个字就像一面面镜子一样，可以让我们更好地看清自己，并有针对性地提升自己。

第一讲 重

一、深沉厚重，是第一等资质

什么是"重"？"重"就是稳重、厚重、庄重、端重、负重，也包括自重。"重"强调的是一个领导者应该具备的基本的外在形象以及内在素养。"重"可以说是领导者综合素质的集中体现。

"重"是中国社会和文化中非常重视的领导品质。《论语·学而》中记录了孔子的一句话：

君子不重，则不威。

君子就是领导者。轻浮、冒失从来都是领导者的大忌。领导者如果不稳重、不厚重，就不会有威严、有权威。显然在孔子看来，"重"是"威"的前提。

《道德经》第二十六章中有老子的一段话，也很耐人寻味：

重为轻根，静为躁君。轻则失根，躁则失君。

稳重是轻浮的根本，安静是浮躁的主宰。轻浮就会失去根本，浮躁就会失去主宰。

用我们今天的话说，一个领导者如果轻浮、浮躁，就会失去对组织的掌控力。在这里，老子显然也是在强调"重"的重要性。

明代著名思想家、哲学家吕坤在其著作《呻吟语》中，把领导者分为三个层次：

深沉厚重是第一等资质，磊落豪雄是第二等资质，聪明才辩是第三等资质。

这段话很有意思。聪明才辩讲的是一个人的才能，磊落豪雄讲的是一个人的人格，深沉厚重讲的则是一个人内心的沉稳以及由此散发出来的气场。我们看，聪明才辩，只能是三流的领导；深沉厚重，才是一流的人物。聪明才辩，只能算是刚刚入门；深沉厚重，才是更高的资质。观察任何一个组织，都往往可以发现一个现象：组织中越是到高层，领导力中"重"的资质所占的分量就会越突出、越关键、越不可缺。刚刚进入职场的时候，很多新人所看重的往往是聪明才辩，因此急于表现自己，却忽视了从容沉稳、深沉厚重这些无形但更重要的品质，因而聪明有余，厚重不足。而不够稳重，往往是限制很多人职业发展空间的致命弱点。

所以曾国藩说：

稳当从容，可当大事。

判断一个人能否担当大的责任，成就大的事业，就看这个人是不是稳稳当当、从容不迫，是否具有一种厚重的品质。

这种对"重"的看重，我们今天依然可以看到。现在很多年轻人都愿意进入公务员队伍。公务员考试非常关键的一个环节就是面试。在面试的过程中，如果排除其他影响因素，判断一个年轻人是否适合进入公务员队伍的最基本的标准是什么呢？就是看这个人的稳重程度如何。

所以我们看，从2 500年前的老子和孔子，到400年前的吕坤，到200年前的曾国藩，一直到今天，中国人心目中领导者的形象并没有发生根本的变化。"重"字始终是对领导者最基本的要求。这就体现了中国文化传统强大的稳定性。

中国有句话叫作"为官当如山"。山在那个地方,一言不发,但是你能感受到一种无形的力量,一种可靠的、可以驾驭和控制局面的力量。这就是"重"的基本内涵。中国文化最突出的特点,是讲究"尊卑有序"。在这样强调等级的文化中,一个组织,一定需要一个为人们所倚重的重心和核心。所以对于领导者来说,最得体的举止就是稳重。动不动就表现出慌乱、冒失和浮躁的领导者,是很难服众的,很难为周边的人所信赖、敬重。

在中国人看来,最理想的人格形象是孔子所说的"君子"。"君子"理想的威仪就是宽容有度,从容镇定,行事举止恰到好处。《礼记·玉藻》有一段论述:"君子之容舒迟"(君子平时的体态非常舒缓从容),而在重要的场合,则"足容重,手容恭,目容端,口容止,声容静,头容直,气容肃,立容德,色容庄,坐如尸"(步态要稳重,手势要恭敬,目光要端正,口不妄开,声不乱出,头不乱动,气息收敛,站立时有品德高尚者之气象,面色庄重,坐姿端正)。《中说·周公篇》说:

为冠所以庄其首也,为履所以重其足也,衣裳襜如,剑珮锵如,皆所以防其躁也。故曰俨然,人望而畏之。

对于君子来说,戴冠着履,都是为了提醒自己要庄重;着衣佩剑,都是为了防止自己的浮躁。君子的整体形象,应该带有一种令人不由得心生敬重、信任的俨然气象。

人们不经意的举止中,往往包含了很多的信息。领导者的一举一动往往会影响到人们对他的印象。人的行为举止决定了别人怎样看待和对待自己。在古人看来,仪容庄重才能得到别人的敬重:"貌重则有威""恭则不侮"。仪容庄重,体现出的是一种端重而神圣不可侵犯的气象,用曾国藩的话说就是,"持之以敬,临之以庄,无形无声之际,常有凛然难犯之象"(一个人以恭敬之心自持,以庄重之色临人,无形无声之间,就会表现出一种凛然难犯的气象来）。相反，一个人如果无法控制自己的语言和行动，只能表明他无法控制自己。"貌轻则招辱"（举止轻佻，往往会自取其辱）；"轻乎外者，必不能坚乎内，故不厚重则无威严"（一个外表举止轻浮的人，内心是无法坚毅不挠的，所以不厚重就不会有威严）；"苟轻于颦笑周旋，则物得而狎之"（与人交往太轻浮，最终是人人都可以轻辱自己）。

轻佻的言行折射出的是一个人的轻浮、浅薄或猥琐，而行事恰到好处，则体现了一个人的自信和定力。用荀子的话说：

君子宽而不慢，廉而不刿，辨而不争，察而不激，直立而不胜，坚强而不暴。柔从而不流，恭敬谨慎而容，夫是谓至文。

君子宽宏大度而不怠慢别人，方正守节而不尖刻伤人，坚持正确的主张而没有争胜之心，洞察一切而不走极端，卓尔不群而不盛气凌人，坚定刚强而不粗鲁凶暴。宽柔和顺而不随波逐流，恭敬谨慎而又能宽容大度。这就叫作德行完备。

这样的人，自然会为社会所普遍认可、尊重；这样的人，自然也就会有分量。正因为如此，古人非常重视言行的表现。"夫言行者，君子之枢机；枢机之发，荣辱之本也，可不慎乎！"（言谈举止，是君子的关键，其表现则是一个人荣辱的基础，哪里可以不慎重呢！）"夫一出而不可反者，言也；一见而不可掩者，行也。故夫言与行者，智愚之表也，贤不肖之别也。是以智者慎言慎行，以为身福；愚者易言易行，以为身灾。"（说出来就不能收回，这就是言语；做出来就不能掩盖，这就是举止。言语与举止，是智慧和愚蠢的表征，是贤与不肖的区别。所以智者言行慎重，从而给自己带来福分；愚者言行轻浮，从而给自己带来灾祸。）

二、谋定后动，审定而行

曾国藩为人行事最突出的特点，就是一个"重"字。根据后人的记载，曾国藩"行步极厚重，言语迟缓"。他走起路来脚步很沉稳，说话的语速也比较慢，但一句是一句，每个字都有一种打动人心的力量。曾国藩曾经给他的儿子曾纪泽写信说，这一点是他从自己的祖父身上学到的。

曾国藩的祖父叫曾玉屏。曾玉屏一生没有做过一天官，但是在他们村子里却有绝对的权威。村里无论发生什么纠纷，大家都喜欢找曾玉屏来调解。曾玉屏总是说一就是一，说二就是二，如果有人不服，他往往会大喝一声，这个人就会垂头丧气，灰溜溜地走了，回过头来还得买酒买菜登门道歉。

曾国藩最崇拜的人就是他的祖父，他从小就在琢磨：为什么祖父会有这么大的影响力，那么多人都服他？在给曾纪泽的信中，曾国藩说自己曾经仔细地观察过祖父，祖父的仪表之所以超出常人，全在于一个"重"字。所以曾国藩说："我走路举止也很厚重，这就是取法于我的祖父。"

"重"的反面是"轻"。曾国藩提醒曾纪泽说："你的举止太轻，是一大弊病，以后要时时留心。无论行坐，都需要重、厚。"（你的一举一动过于轻浮，过于随意，给人一种浮躁、浅薄、不踏实、不靠谱的感觉，这会影响到别人对你的信任，影响到你在别人心目中的分量，从而伤害到你未来的发展，这是一大弊病。以后要时时留心，无论是行还是坐，都需要重和厚。）

我们今天读曾国藩的家书，会发现曾国藩几乎每年都会写一封甚至几封信给曾纪泽，专门提到这个"重"字，反复地讲："你语言太快，举止太轻。"（你说话的语速太快，很多东西没有经过深思熟虑，张口就来；你的一举一动过于轻浮，过于随意，给人一种浮躁、浅薄的感觉。）"最近能坚持用'迟、重'二字来补救吗？"（你的语速可以再慢一些，你的举止可以再稳一些。）"你的短处在于言语欠钝讷，举止欠端重"（你的言语中缺乏一种钝讷的感觉，你的举止中欠缺一种端重的味道），所以要"日日留心，专从'厚、重'二字上用劲"（你要每天提醒自己，专门从厚和重两个字上去下功夫）。

根据曾纪泽的回忆，一直到曾国藩的晚年，当他去看望曾国藩时，曾国藩给他当面交代的，依然是这个"重"字，可见这个字在曾国藩心目中的地位。

那么，曾国藩为什么如此重视"重"这个字呢？"重"不是要人们去装样子、端架子。"重"是领导者内在涵养的自然流露。它是一个人在德性成熟、心境沉稳的基础上所表现出来的行事从容。在曾国藩看来，好的领导者要做到"四定"：

心欲其定，气欲其定，神欲其定，体欲其定。

"定"，就是定力，就是厚重，就是沉稳，就是举手投足中的从容，以及所表现出来的自信与可靠。一个"定"字，把"重"的内涵揭示得淋漓尽致。"四定"之中，最关键的显然是"心"定。有了沉稳从容的心境，领导者的行为举止才会具备深厚的根基和底蕴。具有深厚的内在修为，才会有成熟的外在管理行为。所以曾国藩从看人、用人和决策等不同的角度反复阐述过"重"的价值。

他曾经强调说：

好谈兵事者，其阅历必浅；好攻人短者，其自修必疏。

用我们今天的话说就是：好谈论用兵之道的，他的阅历一定很浅；好攻击别人短处的，他的修为一定很差。

这段话很耐人寻味。重的反面是轻。如果一个人在你面前夸夸其谈，告诉你这一仗应该如何如何打，反而反映出这个人在战争方面的阅历是非常有限的。战争是非常复杂的事情，真正久经沙场的老将，知道战争的残酷和复杂，一般不会轻易开口，一旦开口，一定是经过了深思熟虑，经过了系统思考。只有那些阅历肤浅的人，才会指手画脚、夸夸其谈，讲一大堆用兵的道理，其实是"视事太易"（把事情看得太容易，都是浮躁之气），这种人的底蕴之浅，反而一下子就暴露出来了。

管理也是如此。任何一个行业，水都是很深的。静水流深，那些行业老手、高手往往不会轻易说话，但是一开口，往往是最中肯、最切合实际的，几句话就能说到点子上，所以一定会为大家所看重。那些动不动就信口开河、滔滔不绝的人，却往往反而是一知半解，阅历很浅，甚至是胸无点墨，却求功心切，因而只能依靠浮夸的表现来刻意引起别人的关注，掩饰自己内在的不足。这样的人的言论，多是无根之谈、虚浮之论，反而一定是要警惕的。

看一个人的修养也是如此。"好攻人短者，其自修必疏。"如果一个人天天把别人的毛病、隐私、缺点挂在嘴边加以讽刺、讥笑和攻击，反而反映出这样的人一定是刻薄之人，因为真正有修养的人是不会这样做的。

用人也是如此。关于用人，曾国藩曾经讲过一段话：

不轻进人，即异日不轻退人之本；不妄亲人，即异日不妄疏人之本。

这段话非常有味道，如果我们能够把这句话真正悟透了，那么在用人方面出现的80%的问题可能都能避免。

什么叫"不轻进人，即异日不轻退人之本"呢？意思是不轻易地、草率地提拔、重用一个人，这就奠定了你以后不会轻易地、草率地辞退他的基础。什么叫"不妄亲人，即异日不妄疏人之本"呢？意思是不虚妄地、没有根据地亲近、信任一个人，这就奠定了你以后不会轻易地、虚妄地疏远他的基础。

我们大家都知道人性是最复杂的，人是最难了解透彻的。对于一个人，如果你没有经过深思熟虑，没有经过慎重考察，就匆匆忙忙地把他提拔到一个关键的位置上，那么以后出问题的概率是非常大的，你往往不得不匆匆忙忙地把他撤下来，这对他、对你、对组织都是一种伤害。这就是我们常说的，如果你不能花四个小时好好考虑对一个人的安排，你可能就要花几百个小时替他收拾残局。

所以，对于用人者来说，"不轻进人"才能"不轻退人"。你之所以会草草地辞退一个人，一定是因为考察他的时候潦草、粗疏，不够慎重，了解的工作没有做到家。考察的时候非常慎重，了解清楚了他的特点再加以使用，用起来往往就不会轻易出问题，就为不会草率地辞退他打下了基础。

对人的信任也是这样。如果你并没有真正了解一个人的为人，就开始说一些掏心窝子的话，所谓的"交浅言深"，你被背叛的概率是很高的。只有真正透彻地了解了一个人，你的信任才是可靠的、有扎实的基础的，才不会出问题。所以，"不妄亲人"才能"不妄疏人"。

显然，"不轻进人，不妄亲人"，就是为了"不轻退人，不妄疏人"。对于领导者来说，这才是对人才负责，对组织负责，对事业负责。从长远来说，也是对领导者自己负责。

对于领导者来讲，最忌讳的是什么？就是朝令夕改，反复无常，决策过于随意。这是伤害领导权威最好的办法。因为手下很快就把你的话不再当回事了：反正你明天要改的。你在下属心目中也就没有了分量，飘了起来。因而曾国藩提醒手下说：

今日所说之话，明日勿因小利害而变。

你既然做了一个领导者，就应该记住，今天说出的话，明天千万不要因为一点小小的利害就改变了。领导者就是这样，轻诺必然寡信。如果你没有真正想清楚，就不要轻易做出决定；如果你不想食言，就不要轻易给予许诺。要么不说，说了就要做；要么不承诺，承诺就要兑现。只有这样，下属才会对你心服口服，从此以后你的每句话他都会侧着耳朵听，你在他心目中也就有了一言九鼎的分量。

曾国藩非常欣赏的一个人就是李鸿章。李鸿章是他的大弟子，也是他的接班人，把他的事业发扬光大。曾国藩经常举李鸿章的例子告诉大家该如何做好的领导者。他曾经说，李鸿章有一个突出的特点，那就是：

调度之檄向不轻发，发皆当于事理。

（李鸿章这个人的）决策从来不会轻易做出，一旦做出，都是最恰当的。

我们能够发现，这样的领导者，几个回合下来，下属都会心服口服。这样的领导者，也就能赢得下属的绝对信任。所以曾国藩说：

为将者设谋定策，攻则必取，不然毋宁弗攻；守则必固，不然毋宁弗守。攻之而为人所逐，守之而为人所破，虽全军不遗一镞，其所伤实多。

身为领军之人，设谋定策，要进攻的就一定要攻取，不然不如不攻；要坚守的就一定要守住，不然不如不守。进攻却被人驱逐，防守却被人攻破，即使全军没有一弓一矢的损失，所造成的伤害也是非常大的。

那么，所造成的伤害在哪里呢？是组织成员的士气，是下属对领导的信任，是领导者自身的权威。因为信任是领导力的前提，一旦失去了信任，领导力根本就无从谈起。

湘军名将李续宾，也是曾国藩非常欣赏的人。曾国藩曾经讲过李续宾的一个突出特点：

迪庵善战，其得诀在"不轻进，不轻退"六字。

迪庵就是李续宾。李续宾有善战之名，要诀就在于他既不草率地发起进攻也不轻易地撤出战场这两条上。无论是进还是退，都是不慌不忙，稳稳当当：要么不进攻敌人，一进攻就会得手；要么不占领阵地，一占领就不会轻易失去。

在曾国藩看来，战争中最忌讳的就是心浮气躁，贸然行动，即进行所谓的"浪战"。因此他提醒曾国荃说，打仗要一步步地来，要谋定后动，审定而行，"不贪功之速成，但求事之稳适"。他曾经送给曾国荃一副对联：

> 打仗不慌不忙，先求稳当，次求变化；办事无声无息，既要老到，又要精明。

打仗不能毛躁慌张，要谋定而后动，稳稳地做。先求稳妥，保证大局在握，然后再寻求变化之策；办事要无声无息，毫不张扬，既要老到，又要精明。

稳当厚重，也是中国人心目中最推崇的领导风格之一。《论语·述而》有这样一段记载：

> 子路曰："子行三军，则谁与？"子曰："暴虎冯河、死而无悔者，吾不与也。必也临事而惧、好谋而成者也。"

> 子路问孔子："您要是统率三军的话，愿意找什么样的人一起共事呢？"孔子说："那种空手搏虎、赤足过河，即使死了都不会悔悟的人，我是不会找他共事的。我一定要找那种遇事慎重、谋定而后动的人共事。"

曾国藩也说："带兵之人，一定要是智深勇沉、文经武纬之才。"智深，就是考虑问题不浮躁，深谋远虑；勇沉，就是勇毅、沉着、冷静。这样的人是文经武纬的全才。这样的内涵表现出外在的领导风格来，就是一个"重"字。这样的人，才会见利不动、遇事不慌，成为真正可以负重致远之人。

三、端庄厚重是贵相

古人在谈到"上贵之人"时，曾有这样一段描述：

> 容色澄澈，举止汪洋。俨然远视，若秋日之照霜天；巍然近瞩，似和风之动春花。临事刚毅，如猛兽之步深山；处众迢遥，似丹凤而翔云路。其坐也，如界石不动；其卧也，如栖鸦不摇；

其行也，洋洋然如平水之流；其立也，昂昂然如孤峰之耸。言不妄发，性不妄躁，喜怒不动其心，荣辱不易其操，万态纷错于前，而心常一。

曾国藩在日记中也曾经写过这样一段话：

端庄厚重是贵相，谦卑含容是贵相。事有归着是富相，心存济物是富相。

可以看出，曾国藩所谓的大富大贵之相，就是以"厚重"二字为特征的。端庄厚重的人，思虑就会深远，处事就会沉稳，说话就会谨慎；谦卑含容的人，低调、浑含、包容，就会脚踏实地做人做事，不张扬，不浮躁，不张狂，不轻薄；"事有归着"的人，办事就会沉稳，有头有尾，有始有终，凡事稳稳当当地去做；"心存济物"的人，就会有使命感，有责任感，有慈悲心，有深沉厚重的品格。具备这些修养和品质的领导者，才能担当大任，成就大业。

曾国藩最突出的一个特点，就是厚重。《清史稿》中对曾国藩有这样一段记载：

国藩为人威重，美须髯，目三角有棱。每对客，注视移时不语，见者悚然。退则记其优劣，无或爽者。

这段话很有意思。"国藩为人威重"（他为人最大的特点是"威重"），这里又将"威"与"重"联系在一起，威严而稳重。"美须髯"（胡子很漂亮），"目三角有棱"（三角眼），"每对客，注视移时不语，见者悚然"（每次客人来访，他都盯着人家半天不说一句话，被盯的那个人毛骨悚然，一身冷汗）。我们可以想象一下，你去见一个大领导，领导见了你不说话就盯着你看，你会是什么感觉？"退则记其优劣，无或爽者。"（在所见之人走后，曾国藩会在日记中写下这个人的优缺点，几乎从未出现过差错。）

这段话为我们描绘出一个十分生动的曾国藩的形象。尤其是在会见客人这个场景中，曾国藩没有说一句话，却主导了整个场面，用我们今天的话来说，就是气场特别强大。

对于领导者来讲就是这样。如果一个领导者说话太多、太滥、太随意，下属很快就不再拿他的话当回事了。因此，领导者需要控制好自己说话的冲动和欲望。有时候多说不如少说，甚至在有的场合下，少说还不如不说，无形的力量才是无限的。我们出生以后，老天爷给了我们两年左右的时间，让我们学会如何说话，但是我们可能要用一生的时间，去学会控制自己说话的冲动，这是一个领导者必备的基本素养之一。

德性成熟的领导者自然会表现出一种泰然自若的举止，会散发出一种无形的威严，具有一种打动人心的力量。实际上，优秀的领导者身上，往往具有一种无形的魅力，让人心甘情愿地去信任、去追随、去服从。莎士比亚的剧作《李尔王》中有这样一个情节，一个人对素不相识的李尔说："在您的神气之间，有一种什么力量，使我愿意让您做我的主人。"尼克松在回忆周恩来时也说："周没有架子，但却很沉着坚强。他通过优雅的举止和挺立而又轻松的姿态显示出巨大的魅力和稳健……他的深得人心在中国政治中是一种无与伦比的力量。"西奥德·怀特在谈到周恩来时则说："在他面前，任何不信任的感觉或者对他还有些怀疑的判断，几乎都会烟消云散。"

戴高乐曾说："一个领袖必须能够使他的部下具有信心。他必须能够维护自己的权威。……人们几乎可以看出，某些人的权威气质是与生俱来的，好像权威是一种液体，流淌在他们体内，但是无法确切地说明这种气质所包含的内容是什么。"尼克松在评价戴高乐时说他"富有一种安详的、感人的威严""在戴高乐的一生中，他在体型上凌驾于他周围的人，但是他所发出的力量却是一种内在的力量。……这是一种超越形体的力量——一种其影响超出本人之外的风度，它的存在使人肃然起敬"。

在曾国藩的身上，同样有一种无形的力量给人留下深刻的印象。容闳回忆曾国藩时说："予一见即识之不忘。"（我一见到他就再也不会忘记了。）郭嵩焘说曾国藩"识量恢闳，望而知其伟人"（见识和度量超出常人，一看就知道是一位伟大的人物）。吴汝纶对曾国藩的评价则是"非一世之人，千载不常遇之人"（这并不是今天可以随随便便遇到的人，而是千载难逢的人物）。薛福成也有一段对曾国藩的回忆："曾文正公器宇凝重，面如满月，须髯甚伟。殆韩子所谓'如高山深林、巨谷龙虎，变化不测者'。余所觏当代巨公，无其匹也。"（曾国藩器宇凝重，面如满月，胡须浓密。大概就是韩愈所说的"如同高山深林、巨谷龙虎一样，深不可测"。我见到的当代伟人，没有一个能跟他相比的。）

不同的文化中，领袖魅力的表现形式是不一样的。在西方文化中，这种魅力可能来源于领导者的激情、雄辩或者个性。在中国文化中，这种魅力更多地来自领导者的修为、品格和德性。曾国藩所说的"重"，就是这样一种由内到外散发出来的厚重品性。从根本上来说，"重"是一个领导者德性成熟的最高体现，它表明了一个人修为的深度与厚度，这样的人才能担当大任。这就是"端庄厚重是贵相"的深层含义。

当然，曾国藩那个时代跟我们今天已经大不一样了。他毕竟是 200 年前的人物，那是一个老夫子的时代、封建的时代。在今天这样一个改革开放的年代、全球化的时代，西方文化中的很多价值观念都传到了中国，像平等、活力、随性、自由、张扬，等等，对今天中国的领导力的内涵也产生了很大的影响。从这一角度来说，我们今天的管理行为与曾国藩时期肯定是不一样的。尤其对于今天的"90 后"以及马上就要进入职场的"00 后"，领导者完全照搬曾国藩的那套方式与他们相处，也未必管用。管理理念毕竟是要与时俱进的。不过，你平时可以很自由，很随性，很张扬，可以跟下属打成一片（对于今天的下属来说这些都是为他们所追捧的品质），但是在关键时刻，你依然需要体现出一言九鼎的分量，因为这是对领导者最基本的要求。可以说，如何在张扬自我的个性和稳重历练的内涵之间找到平衡点，是今天的领导者在领导力上所必须接受的挑战。

同时，在今天这样一个快速变革的时代、创新的时代，机会一纵即逝，产品迭代的速度越来越快，领导者的决策和思维节奏因此也必须大大加快，否则就会被时代和对手抛在后面。从这个角度来说，领导者也不能因为一味地强调"重"而陷入保守。但是，快速变革的时代，往往也是浮躁的时代、机会主义盛行的时代。当整个组织都处于浮躁状态的时候，组织反而更需要战略的定力，需要组织的领军人物静下心来，去思考决定组织命运的那些根本、长远和不变的要素，以便在战术层面快速反应的同时，能从战略层面把握住组织的根基和未来，达到以重驭轻、守正出奇的效果，用老子的话来说，就是"重为轻根，静为躁君"。从这个意义上来说，"重"在今天这样一个浮躁的时代，对于领导者来说，反而是一种更加稀缺而可贵的领导品质。因此，随着时代的变迁，尽管"重"的形式在不断地变化，但是"重"的内涵，却依然值得我们去探寻。

第二讲 耐

一、做官以耐烦为第一要义

"耐"是什么?"耐"就是"耐烦",就是耐得住烦躁、控制好情绪、调整好心态,也就是我们今天所说的情绪管理。

领导者是跟人打交道的,领导者有一个特点,那就是有些话不想说,有些人不想见,有些事不想做,有些场合不想出席,但是你必须说,必须见,必须做,必须出席。所以领导者会经常处于烦躁的状态。特别是许多事情的进展未必尽如人意,本来很正常的事情,却经常因为某些莫名其妙的原因,而无法正常推进。常言道:人生不如意事十之八九。对于领导者来说,尤其如此。

曾国藩说过一句话:"做官以耐烦为第一要义。"(你既然做了一个领导者,那么耐得住烦躁、控制好情绪、调整好心态,是首要的原则。)他还说过:"若遇棘手之际,须从耐烦二字痛下工夫。"(越是遇到事情不顺的时候,反而越要在"耐烦"两个字上痛下功夫。)

曾国藩给家人写信说:"吾服官多年,亦常在'耐劳忍气'四字上做工夫。"(我做了这么多年的官,还是经常要在耐得住劳累、忍得住气恼上下功夫。）在他看来，一个领导者最忌讳的就是控制不了自己的情绪，轻易地发牢骚。尤其向下属、客户和合作方传递消极的情绪，更是领导者的大忌。曾国藩说：

牢骚太甚者，其后必多抑塞。盖无故而怨天，则天必不许；无故而尤人，则人必不服。

一个人如果牢骚太多，未来的前途肯定顺不了。因为你无缘无故地抱怨老天，老天一定会不允许；无缘无故地抱怨别人，别人也一定会不服气。

这句话很好理解。我们身边可能会有这样的人，愤愤不平之气太重，天天发牢骚，天天发泄的是负面的情绪，传播的是负面的能量，这样的人，是不会有人愿意与之相处的，这样的人也一定不会有好的前途。因为对于领导者来说，当你不断地怨天尤人的时候，你的心态就不可能平和，你的决策就不可能妥当，你的行为就不可能得体，你的发展也就不可能顺利。

英国有一个管理学家，他发现这个世界上有两种人：一种人认为自己始终很幸运，另一种人认为自己始终很不幸。他想搞清楚这两种人之间的区别究竟在哪儿。这位管理学家选了两批人，做了一个实验。实验的内容非常简单：他给这些实验者发了同样一份报纸，请他们数一数报纸上有多少张图片，数完后写信告诉他就行了。但是就在报纸很显眼的地方，管理学家用豆腐块大小的篇幅写了这样一段话："看到这段话的人请同时告诉我，这样你就可以得到 250 美元。"实验的结果是什么呢？凡是那些认为自己幸运的人，大部分都看到了这段话，得到了这笔钱；凡是那些认为自己很不幸的人，大部分都没有看到这段话，因此没有得到这笔钱。这位管理学家由此得出了结论：幸运与不幸的区别就在于，那些认为自己很不幸的人始终处于一种焦躁的状态，到手的机会都发现不了。

二、天下断无易处之境遇

曾国藩非常喜欢写对联，他把自己对人生的体悟写成对联，送给家人、朋友、下属。他的对联往往非常通俗易懂，但又非常深刻。他有一副对联是这样写的：

天下断无易处之境遇，人间哪有空闲的光阴。

天底下没有一帆风顺的境遇。一个组织为什么需要领导者？就是需要领导者解决问题，这就是领导者的价值之所在。如果组织的一切都非常顺利，还需要领导者做什么呢？因此领导者天然地就应该在一种不顺利的状态下开展工作，这是领导者面临的常态。领导者必须坦然接受这种现实，学会成熟处理各种问题，而不是一遇到不顺利就发牢骚。领导者在逆境中所必须学会的就是迎接挑战。因为当你一时无法改变环境的时候，只能学会让自己的内心变得更加强大。

道光二十六年（1846），曾国藩在北京做京官的时候，他有一个叫黄延瓒的朋友被下放到外地做了地方官。地方官的特点，是案牍律例，各种杂事不胜其烦。曾国藩专门给黄延瓒写了一封信，以耐冷、耐苦、耐劳、耐闲这"四耐"相赠：

弟有一言，奉吾兄于数年之内行之者，其曰"耐"乎。不为大府所器重，则耐冷为要；薪米或时迫窘，则耐苦为要；听鼓不胜其烦，酬应不胜其扰，则耐劳为要；与我辈者，或以声气得利，在我后者，或以干请得荣，则耐闲为要。安分竭力，泊然如一无所求者。不过二年，则必为上官僚友所钦属矣。

我有一个字，可以供老兄你几年之内遵行，那就是"耐"。不为总督、巡抚这些大官所器重，要以耐得住冷落为第一要务；生活有时可能会比较窘迫，要以耐得住清苦为第一要务；衙门中值班不胜其烦，各种应酬不胜其扰，要以耐得住劳累为第一要务；与我们级别本来差不多的，有的因为社会上的虚名而得了利益，本来职位排在我们后面的，有的因为找到靠山而得了好处，要以耐得住清闲为第一要务。安于本职的名分，尽心尽力，淡泊恬然如一无所求。不过两年的工夫，上司和同僚们就一定会钦服于你了。

这"四耐"的核心，其实就是耐心、耐烦。曾国藩所说的"耐"，不是让人麻木忍受，不是让人一味求全。一个人的能力，是需要时间去磨炼的；一个人的价值，是需要时间去证明的。每个人都有职业的潜伏期、成长期，都有积蓄经验和力量的人生阶段。在这样的阶段，当自己一时还无法得到别人认可的时候，一定要反求诸己，不怨不尤。曾国藩曾经写过这样一副对联：

> 不怨不尤，但反身争个一壁静；勿忘勿助，看平地长得万丈高。

这副对联非常耐人寻味。上联的大意是：当你人生一时并不顺心的时候，最忌讳的就是怨天尤人。遇到不顺、不公就情绪化，就感到委屈，就愤愤不平，非但于事无补，反而自乱阵脚，受到最大伤害的一定是你自己。当别人认识不到你的价值的时候，说明你对别人的价值一定不如你想象的那么大。所以正确的做法，应该是借机反省，找出自身的不足和问题，以及改进与提升的方法，从而以平和的心态，在自身的成长上下一番功夫，把不顺、不公变成最好的成长机会。下联的大意是：千万不要因为一时的不如意就消极怠工、轻易放弃，也不要因为暂时的不顺利就轻举妄动、拔苗助长。这个世界很少有一帆风顺、高开高走的人生，低开高走或许才是大多数人的人生常态。所有的繁华，都一定经过相当长时间的寂寞。哪一个成功者没有承受过一般人不愿去承受的煎熬，甚至是不足为外人道的屈辱？如果因为不顺心就不耐烦，因为不耐烦而更加不顺心，你就只能变得越来越浮躁，最终必然一事无成。只要你保持沉潜的心境，耐心坚持，全力着眼于自身的成长，终有一天你会突然发现，当年那株没有多少人会放在眼里的小苗，不知不觉之中，早已成了那棵被所有人仰望的参天大树。

黎庶昌是曾国藩的四大弟子之一，为人笃学朴讷，天性肫挚，志趣远大，不事矜饰，很受曾国藩赏识。在曾国藩的帮助下，黎庶昌做了江苏吴江县的知县。但他到任后，却遇到了政烦俗敝、盗贼纵横、上几任积欠的漕尾钱粮达到五千余石的难题，即使挪垫公款，也无法堵上这个窟窿。黎庶昌因此非常郁闷，想尽快离开这个是非之地。曾国藩连续给黎庶昌写了几封信，教他学会保持耐心。第一封信中说：

从古奇人杰士，类皆由磨砺中来。艰巨杂役，磨砺也；米盐繁琐，亦磨砺也。吴江征收之难，风俗之悍，皆为大府所深悉而曲原。无事忧谗畏讥，尚希振作精神。遇有烦难之事，耐劳耐苦，徐听事机之转，则所在皆坦途矣。

自古以来的奇人杰士，大多是历经磨难而成大事的。困难繁重的各种压力，是一种磨砺；粮米油盐的各种繁琐，也是一种磨砺。吴江这个地方征收钱粮之困难，民风世俗之习悍，这都是总督巡抚非常了解从而会加以体谅的。没有事情的时候，要担忧各种谗言，还希望振作精神；遇到繁难的事情，则要吃苦耐劳，慢慢等待时机的转换。这样一来，所处的便都是坦途了。

还有一封信中说：

但望少安勿躁，以待事机之转移。慎勿操之过蹙，便觉度日如年，徒损襟怀，而于事仍无济。如能守一"耐"字诀，久之自履亨衢。

许多人无法成功，并不是因为缺乏才能，而是因为耐心不足，一遇到挫折就想逃避。所以曾国藩对黎庶昌说，希望你少安毋躁，以等待事机的转移。千万不要操之过急，否则只会觉得度日如年，白白破坏了自己的心境，而仍然于事无补。如果你能坚守住一个"耐"字，时间一长，自然会走上顺利的大道。

三、能下人，斯能上人；能忍人，斯能胜人

在中国社会中，到底什么样的人能够成功呢？曾国藩曾经有过一个总结：

> 观古今来成大功享全名者，非必才盖一世。大抵能下人，斯能上人；能忍人，斯能胜人。

古往今来，能够成就大功名的人，并不一定是那些最具才华、最有智慧的人。大致说来，一个人的心态能够放得比别人低，最终的成就就会比别人高；一个人能忍受别人所不能忍受的，最终就会脱颖而出。

对于一个人的发展和成就来讲，才华或者智慧当然很重要，而控制情绪、调整心态、处好关系、整合资源的能力，却更为关键。后者就是我们今天所说的情商。

美国加州大学洛杉矶分校的一个研究小组曾经做过一个实验，他们就想搞清楚，对于领袖人物的成功来说，情商和智商所起的作用各有多大。他们对许多政界、商界和军界的领袖进行了跟踪研究，收集了大量的数据，做了精细的分析，最后形成了一份研究报告。他们的研究结论是：对于这些一流领袖的成功来说，智商所起的作用占7%，而情商所占的比例达93%。

当我第一次看到这个数字的时候，觉得非常惊讶，因为这个结论与我们平时的直觉与预期有着很大的差距。但是再仔细一想，就会明白他们为

何会得出这一结论：他们所选取的样本，都是一流的领袖。一个人的职位越高，就越没有办法单靠自己的能力打天下。要想实现大的目标，关键是让更多的、更优秀的人心甘情愿地为你所用，而这需要什么呢？情商。

所以我们看，我们的社会是一个什么样的社会？是一批高智商的人，被一批高情商的人领导的社会。如果你仅有高的智商，你可以成为一位专家，一位技术人员。但是要想成为一个好的领导者，就必须具备高的情商。

所以曾国藩说过两段话：

若径情一往，则所向动成荆棘，何能有济于事？

吾往年在官，与官场中落落不合，几至到处荆榛。此次改弦易辙，稍觉相安。

如果你率性而为，不管不顾，由着自己的性子来，动辄与人正面冲突，那么所去的每个方向都是荆棘，所有的人都会跟你作对，对于做成事情又会有什么样的帮助呢？这句话，其实就是曾国藩对自己中期做官失败的一个总结。曾国藩在湖南和江西带兵时为什么那么失败？因为他总是一意孤行、盛气凌人，想怎么做就怎么做，根本不考虑别人的感受，从而跟人冲突不断，最终导致在官场上的孤立和失败。后来彻底改变，才终于有了比较顺利的人生。所以当李鸿章出来带淮军的时候，曾国藩专门给他写信提醒他说，要想带好兵，就要把握住两条：

第一贵在忍辱耐烦，次则贵得人和。

第一条，是要忍得住各种各样的侮辱和耻辱，耐得住各种各样的烦躁和焦躁（这些东西是你一定会遇到的）。第二条，是要处理好各方面的人际关系，上上下下的关系，左左右右的关系，里里外外的关系，都要处理好。

其实这两条归纳起来就是一条：怎么处理好人际关系？首先必须忍辱耐烦。只有控制好自己的情绪，才能处理好人际关系。

湘军中有这样一个例子：同样是处理跟官文的关系，胡林翼和曾国荃两人采取了完全不同的方法，一个耐住了，一个没耐住，最后导致的结果完全不一样。

官文，字秀峰，满洲正白旗人，是一名八旗子弟。我们都知道，到了清王朝的晚期，大部分八旗子弟因为长期养尊处优，养成了很多富贵毛病。官文身上的八旗习气尤为突出，他不谙政事，却一门心思地贪图享乐。他很会玩儿，能玩出各种花样来。但玩儿就会带来两个问题，一是他的精力根本没有放在管理上，二是要玩儿就需要花钱，所以他每到一个地方做官，就让下属和亲信到处给自己捞钱，由此经常把官场搞得一塌糊涂。

官文先是担任荆州将军，后来又担任了湖广总督。湖广总督管湖北、湖南两个省，衙门在今天的武汉。为什么朝廷要安排官文这样的人担任荆州将军、湖广总督？原因其实也很简单：湖北号称天下之中，武汉是所谓的九省通衢，战略位置极其重要，所以清王朝一定要安排一个自己人在这里。这个人的能力大小在其次，人品好坏在其次，关键是自己人。这是官文做湖广总督很重要的背景。

胡林翼，字润芝，湖南益阳人，是湘军的二号人物，人们习惯说的"曾胡"，"胡"指的就是胡林翼。胡林翼才能出众、战功卓著，在湘军中发展得很快，先后做到了湖北按察使、湖北布政使、湖北巡抚等。胡林翼做巡抚之时，湖广总督正是官文，于是两人便同城为官，一个巡抚，一个总督，衙门都在武汉三镇，无非是一个在江南、一个在江北。

在清朝，总督和巡抚的职责划分本来就不是特别清楚。总的来讲，总督偏军事，巡抚偏民政，但是总督也可以管民政，巡抚也可以管军事，很容易打架。其实这是朝廷有意的设计，目的是让总督与巡抚相互牵制，谁都造不了反。但这样一来就很容易引发冲突。加上湖北巡抚和湖广总督又是同城为官，就更加剧了双方之间的矛盾。最重要的是，胡林翼和官文根本就不是一路人。官文是一个纨绔子弟，一心想玩儿；而胡林翼则是一个有使命感的人，一心要把太平天国镇压下去。他很清楚自己做湖北巡抚的任务是什么，就是一定要把湖北治理好，把湖北变成湘军的后勤基地。湘军在前面打仗，需要人，需要钱，需要粮食，必须有一个稳定的后方基地，要人派人，要钱给钱，要粮食送粮食，因此，湖北一定要治理好。

然而，胡林翼做了湖北巡抚之后发现，湖北的官场在官文的操控之下，搞得是一塌糊涂。湖北官场上所有的问题，根子都在官文那里。如果不把官文这样的人赶走，湖北的治理根本无从下手。于是，胡林翼就开始搜集官文的材料，准备给皇帝写折子弹劾他，把他给扳倒。后来折子写好了，就等着合适的时机呈递上去。但是一个偶然的机会，让胡林翼改变了想法。

当时在湖北管粮台的人叫阎敬铭。在得知胡林翼的意图后，阎敬铭劝胡林翼说：您千万不能这样做。您要想一想，朝廷从来不会轻易给汉人以兵权的。现在天下大乱，不能不满汉并用，但声望、战功卓著的，却都是汉人，您自然明白朝廷会怎么想；湖北是天下要冲，朝廷一定会用亲信大臣来控制的。您弹劾官文，能不能成功本来就很难说。即便能成功，您能保证新来的人就比官文强吗？万一官文的继任者事事自以为是，其实却不懂大略，岂不更糟？官文这个人，毛病是很多，但他有一个好处，就是心无成见，容易听进去别人的意见。而且他还是个旗人，您是汉人，有些话您不好跟朝廷讲，他说的话朝廷却很容易接受。一旦遇到大事，正好可以借助他的身份来跟朝廷沟通，这样的人是可以帮您的，是求之不得的。跟他相处，无非一年多花十万两银子，但他给您的帮助却是无法用金钱来衡量的。您为什么要把他赶走呢？

胡林翼是一个非常聪明的人，听后大喜过望，当时就把折子撕了，想着要想办法跟官文处好关系。官文不是喜欢钱吗？胡林翼首先做的一件事，就是一个月拨厘金三千两给总督衙门，接着又把本来由他作为巡抚派人征收的荆州地区的竹木税，转由官文派人去征收，收完以后不用经过他，直接向户部报销即可。

官文这个人，知道自己才能平平，而胡林翼才能出众，本来就有借重胡林翼来成事的想法，一看胡林翼释放出善意，自然也会投桃报李，于是两个人的矛盾就迅速缓和了起来。而让两个人的关系真正到了合作无间的地步，据说是因为这样一件事情。

官文有一个宠妾，也就是古人所说的"如夫人"（小妾）。官文非常喜欢这位如夫人，一心想讨她的欢心。有一次这位如夫人要过生日，官文很希望湖北的官员都来给她拜寿。然而，过去小妾的地位是很卑贱的，官员不可能来给一个小妾拜寿。可是官文又特别想讨好她，那怎么办呢？官文想来想去，就耍了一个心眼，放出风去，说是夫人要过生日了。想着等到百官来了以后，再告诉大家写错了，其实是如夫人。你既然来了还好意思回去吗？

湖北的官员们一听，总督夫人要过生日，那可是堂堂的一品诰命夫人，哪有不来拜寿的道理呢？于是这一天，湖北的官员们都提着礼物，浩浩荡荡地来了。结果来了以后才发现，不是"夫人"，而是"如夫人"，便觉得非常尴尬。

这些来拜寿的官员中，职位最高的是湖北的藩台。藩台是仅次于巡抚的官员，正式的官衔是布政使，地位大致相当于今天的副省长，在省里管人事和财政。清朝的省级大员，巡抚下面主要有三位：布政使、按察使、提学使，号称"三司"。这三位大员由朝廷直接任命，中央直接管理，严格来说并不是总督、巡抚的下属。偏偏这位湖北的藩台人非常正直，根本受不了这份侮辱。本来他把祝寿的帖子、礼物都已经送了进去，一听是如夫人，非常生气，要回了东西就往外走。大家一看，藩台都往外走了，于是你看我，我看你，纷纷拿了东西，呼啦啦地都跟着往外走。官文和小妾弄巧成拙，搞得很下不来台。

正好这时胡林翼来了，看着大家都提着东西往外走，很诧异，就问：

"怎么回事？"藩台气呼呼地说："如果是夫人过生日，我们作为同事、作为下属，过来拜寿是应有的礼节；现在竟然是如夫人，我们这些堂堂的朝廷命官，怎么会屈膝于一个贱妾呢？"

胡林翼一听，竖起大拇指说："好藩台！好藩台！"话音刚落，却亲自写了一张帖子，上书"年家眷晚生胡林翼顿首拜"，昂首挺胸地给小妾拜寿去了。

官员们本来都已经跟着藩台出来了，一看巡抚进去了，巡抚比藩台官大，那就再回去吧，于是呼啦啦地又全回去了。这样一来，就帮助官文和小妾保住了面子，二人自然也就很感激胡林翼。

胡林翼知道官文对这个小妾言听计从，回家后就让自己的母亲请小妾吃饭，结果双方吃得非常高兴，胡林翼的母亲当场就收这个小妾做了干女儿，胡林翼便成了她的干哥哥。从此以后，只要是胡林翼和官文发生了矛盾，小妾马上就出来干涉，对官文说："你懂什么啊？你哪能比得上我胡哥哥？你还是听我胡哥哥的吧！"官文往往便立即让步。

这样一来，胡林翼和官文两个人的关系就处得非常好了。只要是胡林翼的想法，官文几乎是无所不听，湖北的吏治、财政、军事都由胡林翼主持，官文只是画诺而已。朝廷那边有什么难处，官文也立即出手，给胡林翼摆平。胡林翼在湖北是要风得风，要雨得雨，真的把那里变成了湘军的后方基地。当时湖北一个省，一个月给湘军提供的粮饷是四十万两白银，养了湘军六万人。这个功劳可不是一般的功劳，所以有人说，湘军的功劳，至少有一杯羹，是应该分给胡林翼的。而胡林翼从来也没有慢待了官文，湘军打了胜仗，有了功劳，首先分给官文一份。两个人配合得非常默契。不过胡林翼这个人很可惜，49岁即英年早逝。胡林翼去世以后，官文和湘军的关系就开始有些淡了，但是这种合作毕竟对双方都有利，所以大家面子上还都过得去。但是，没有想到，到了同治年间，曾国荃做了湖北巡抚，情况发生了根本的变化。

四、一经焦躁，则心绪少佳，办事必不能妥善

同治年间的这个时候，太平天国已经被镇压下去了，与清王朝对抗的农民起义武装，主要是捻军。捻军起源于安徽，主要以骑兵为主，机动性很强，而且捻军从安徽到山东、陕西、河南等地流动作战，对清王朝构成极大的威胁。当时捻军有从河南进入湖北的迹象。湖北是天下之中，战略位置非常重要，所以需要一个能打仗的人来镇守。于是，曾国藩的九弟曾国荃便做了湖北巡抚。这样一来曾国荃就跟官文同城为官了。

官文在湖北经营多年，势力自然非常强大。曾国荃到了湖北以后，发现几乎所有重要的位置都让官文的人占了，自己根本就没有权力。曾国荃可没有胡林翼的"涵养"，到湖北以后，不到两个月的时间，就开始以整顿官场秩序的名义，伸手要权。首先把手伸到营务处，也就是要军权；接着伸到粮台，也就是要财权。

官文怎么会轻易把权力让出去呢？就指使手下一个叫唐际盛的署理藩台拼命地抵制。曾国荃一气之下，决定弹劾唐际盛。他给皇帝写了一个折子，列了一大堆唐际盛的劣迹，折子中把官文也牵连进去了，说官文"大事任其挟持，小事听其蒙蔽"。

当时正是用人之际，曾国荃又能打仗，一时无可替代，于是朝廷便给了曾家一个面子，把唐际盛免掉了，但是在给曾国荃的上谕里专门讲了一句话，说你曾国荃跟官文两个人要和衷共济，搞好关系，以后有什么事情向朝廷汇报，要通过官文来进行；朝廷有什么重要的指示，也会通过官文来转达。

这是什么意思呢？就是曾国荃必须尊重官文的地位。官文一看有朝廷撑腰，腰杆马上挺起来了。官场的特点是，一方攻击另一方，另一方肯定会报复。官文一看曾国荃是个愣头青，无法合作，干脆赶走他算了，就给皇帝写了一个折子，说了一大堆冠冕堂皇的理由，保奏曾国荃为"帮办军

务",也就是请皇帝安排他到前线去指挥作战,实际上是以此把曾国荃赶出武汉。好在朝廷还没有那么糊涂,没有把曾国荃从湖北巡抚的位置上调离。但是官文的用心,却让曾国荃识破了。曾国荃火冒三丈:我还没赶你走,你竟然要赶我走!一气之下,他决心直接弹劾官文。他的侄子,也就是曾国藩的儿子曾纪泽当时在他的大营里。曾纪泽当时还年轻,不懂得其中的利害,曾国荃身边又正好没有写折子的文案,于是叔叔和侄子两个人一商量,就由曾纪泽主笔,起草了一个折子,主题就是弹劾官文"贪庸骄蹇"等七宗罪,准备呈递给朝廷。

曾国藩当时正好到了湖北,一听说曾国荃要弹劾官文,吓了一跳,赶紧给曾国荃写了一封六页长的书信,跟他说千万不能那么做。曾国藩说:"官文哪里是你应该弹劾的,你就是侥幸弹劾掉官文,他也一定会报复,即使他自己没办法报复,别人也一定会替他报复。官文做官做到今天,哪里可能只是他一个人?官文的背后一定有盘根错节的势力。尤其对曾家来说,我是总督,你是巡抚,已经是树大招风了,你还弹劾官文,岂不是自找倒霉吗?"

本来曾国藩要曾国荃过来见自己一面,一看曾国荃要弹劾官文,便让他不要来了,免得让人认为是他们兄弟两个商量好的。但是,曾国荃这个人非常固执,就连他哥哥的话也听不进去。弹劾官文的折子,最终还是呈递上去了。

折子呈递上去之后,朝廷专门派大员前来调查。当时曾国荃确实能打仗,朝廷一时还离不开他,因此朝廷又给了曾家一个面子,以"动用捐款"的名义,革去了官文的湖广总督之职。官文的总督一职虽然被解除了,但是大学士的官位与伯爵的爵位却保留了下来,而且"召还京,管理刑部,兼正白旗蒙古都统"(调到中央做了管理刑部大臣,并兼任了正白旗的蒙古都统),地位几乎没有受到任何影响,用曾国藩的话来说,"处分甚轻"。

在曾国荃弹劾官文成为既成事实之后,曾国藩专门要来折子看了一下，发现折子中所说的问题，基本上都站得住脚，心这才稍微放宽了一点儿。即便这样，他也认为曾国荃的做法是非常不明智的，于是专门给朝廷写了折子，替官文说了一些好话，希望能缓和双方之间的矛盾。

然而曾国藩自己都没想到的是，报复很快就来了，而且程度远远超出他的想象。在短短几个月的时间里，湘军原来控制的几个关键位置，包括陕甘总督、陕西巡抚、广东巡抚、直隶总督，先后莫名其妙地被罢免。直隶总督原来是湘军名将刘长佑，刘长佑被免之后谁做了直隶总督呢？官文！曾国藩认为所有这些都是人家的报复。

接着对曾国荃的打击也开始了：几个月之后，形势有所缓和，朝廷便以捻军长驱直入、曾国荃作战不利为名，连续三次下圣谕斥责曾国荃，并摘去了他的顶戴，下部议处。曾国荃反复辩解，但越辩解斥责越厉害。曾国荃意识到，自己这个湖北巡抚已经做不下去了，只好称病辞职回家。湖北巡抚的官位，仅仅做了一年，便丢掉了。

曾国藩在劝阻曾国荃弹劾官文时曾说：

胡润帅奉朱批不准专衔奏军事，其呕气百倍于弟今日也，幸稍耐焉。

朝廷为了偏袒官文，硬生生地取消了胡林翼"专衔奏军事"的权力，胡林翼当年恼火的程度，比老弟你今天要超出多少倍啊，老弟你还是稍稍忍耐一下吧。

然而曾国荃却没有耐住，终于有了这样凄然的结局。处理跟同一个人的关系，胡林翼和曾国荃采取了完全不同的策略。一个耐住了，把本来对立的关系，变成了合作的关系；一个没有耐住，把本来合作的关系，变成了你死我活的冲突关系，最终伤害了自己。

五、存其倔强，而去其忿激

官场也好，职场也罢，多出一个朋友，还是多出一个对手，有时其实就是一念之差。无论是官场还是职场，有分歧、有矛盾、有冲突，是很正常的。正确的做法是，如果不是原则性的、大是大非的问题，就要尽量寻求共同之处，尽量缩小分歧之处。最忌讳的是控制不了情绪，轻易地陷入对抗，如果这样的话，最后的结局无非是两败俱伤。

曾国藩有一个总结：

一经焦躁，则心绪少佳，办事必不能妥善。

在愤怒、情绪化的时候与在平和、冷静的时候，人会做出十分不同的选择。人不但用理性和直觉决策，还在用情绪决策。一旦情绪压倒了理性，是一定会出问题的。因为一时一地的得失，而失去大局的平衡，这是最忌讳的。

曾国藩一生为官，所遇顺心事实在不多，烦心事却处处都有。他的心腹幕僚赵烈文曾说他："师历年辛苦，与贼战者不过十之三四，与世俗文法战者不啻十之五六。"（您带兵作战，用在与太平军作战上的精力，不过三四成；用在处理官场上相互掣肘的精力，不啻要有五六成。）做事之人，总会遇到种种阻碍，在这种情况下，领导者必须耐下心来，一步步地将问题解决，而不能情绪化，更不能存有太强烈的冲突之心。

同治三年（1864），曾国藩在给曾国荃的信中说：

弟近年于阿兄忿激之时，辄以嘉言劝阻；即弟自发忿激之际，亦常有发有收。以此卜弟之德器不可限量，后福亦不可限量。大抵任天下之大事以气，气之郁积于中者厚，故倔强之极，不能不流为忿激。以后吾兄弟动气之时，彼此互相劝诫，存其倔强，而去其忿激，斯可耳。

近年来在我生气激动的时候，老弟你总是以好言相劝；老弟你自己生气激动的时候，也常常马上收敛。由此看来，老弟你的修养与度量是不可限量的，你以后的福分也是不可限量的。大致说来，担当天下大事，靠的就是一口气。气郁积在心中越来越多，所以倔强到了极点，不能不发展为忿激。以后我们兄弟动气的时候，彼此要互相劝诫，保持倔强的性格，去掉激愤的情绪，这才是可行的。

一个人能否控制自己的情绪，取决于一个人的胸怀与修养，即所谓的"德器"；而一个人能控制自己的情绪，才有利于事业的长远发展，即所谓的"后福"。做大事之人，尤其要有这样的胸怀与修养。

柳传志是中国企业家中有大智慧的人，他曾经说过一句话："做企业，要有理想而不理想化。"领导者必须有理想，但领导艺术中的一个重要内容，就是要有足够的耐心，在理想与现实之间寻求和把握好平衡。

联想在深圳曾有一家加工厂，从香港地区进口一些电子元器件，在深圳进行组装加工，卖到内地，当时的效益还是不错的。但这些电子元器件经过深圳海关时，屡屡遭到有意的刁难。联想一气之下，把这件事捅到了海关总署。用柳传志后来的话说，联想当年还是太年轻。海关总署很快派人来调查这件事，并做出了处理。但是处理完了以后，联想却发现自己再也没办法在深圳做下去了，最后不得不把工厂迁到了惠阳。

联想还遇到过一件事。当年联想有一个重要的产品叫汉卡，这是联想自己研发出来的，卖得非常好，一年的利润可以达到70万元。在今天看来，70万元是很少的一笔钱，但是对于当年的联想来说，这已经相当可观了。但很快税务、物价、卫生、消防等部门都来了。物价局一查，说是定价过高，谋取暴利，违背《价格法》，罚！罚多少呢？100万元。

柳传志一听就急了，说："我辛辛苦苦一年才挣70万元，你罚我100万元，我还怎么做啊？而且这是我们自己研发出来的东西，你凭什么说我们定价过高？"柳传志这一急，下面的人就更激动了：没有这么欺负人的，这件事情一定要掰扯清楚。还有人提出，要找新闻媒体曝光，请媒体和社会来评评理。

大家一急，柳传志反而冷静下来了。他心里很清楚，跟某些政府官员打交道，关键是要顾全他们的面子。如果伤了他们的面子，他们就会有足够的办法伤害你的里子。有理，未必就能走遍天下；理直，有时反而不能气壮。一定要学会忍耐和妥协才行。

这一天，柳传志反复跟自己说一句话：你得知道你是谁，你得知道你是谁。于是他开始找人。找物价局局长，人家根本不见。找副局长，也没有解决问题。最后由中科院的领导出面，才总算把事情解决了，最终被罚了40万元。

经历了这些事情以后，柳传志意识到，在中国做企业，一定要学会妥协。尤其是联想这样在本质上很强势的企业，最需要的就是学会妥协的艺术。所以柳传志在联想并购IBM的个人电脑部门的会议上，给杨元庆团队提了六个字的要求，前两个字就是"妥协"。柳传志说，两家企业都是很强势的企业，合作一定会发生冲突，出现矛盾。如果因为控制不了情绪，打了起来，导致合作失败，没有人知道问题出在哪里。这时关键是要把大局稳住，哪怕因此受了委屈，只要维持了大局，就还有机会。所以，妥协比什么都重要。

杨元庆对柳传志"妥协"二字背后的良苦用心非常感激。杨元庆曾说："如果当初只有我那种年轻气盛的做法，没有柳总的那种妥协，联想可能就没有今天了。"柳传志对于杨元庆的成熟也非常欣慰。柳传志在接受采访谈到杨元庆时说："在这三年的过程之中，他已经有非常大的进步。突出的优点就是学会了否定自己，学会了妥协。"

柳传志经常给下属讲一个道理：前面有一堵墙，你会怎么做？你非要把这堵墙给砸个洞，你人是过去了，墙也砸坏了。你干吗非要跟他对抗呢？为什么不沿着墙往前走一走，早晚会找到门的。柳传志说：你改变不了大环境，就改变小环境；如果小环境也改变不了，就改变自己的心态，慢慢等待改变环境的机会，千万不要蛮干硬来。

有人对柳传志的评价是，他忍受了很多常人所根本无法忍受的东西。这是一位妥协的大师。这个人的智慧在于，知道自己能改变什么，不能改变什么，顽强地去改变那些能改变的东西，同时有足够的胸怀包容那些不能改变的东西。

天下事就是如此，事情一旦变成对抗，掺进情绪的因素来，再想收场就会变得非常困难。人们往往会为自己一时的情绪失控而付出惨重的代价。这样的例子，可谓屡见不鲜。

雀巢中国曾经有一款奶粉，一度被发现含碘量超标。在新闻发布会上，许多新闻媒体的记者抓住这个问题不放，问了很多刁钻的问题。其实领导者也要理解媒体，电视需要收视率，网站需要点击率，报纸需要发行量，因此媒体记者往往会语不惊人死不休。结果在发布会上，雀巢中国的外籍公关经理显得非常不冷静。发布会期间，他三次把自己的耳机扯下来，拒绝听记者的问题。最后还来了一句："这事还没完吗？还没完吗？我认为这事已经完了。"结果所有的媒体都一边倒地认为，雀巢是一个不负责任的企业，由此给雀巢的品牌形象造成了巨大的伤害。

曾国藩在日记中曾写过这样一段话：

古人办事，掣肘之处，拂逆之端，世世有之，人人不免。恶其拂逆而必欲顺从，设法以诛锄异己者，权奸之行径也。听其拂逆而动心忍性，委曲求全，且以无敌国外患而亡为虑者，圣贤之用心也。借人之拂逆，以磨砺我之德性，其庶几乎？

古人办事，被牵制、遭抵触的情况多了去了，世世如此，人人难免。憎恶人家的抵触而一定要人家顺从己意，想方设法铲除与自己作对之人，这是权奸的行径。听任别人的抵触，历尽困苦而磨炼坚忍的心性，为顾全大局而做出妥协，并且担心如果没有了敌国外患就会招致灭亡，这是圣贤的用心。借助别人的抵触，来磨砺自己的德性，这也许才差不多吧！

在西方管理学中，情绪管理已经成为领导者的必修课程。"做官以耐烦为第一要义"，情绪化的反应一定是不成熟的表现。能否控制自己的情绪，反映的是领导者的成熟程度，反映的是领导者修养水平与度量的大小，并最终会决定领导者事业的成败。因此，领导者的成熟，就是从有效地控制情绪开始的。一个人的成长过程，就是"耐"的功夫不断提升的过程。对于领导者来说，"耐"这个字，是值得用一生去修炼的最基本的功夫。

第三讲 浑

一、才智英敏者，宜加浑厚学问

"浑"是什么？浑就是浑含、内敛、包容、大度。"水浑则不清"，"浑"就是难得糊涂，不是咄咄逼人，不是锋芒毕露。"浑"字所着眼的是领导者的为人之道、处世之道和沟通之道。

曾国藩认为，好锋芒毕露而不能浑含，这不是智者的行为，连上天都会厌恶。一个人有才华是好事，但是到了锋芒毕露、咄咄逼人、棱角分明的地步，既容易伤人，也容易伤己。

在我们的身边，经常会有这样一些朋友，眼光犀利，思维敏捷，口才极好，辩才无碍，因此跟人家争论的时候，往往是占尽了上风，得尽了便宜，并因此而洋洋得意，却不知道一时的口舌之快中，已经伤人和树敌于无意无形之中，自己却浑然不觉。而伤人的同时，一定会伤害自己。一个过于锋芒毕露、争强好胜的人，跟客户辩论，赢了辩论，可能却丢掉了生意；跟朋友辩论，赢了辩论，可能却失去了友情；跟同事辩论，赢了辩论，可能却失去了合作，陷入了孤立。这样的事情很多。所以曾国藩说：

> 精明也要十分，只须藏在浑厚里作用。古人得祸，精明人十居其九，未有浑厚而得祸者。今之人惟恐精明不至，所以为愚也。

领导者当然要精明，而且要十分精明，但是需要记住的是，精明是一把双刃剑，会伤人伤己。所以，精明一定要包藏在浑厚里发挥作用。自古以来那些遇到灾祸的人，"精明人十居其九"（九成以上都是精明之人），"未有浑厚而得祸者"（没听说哪个浑厚之人遇到什么大的灾祸的），所以"今之人惟恐精明不至，所以为愚也"（现在的人唯恐自己精明得还不够，这就是真正的愚蠢）。

读过中国历史的人，一定能够理解曾国藩这些话所蕴含的深刻的处事智慧。精明实际上是小聪明，浑厚才是大智慧。精明是领导者的第一个层面，浑厚才是更高的境界。领导者的成长过程，就是从精明不断提升到浑厚的过程。而这就需要一个藏锋的过程。所以曾国藩说：

自家有好处，要掩藏几分，这是涵育以养深；别人不好处，要掩藏几分，这是浑厚以养大。

自己有优点，到处去张扬，唯恐别人不知道，别人一定会非常反感，反而不认为这是优点。有了优点，自己掩藏几分，这是提高自己修为境界的重要途径。而真正的优点是藏不住的，别人反而会觉得你非常有涵养。

别人有了缺点，你看得很明白，但你公开讥讽、到处宣扬，别人对你轻则疏远，多则忌恨。如果能有一种包容的胸怀，替别人掩藏几分，替别人保全面子，别人就会非常感激。这样的人，才有大的境界、大的格局，才能成就大的事业。

人天然就是以自我为中心的，所以人看到的往往是自己的优点和别人的缺点，有才华的人甚至会进而恃才傲物，自以为是。这对于领导者来说都是大忌。对于领导者来说，发现别人的毛病是本事，褒扬别人的优点是境界，包容别人的缺点则是胸怀。所以曾国藩说：

才智英敏者，宜加浑厚学问。

才智英敏的绝顶聪明之人，一定要再加一层浑厚的学问。才智英敏只是聪明，浑厚学问才是智慧。对于很多领导者来说，才智英敏这一条，一点问题都没有，浑厚则是必须加的一门学问。

二、扬善于公庭，规过于私室

曾国藩手下有很多聪明人，曾国藩给他们写信时往往会教给他们这个"浑"字。

丁日昌，字雨生，广东才子，二十岁就中了秀才，被世人称为"不世之才"。丁日昌做过曾国藩的幕僚，是洋务运动的骨干成员，他的许多主张非常精辟，尤其在海防方面有很多远见卓识。但丁日昌作风强硬，为人耿直，不恤人言，不近人情，经常让人难堪，因此引起了很大的争议。曾国藩非常欣赏丁日昌的才华，专门写信教他沟通之道：

> **阁下志迈识正，不难力追古人。但愿于众醉独醒之际，仍以"浑"字出之；于效验迟缓之时，更以"耐"字贞之。**

大意是说：你的志向很高远，见识很端正，以后一定可以成就像古人那样伟大的功业。众人都糊里糊涂，唯独你一个人看得清楚，你这时哪怕只是存着一点点的乘机炫耀之心、洋洋自得之意，都会引起别人本能的反感。你的精辟见解要以得体、宽厚、温和的方式讲出来，这样才是考虑到了别人的感受和面子，才会更容易被别人接受、认可。

下属老是跟不上你的期望、思路和步伐，做的事情老是无法让你满意，你就会很烦躁，就很容易会训斥、讽刺他们，不给他们留面子，从而在你和下属之间产生怨恨，造成隔阂，形成离心，导致管理失败，这时一定要学会一个"耐"字。以"耐"字控制好自己的心态，用一种善意的耐心帮助下属理解、执行，从而把事情做好。

作为领导者，我们每天都要跟人打交道，都要跟人去沟通。杰克·韦尔奇曾经讲过一句话："管理就是沟通，沟通，沟通。"管理的成败很大程度上就取决于沟通的效果。很多管理中的问题就是出在沟通这个环节上。

而管理学的研究结论是，沟通的效果，百分之三十取决于沟通的内容，百分之七十取决于沟通时的情绪。如果沟通时引起了情绪上的对立，沟通的内容往往就会因情绪化的反应而被扭曲，从而导致沟通失败。所以在沟通的过程中，你自己见解的正确性固然重要，沟通的方式可能更为关键。

从沟通的角度来说，"浑"字并非让我们有话不敢讲，而是告诉我们：敢讲固然重要，会讲才更加关键。沟通的过程中，一定要仔细考虑好沟通对象可能的感受。一句话该不该你说？在什么场合说？说到什么程度？如何说？这都是要经过思考的。如果你在不合适的场合，用不合适的方式，说了你不该说的话，即便你说得再对，还是会伤人、伤己。所以"浑"字强调的是不要咄咄逼人、不近人情，而要把精明的见解以浑厚的方式表达出来，这样一来才能保证你的沟通有更好的效果。这就叫"于众醉独醒之际，仍以'浑'字出之"。

不仅如此，还要"于效验迟缓之时，更以'耐'字贞之"。比方说，你布置了一个任务，手下老是完不成，拿不出结果来，你就会很焦躁，经常斥责下属，甚至羞辱下属，由此就会导致下属对你的怨恨以及离心离德，最终引发管理上的失败。这种情况下，"耐"字是很重要的一种品质。作为领导者，需要耐心地等待别人跟上来。下属毕竟是下属，他不如你，所以他才是你的下属，你要给予他更多的耐心。

吴竹庄，又名吴坤修，江西人，与曾国藩是二十年的老朋友，相知很深，二人经常一聊就是很长时间。吴坤修富有才华，但后来的发展却并不顺利。曾国藩很了解他，专门写信劝他说：

> **阁下昔年短处在尖语快论，机锋四出，以是招谤取尤。今位望日隆，务须尊贤容众，取长舍短，扬善于公庭，而规过于私室，庶几人服其明而感其宽。**

你老兄人很聪明，但你以往的短处，就在于牙尖嘴利，锋芒必露，咄咄逼人，全无顾忌，只图自己一时痛快，却丝毫不给人留情面。你可能自己觉得这是你的本事、你的过人之处，并因此而洋洋得意、沾沾自喜，可是在别人眼中，这些可能恰恰是最令人生厌的东西。所以你这样做的结果，招来的只能是别人的诽谤，换来的只能是别人的怨恨。现在你的地位越来越高，声望越来越大，一定要学会尊重别人、包容别人，眼中要看到别人的长处，不要光盯着别人的短处。你与人相处，一定要学会"扬善于公庭，而规过于私室"。

什么叫"扬善于公庭，而规过于私室"？别人有了优点，有了成就，有了收获，你要在公开的场合表扬他；别人有了过失，有了缺点，有了错误，你要在私下的场合提醒他。

人都是需要肯定的，哪怕最高层的人也是如此。人都是需要面子的，哪怕最卑微的人也是如此。你在公开的场合表扬他，给足了他面子；你在私下的场合提醒他，保全了他的面子。这样一来才能"人服其明，而感其宽"（别人才会佩服你的明白事理，更关键的是，他会非常感激你的宽厚、善意，才会真心实意地认可你）；否则，你说的话再正确，一旦被认为是一种恶意的羞辱，还是会导致别人的怨恨，导致你管理的失败。所以对于领导者来说，要有犀利的眼光，是为"明"；更要有宽厚的胸怀，是为"浑"。二者一定要并用，才不会伤人伤己。

斯坦福大学组织行为学教授杰弗瑞·菲佛在谈到人性时说："绝大多数人都希望拥有良好的自我感觉，而不仅是那些具有不安全感的人才有这样的想法。尽管从客观的角度来说，人们可以从错误中了解他们做错了什么，从而学到更多东西，但人们还是喜欢'自我增强（self-enhance）'，即寻求积极的信息，避免负面的反馈。"[①] 领导的见解应该正确，领导的心意应该真诚，但正确的见解与真诚的心意在很多情况下也需要以委婉、善

---

① 〔美〕杰弗瑞·菲佛. 权力：为什么只为某些人所拥有 [M]. 北京：中国人民大学出版社，2012：30—31.

意、充分考虑别人感受的方式表达出来,才更容易被人接受。违背了这一条,智商再高、地位再高的人,也会出问题。

三、以才自足,以能自矜,则为小人所忌,亦为君子所薄

跟曾国藩同时代有一个著名的人物,就是恭亲王奕䜣。奕䜣是道光皇帝的第六个儿子,咸丰皇帝的六弟。奕䜣这个人冰雪聪明,据说当年道光皇帝在世时非常喜爱奕䜣,本来有意让他继位,但阴差阳错,皇位传给了咸丰。

1860年第二次鸦片战争期间,英法联军打进了北京城,咸丰皇帝带着两个妃子(也就是后来的慈禧、慈安两个太后),以及六岁的儿子(也就是后来的同治皇帝),逃往热河,留下奕䜣与英法联军交涉。其后咸丰皇帝死在了热河,临死前遗命肃顺等八人为顾命八大臣,辅佐新即位的同治皇帝。由此大权就落入了肃顺等人之手。

慈禧太后是一个权力欲很强的人,她不可能允许权力落在肃顺等人之手,于是便联合同样被排斥在外的小叔子恭亲王奕䜣发动了政变,就是所谓的"辛酉政变"(也叫"祺祥政变"),干掉了肃顺等人,由此把权力夺了过来。但当时慈禧太后非常年轻,没有治理国家的经验,因此只能倚重恭亲王奕䜣,于是给他加了一个封号"议政王",所有的国家大事,都交给他来定夺。

曾国藩在此之前并没有跟恭亲王奕䜣打过交道。当时在上海,有洋人办的报纸登了恭亲王奕䜣的照片。一些在北京的朋友也给曾国藩讲过奕䜣的为人。曾国藩很快就得出结论,此人执政的时间长了恐怕不行。为什么呢?曾国藩说:

举止轻浮,聪明太露,多谋多改。恐日久亦难惬人意。

举止轻浮,违背了曾国藩反复强调的"重"字;聪明太露,说的是这

个人很聪明，但是他的聪明是外露的。因为他很聪明，所以他的想法特别多，但变得也特别快，所以叫"多谋多改"。恐怕执政时间长了会很难令人满意。

曾国藩对奕䜣的判断是非常准确的。奕䜣确实很聪明，思维也很敏捷。晚清搞洋务运动，地方靠的是曾国藩、李鸿章，朝廷则主要靠奕䜣。但是因为他非常聪明，昨天有了一个好主意，刚刚布置下去，今天就又有了一个更好的主意，于是便改变了自己头一天的决策。当时大清王朝许多官员的思想其实是很保守的，对奕䜣的某些想法根本无法理解，于是奕䜣就不断训斥这些人，不假颜色，甚至公开羞辱。这些人因为奕䜣是议政王，权力很大，对他是敢怒而不敢言，但是一股对他不满的力量却在暗暗地集聚着。

慈禧太后的权力欲是很强的，她绝对不会让奕䜣长期掌握大权。等到她认为时机成熟时，就会把奕䜣踢到一边。很多人本来就对奕䜣不满，慈禧太后一个眼色下去，这些人就纷纷上折弹劾奕䜣，说他多么狂妄，多么傲慢，甚至连皇帝和皇太后都不放在眼里，完全失去了做臣子应有的礼仪。慈禧太后借机以"目无君上、诸多挟制、暗使离间、不可细问"等罪名，拿去了奕䜣"议政王"的封号，并免去了他所有的权力。后来虽然经过一些大臣求情，奕䜣复任了军机大臣、总理各国事务衙门大臣等职，但"议政王"的封号并没有恢复。关键是，经过这番打击以后，奕䜣从此心灰意冷，再也没有大的作为。

曾国藩曾经说过一句很精彩的话：

以才自足，以能自矜，则为小人所忌，亦为君子所薄。

一个人有才能是好事儿，但是如果满足于自己的才能，到处炫耀自己的才能，甚至把自己的才能变成压制别人的手段，那么，小人就会忌恨你的才能，君子也会瞧不起你的为人。

这样的人，实际上是自己在恶化自己的发展环境，自毁大好的发展前途。

曾国藩还给陈源兖写过一封信。陈源兖，字岱云，翰林出身，跟曾国藩是进士同年，也是儿女亲家，先后做过江西吉安知府、安徽池州知府，为人有才而耿直。曾国藩曾经给他写过一封信：

> 察见渊中鱼者不祥。愿阁下为璞玉之浑含，不为水晶之光明，则有以自全而亦不失己。

"察见渊中鱼者不祥"，这是中国的一句古话。深潭里面有鱼，别人都看不到，就你能看到，这未必是件好事。譬如，一个人看到别人看不到的东西，或者是别人根本不想让你看到的东西，在无意之中撞破了别人的隐私，这些未必是好事。所以曾国藩希望自己的亲家加朋友像璞玉那样浑含，而不要像水晶那样光明剔透。璞玉就是被剖开之前的玉石，高深莫测，谁也不知道内中玉石的成色如何。水晶光明剔透，但是最容易受伤害而碎裂。只有像璞玉那样浑含，才能保全自己，同时又不失去自己做人的基本原则，即所谓的"有以自全而亦不失己"。所以"浑"不是让你没有原则，而是内方、外圆，内方的同时一定还要做到外圆，这样才能在人情练达的同时恪守自己的底线，在恪守自己底线的同时也做到人情练达。

四、"浑"则无往不宜

同治三年，曾国藩在日记中写了一段话：

> "浑"则无往不宜。大约与人忿争，不可自求万全处；白人是非，不可过于武断。此"浑"字之最切于实用者耳。

"浑"这个字如果你悟透了、用好了，做什么事情都会非常妥当。曾国藩在这里举了两个例子：

一是"与人忿争，不可自求万全处"。跟人争论一个问题，不要把道理都争到自己这里来。不要非让别人承认你百分之百是对的,他百分之百是错的。你非要把人家逼到墙角,人家一定会反弹。你为什么非得百分之百是对的呢?你百分之七十是对的,给别人留三成的余地,留三成的面子,留三成的尊严,别人不是更容易下台阶,更容易接受你的意见吗?

我们都知道,很多问题,从专业和技术的角度来看,对就是对,错就是错,这是毫无疑问的。但即使道理都在你这里,从人际交往的层面,你也要给别人留三成的面子、三成的余地。不能把专业技术中的逻辑,简单地用到人际交往和管理这个层面上来。这就叫"与人忿争,不可自求万全处"。

二是"白人是非,不可过于武断"。判断一个人是对是错、是好是坏、是黑是白,不要过于绝对。这个世界上哪有那么多绝对的事情?

世界的本质是复杂的,就像人性本身就是复杂的一样。太极图是中国人理解宇宙和人性的一个基本图式。太极图里边是阴阳鱼,阴阳鱼的特点是什么?阴中有阳,阳中有阴。无非是阴多一些,还是阳多一些而已。这就是这个世界的本质,这就是人性的本质。我们做任何事情,往往是既有高尚的追求,同时也有自我的动机,二者常常是揉在一起的。领导者一定要明白一个道理:没有完美的世界,也没有完美的人性。"水至清则无鱼,人至察则无徒。"看人看事过于绝对与苛刻,就会违背世界和人性的特点,必将导致管理以及人际交往的失败。

汉高祖刘邦手下有一个谋士叫陈平。陈平原来在项羽手下,后来投奔了刘邦。很快就有人在刘邦面前告陈平的状,说陈平这个人道德败坏:在家里的时候和他的嫂子通奸,在项羽那边时项羽根本瞧不起他,到你这里来又收受贿赂,跟下属要钱。这样的人你怎么能用他呀?

刘邦就找到陈平,问人家说得对不对。陈平说:"对呀,我在家里的时候,哥哥去世了,侄子没人养,我就娶了我嫂子,这有什么问题吗?我在项羽手下时,项羽是个糊涂蛋,根本不知道我的价值,所以我才跑到你这里来了;我来你这里后,你又不给我发工资,我不收点钱,怎么养家糊口呢？"陈平反过来又问刘邦："我问你，你到底要用什么人？你要用圣人，也就是一点毛病都没有的道德完美之人，还是能帮你打天下的人？你要用圣人的话，我不是，我走人。你要是想用能帮你打天下的人，那我可以做到。"

刘邦是一个明白人，听了以后，立即把陈平留了下来。果然，在帮助刘邦打败项羽的过程中，陈平起了很大的作用，许多大的战略决策都是他和张良一起提出来的。刘邦去世之后，太后吕氏的家族要把刘家的天下变成吕家的天下，后来帮助刘家恢复天下的一个关键人物，就是陈平。这叫什么？"白人是非，不可过于武断。"

曾国藩在给曾国荃的信中曾经说过一段话，教他怎么用现实的心态看待这个世界上的人和事：

大抵天下无完全无间之人才，亦无完全无隙之交情。大者得正，而小者包荒，斯可耳。

一般说来，天底下没有完全没有缺点的人才，也没有完全没有缝隙的交情。再优秀的人才也会有自己的问题，再亲密的交情也会有你我之分。这就是人性的本质，这就是世界的本质。领导者所能做的，就是在大的方面要把握住原则，在小的方面则要学会包容。

曾国藩所说的"包荒"，来自《易经》。包是包容，荒是荒秽。有句话叫"海纳百川"，大海怎么能够成为大海？一定是兼收并蓄。如果这个水也不要，那个水也不要，不可能成就大海之大。我们这个世界最高的境界是什么？天地的境界，所谓"天覆地载"。天地之间，什么东西都可以包容，所以才能成就天地之大。领导者同样也需要有包荒匿瑕、海纳百川的胸怀。

对于领导者来说，一个人能够成就多大的事业，不仅仅取决于自身的能力，更取决于其格局与胸怀。有天下的格局，就可以用天下的人才，最终成就天下的事业；只有三流的格局，就只能用三流的人才，成就三流的事业。因此,"浑"这个字,对于富有才华的聪明之人来说,尤其重要。君子以厚德载物。包容别人,其实就是在成就自己。现代管理学也认为:"增加宽容度也是提升领导力的一个重要因素,一个真正的领军人物必须能够团结多数人,跟差异很大的形形色色的人一块儿工作。"[1] 所以,一个人的领导力的成长过程,也就是"浑"的境界不断提升的过程。"浑"这个字,也是值得人们用一生去修炼的基本功夫。

---

[1] 杨壮. 做一个有影响力的人:北大领导力十堂课 [M]. 北京:机械工业出版社,2008:84—85.

第四讲 明

一、莅事以"明"字为第一要义

"明"就是明白、清楚。前文讲过"浑","浑"并不是让你真糊涂,而是难得糊涂。真正的"浑",是必须以"明"为基础的。这一章,我们主要来讲"明"这个字。

曾国藩对"明"字很看重。什么样的人可能成就大的事业呢?在给曾国荃的信中,曾国藩这样说:

> 担当大事,全在"明"、"强"二字。

明,就是明白、清楚;强,就是倔强、坚持。凡是想做大事的人,就是要靠这两个因素,一是看得要明白,二是行得要倔强。所以曾国藩说:"大抵莅事以'明'字为第一要义。"(办事要想妥当,必须以明白为第一条原则。)"凡说话不中事理、不担斤两者,其下必不服。"(说话说不到点子上,遇事不敢承担责任,这样的人,下属一定不会服气。)

曾国藩还对曾国荃说:

> 凡办大事,以识为主,以才为辅。

凡是想做成大事的，见识是第一位的，才能是第二位的。为什么要这样说呢？想办大事，洞察形势、烛见人心，这是第一位的。在此基础上，发挥能力、提出方案，把事情做成，这是第二位的。

曾国藩为什么这样说呢？首先我们看，我们做任何事情，都会深受当时特定的形势与环境的影响。过去有句诗，叫作"时来天地皆同力，运去英雄不自由"（时机来到时，天地都会给你助力，将你推到顶峰；大势已去时，再大的英雄也无可奈何）。再有能力的人，如果对大势的判断出现了问题，也很难成事。在大势面前，每个人的能力都是很卑微的。所以战略上的一条原则，就是永远也不要跟趋势作对。非要跟大势相抗衡的话，只能碰得头破血流，即便能活下来，在战略上也已经失败了。所以要想做大事，一定要借大势，借大势才能成大事。但是，要想借大势，首先必须要了解势是从哪里来以及到哪里去的。这靠的是什么呢？识。俗话说得好："识时务者为俊杰。"然后在借势的过程中发挥自己的才能，顺势而为，借势而上，把事情做漂亮，这个时候靠的就是"才"。这也就是曾国藩所说的"识"为主、"才"为辅。

不仅如此，他的话中还包含着另一层含义。在我们生活的社会中，总有一些事情是敏感的，甚至是犯忌的，但未必会有人明白地告诉你。尤其是在官场上，弄清楚一件事该不该你做，这是第一位的。把你自己该做的事情做漂亮，这是第二位的。如果做了不该你做的事情，你做得越漂亮，死得可能就越快。了解什么事情该你做靠的是什么呢？"识"。把你自己该做的事情做漂亮靠的又是什么呢？"才"。

杰出人物的成功，不仅仅取决于他们自身过人的努力，更取决于他们超乎常人的见识。一个人的能力能否得到淋漓尽致的发挥，取决于能否对大势有清晰的判断、能否对人情世故有清醒的认识。曾国藩所说的"以识为主，以才为辅"，就是要先做正确的事情，然后再正确地把事情做成。这里所说的"识"，就是把握时势和人心的能力，也就是所谓的"世事洞明皆学问，人情练达即文章"。

二、处人处事所以不当者，以其知之不明也

曾国藩这个人，经常说自己是很迟钝、愚拙的人。其实他是一个非常明白、非常清醒的人。他曾经说："余于大利大害所在，均悉心考究。"（我对于大利大害，总会下一番功夫把它想明白。）把握大利大害的意识和能力，是曾国藩领导力中非常突出的一个特质。

曾国藩早年在长沙练湘军的时候，曾经用过一个人，叫塔齐布。塔齐布，字智亭，是一名八旗子弟。不过，塔齐布跟一般的八旗子弟不一样，他出身于八旗的下层，家境一般，身上还保留了当年八旗入关时的那种朴实、彪悍、豪爽、能吃苦的性格，没有一般八旗子弟的恶习。他先是在北京火器营中当护军，之后被委派到湖南，在绿营中做了都司，后来又升了游击①，但也不过是绿营中的"末弁"，即下层军官。

曾国藩编练湘军的时候，从绿营里聘请了三个教练，教湘军士兵练技艺、阵法和战术。其中有一个就是塔齐布。经过一段时间的观察后，曾国藩把其他两个人都辞掉了，就留下一个塔齐布。从此以后，曾国藩不断地在皇帝面前保举塔齐布，说这个人忠勇可靠，可以重用，甚至在给皇帝的折子里说出这样的话：如果塔齐布以后作战不利，临阵脱逃，臣与他同罪。

在曾国藩的不断保举之下，三年时间内，塔齐布由一个普通的基层军官升到了湖南提督、高居从一品的大员。塔齐布打仗真的这么厉害吗？其实根本就不是这样的。有一次曾国藩给当时的湖南巡抚骆秉章写信，说了一段大实话。他说"塔公实无方略"（塔齐布这个老先生打仗真的没什么本事）。第二天要打仗了，下属都到塔齐布的大帐里请示该怎么打。身为统帅，总要对下属有一番布置，比方说你主攻，你助攻，你埋伏，你追

---

① 游击，清代武官名，从三品，次于参将一级。

击，你迂回，等等。塔齐布从来不会这样做，他永远就是一句话：明天打仗，大家各出几成人马，一起往前冲吧！可见这个人打仗的本事并不高明。

但曾国藩为什么一定要重用塔齐布，而且不断地在皇帝面前保举他呢？这里最关键的因素，就在于塔齐布是一个旗人。大清王朝是满人的天下，朝廷掌权的满族亲贵最忌讳的是什么？是汉人掌兵权。曾国藩是一个汉人，而且所练的是以湖南汉人为主体的湘军。朝廷嘴上不说，内心里其实十分忌讳。如果曾国藩不明白这一点，湘军的势力发展越大，在朝廷心目中的潜在威胁也就越大。曾国藩对于朝廷的心理非常明白，所以他一定要通过重用塔齐布这件事，给皇帝一个明确的信息：这支部队不单纯是汉人的部队，相反，它是永远在皇帝控制之下、对皇帝忠心耿耿的部队。用塔齐布，正是为了冲淡湘军中汉人部队的色彩。说白了，曾国藩用塔齐布，算的不是军事账，而是政治账。

同治三年时，曾国藩给彭玉麟写过一封信：

国藩久在兵间，饱更事变，心血之亏，亦何待言。然于人之情伪，颇能洞见症结。

我带兵这么多年，经历要死要活的事情不知有多少，耗费的心血更不用说了。但是我对于人的真伪，一眼就能看清症结。

这确实是他的一个本事。

曾国藩在日记里也写过这样一段话：

处人、处事，所以不当者，以其知之不明也。若巨细周知，表里洞彻，则处之自有方术矣。

待人处事，为什么总是会好心做坏事、做得不妥当呢？关键是知得不明。如果你大事小情都分析得非常周到清楚，表面的和深层的都看得非常透彻，那么处理起事情来自然也就有最妥当的办法了。

所以我们看，你行得不当，是因为你知得不明、知得不全，知得不深。如果你知得明、知得全、知得深，自然就会行得当了。

我们前面说过，曾国藩非常欣赏李鸿章。李鸿章之所以能够成为曾国藩的接班人，甚至把他的事业发扬光大，一个重要的原因，就是李鸿章是一个明白人。

在镇压太平天国的过程中，曾国荃率领湘军的主力进攻南京，李鸿章率领淮军的主力进攻苏州。淮军在李鸿章的率领之下攻陷了苏州，但湘军进攻的南京却久攻不下。朝廷为了早日消灭太平天国，便命令李鸿章率领所部淮军会攻南京。

从早日平定太平天国的大局出发，李鸿章显然应该立即挥师赴援。但是李鸿章非常清楚，曾国荃围南京围了一年多，一心想独得打下南京的头功。他这个时候最忌讳的，就是有人突然横插一杠子，分了自己的功劳，抢了自己的风头。但是曾国荃显然不可能公开这样说，表面上还得做出欢迎淮军会攻南京的姿态来。

李鸿章是一个明白人，他深知其中的奥妙，因此一面给曾家兄弟写信，明确表示"不敢近禁脔而窥卧榻"（我不会靠近你不容别人染指的东西），一面给朝廷打报告，以各种理由推延开拔的日期。曾国藩在察觉李鸿章的用心后对曾国荃说，李鸿章"若深知弟军之千辛万苦，不欲分此垂成之功者。诚能如此存心，则过人远矣"（李鸿章好像是深知老弟你的部队的千辛万苦，因此不想来与你分这个唾手可得的功劳。如果他真能如此存心，那么这个人的水平，真的是远远超出常人啊）。

在李鸿章心照不宣的配合下，曾国荃终于攻下了南京，独得打下南京的头功。后来曾国藩非常感激，见了李鸿章后拉着他的手说："愚兄弟薄面，赖子全矣。"（我们兄弟的薄面，全靠老弟你给保全了。）

三、明有二：曰高明，曰精明

曾国藩对"明"字非常看重，他曾经说：

不能威猛，由于不能精明，事事被人欺侮，故人得而玩易之也。

一个领导者没有威严，往往是由于不精明，事事被人欺骗侮辱，所以人人可以玩弄轻视他。

他还说："三达德之首曰智。智即明也。古来豪杰，动称英雄。英即明也。""三达德"，即儒家经典《中庸》所说的"智、仁、勇"，所谓天下通行的品德，其中第一项即是"明"的意思。古来的豪杰们习惯被称为"英雄"，其中的"英"，就是"明"的意思。因此，"能明而断，谓之英断；不明而断，谓之武断"（先明白而后决断，这就叫英断；不明白却决断，只能叫武断）。

在曾国藩看来，明分两种：高明、精明。

明有二端：人见其近，吾见其远，曰高明；人见其粗，吾见其细，曰精明。高明者，譬如室中所见有限，登楼则所见远矣，登山则所见更远矣。精明者，譬如至微之物，以显微镜照之，则加大一倍、十倍、百倍矣。又如粗糙之米，再舂则粗糠全去，三舂、四舂，则精白绝伦矣。

明有两种，一种叫高明，一种叫精明。什么叫高明？别人只能看到近处，我却看得到长远，这就叫高明；别人只能看到大略，我却看得清细微，这就叫精明。高明，就好比你局限于一个房间之中，所见一定有限。登上高楼的人才看得遥远，登上高山的人看得便更远了。精明，好比非常小的东西，用显微镜来观察，就会放大一倍、十倍甚至百倍了。又比如粗糙的稻米，舂两次以后粗糠就会全部被舂去，舂三次、四次之后，便变得精白绝伦了。

这就是一个琢磨的功夫。

在给部将的书札中，曾国藩也说了一段类似的话：

同一境，而登山者独见其远，乘城者独觉其旷，此高明之说也。同一物，而臆度者不如权衡之审，目巧者不如尺度之精，此精明之说也。

同一个地方，只有登上高山的人才看得遥远，只有登上城墙的人才觉得空旷，这就是高明。同一件东西，凭主观推测不如用秤称得精确，用眼光打量不如用尺量得准确，这就是精明。

所谓的高明，就是站得高、看得远。我们评价领袖人物，经常会用高瞻远瞩、审时度势这样的词汇，说的就是高明。高明就是一种战略的视野，就是一种大局观、大势观，就是对战略大势的把握，就是从大局的角度把握住自己的定位。所以曾国藩说，"军中阅历有年，益知天下事当于大处着眼""用兵以审势为第一要义，势则大局大计"。组织中的领军人物，就是要比常人看得长远，把握住组织的方向。这就需要对大势有清楚的把握，在大势演变过程中找到组织的定位。不知道这个大势，很难成功，就是成功了也是稀里糊涂的，而这样的成功是不可能长久的。

比尔·盖茨在解释微软的成功因素时说："我想最重要的因素还是我们的远见和高度的洞察力。我从来都是戴着望远镜来看这个世界的。……在20世纪80年代的某个时间之前，我们的公司并不为人所知，当时有一篇我非常喜欢的文章，里面写到四大软件公司，各家公司都大同小异。但是我们当时就知道，另外三家公司不像我们这样具有长远眼光，能够雇用正确的员工，并且能够以全球化的眼光思考。……我们与别的公司都不相同，我们是一家具有远见卓识的公司。"

杰克·韦尔奇同样把远见视为领导力的关键部分。他说："对未来的目标能有个清晰、明确的看法，这需要领导者的远见发挥至关重要的作用。因为远见决定着领导者的工作能力，它能描绘出未来前景的具体样子，点燃人们的工作热情，促使人们不断地向前进取。一旦某个领导者失去了远见，就只能用浅薄的眼光看待问题，那么，他哪里也去不成，什么事也不会成功，充其量只是在原地打转而已。"

无独有偶，柳传志也说过一段类似的话："立意高，才可能制定战略，才可能一步步地按照你的立意去做。立意低，只能蒙着做，做到什么样子是什么样子，做公司等于撞大运。"而关于眼光的重要性，胡雪岩所说的一段话更为通俗："做生意顶要紧的是眼光。你有一个府的眼光，就能做一府的生意；你有一个省的眼光，就能做一省的生意；你有天下的眼光，就能做天下的生意。"

可见，高明与远见卓识，是所有成功者的共同特点。曾国藩的过人之处，就在于高明。他善于从大势、大局上分析问题、找出对策，从而表现得高人一等。像他制定的"顺江而下、以上制下"的平定太平天国的战略，事实证明就非常具有远见卓识。李鸿章评价曾国藩"凡规画天下事，久无不验"。曾国藩也说："论兵事，宜从大处分清界限，不宜从小处剖析微茫。"（分析战争问题，应该从大处着手，不要斤斤计较。）一个领导者，必须要有这样的大局意识与战略境界，而不能仅专注于自己眼皮子底下的那些问题。没有办法把眼光放高远的人，是没有办法从容地思考组织的长远发展的。

不过，光有高明还不行，这个世界上，眼高手低的人多了去了。所以高明之外，还要精明。精明是什么呢？精明就是战术与执行层面的精准。精明需要分析、计算，精明就是不含混了事。差不多就行了的心态，恰恰是不行的。一件事来了以后，把这件事掰成两瓣，两瓣掰成四瓣，四瓣再掰成八瓣，完了以后再合起来，事情还是这件，但是在你脑子里已经不一样了，这就叫精明。精明强调的就是做事之时对于关键细节的精细分析与把握。用曾国藩的话来说就是：

古来才人，有成有不成，所争每在"疏"、"密"二字。

古往今来才华出众之人，有的成功了，有的没有成功，最根本的区别就在于做事情是粗疏潦草，还是缜密入微。

高明是一种战略的视野，强调的是对大局的把握，而精明是分析的精确，强调的是对细节的重视，二者之间缺一不可，而且一定要结合起来。光有高明、没有精明的话，眼高手低，成不了事。曾国藩强调："凡高明者，欲降心抑志，以遽趋于平实"（凡高明之人，应该克制自己的心志，以便逐渐趋于平实）；"若能事事求精，轻重长短一丝不差，则实矣"（如果能事事精益求精，轻重长短一丝不差，就会渐渐扎实了）。但是，光有精明，没有高明，没有大局观，也难成大器。所以曾国藩说：

古之成大事者，规模远大与综理密微二者缺一不可。

真正成就大事的人，眼光要长远，格局要宏大，但是对于关键的细节，必须把握得非常精细。高明、精明，二者缺一不可。

马云曾经讲，他读曾国藩，受益最大的就是这段话。阿里巴巴能够做到今天，首要的一条就是眼光长远，格局宏大。阿里巴巴刚刚成立的时候，没有人知道马云他们要做什么。但是阿里巴巴的布局一旦完成，没有一家企业是它的对手。所以马云经常说，阿里巴巴今天所做的所有的决策，都是为了七八年以后的布局。但是对于阿里巴巴这样的互联网服务平台来说，只要一个关键的细节出了问题，整个体系就有崩溃的可能。所以"规模远大"与"综理密微"，也就是"高明"与"精明"，二者都是不可或缺的。

四、当局则迷，旁观则醒

"明"很重要，问题是如何做到"明"呢？曾国藩有一句话：

天下事：当局则迷，旁观则醒；事前易暗，事后易明。

"当局则迷,旁观则醒;事前易暗,事后易明",这就是"明"的方法论、"明"的十六字诀。这十六个字,其实都是曾国藩从棋理中悟出来的道理。曾国藩这个人,一生没有太大的爱好,就是喜欢下围棋。我们今天看来,他从围棋之道中悟出了很多做人做事的道理。

"明"的第一个方法是:"当局则迷,旁观则醒。"什么叫"当局则迷,旁观则醒"?下棋的人都知道这个道理。旁观者之所以是清醒的,是因为他们不受胜负得失的影响,可以从对弈双方的角度看问题,因此可以保持一种旁观者的清醒,可以跳出局限,更容易看清局势。而当局者因为胜负得失与自己息息相关,反而不容易跳出来。所以曾国藩说:

人只是怕当局。当局者之十,不足以旁观者之五。智臣以得失而昏也,胆气以得失而奋也。

人就怕身陷局中。当局者的十分心智,还不如旁观者的五分。一旦患得患失,再有智慧的人也会做出错误的选择。一旦患得患失,人的胆气便无法保持平和。

曾国藩还说:

以瓦注者巧,以钩注者惮,以黄金注者昏。

以瓦片做赌注的人会心态放松、心思灵巧;以腰带上的挂钩做赌注的人则想赢怕输、内心恐慌;以黄金做赌注的人,便如关系到身家性命一般,整个人都会陷入昏乱而不清醒的状态。

因此,得失之心越重,人就越容易没了主意。所以他说:"只没了得失心,则声气舒展,此心与旁观者一般,何事不济?"(只要没有了患得患失之心,马上就会心平气和,心态与旁观者没有任何区别。这样做事,还有什么事情做不成的呢?)

旁观者的清醒,可以使人对自己有更为正确的把握,有所谓的自知之"明"。曾国藩说:

人虽至愚，责人则明；虽有聪明，恕己则昏。尔曹但常以责人之心责己，恕己之心恕人，不患不到圣贤地位也。

再愚蠢的人，一旦对别人评头论足，也会头头是道；再聪明的人，一旦原谅自己，也会头脑发昏。如果能经常以责人之心责己，恕己之心恕人，就不用担心无法达到圣贤的境界了。

柳传志有一个著名的"看油画"的理论。看油画时不能离得太近，离得太近，就是一些色块而已，黑和白是什么意思都分不清楚，一定要往后退；退得远点，就能明白黑是为了衬托白、白是为了衬托黑；再往后退，才能知道整幅画的意思。这就是说，做事情一定要保持清醒的头脑，要明白自己在全局中的位置。所以柳传志说："作为联想的干部，在根据全局的要求制订各部门的工作计划的时候，甚至在完成一个具体任务的时候，都要学会'跳出画面看画'的思想方法。就好比在画一幅大的油画时，要能够退几步看你所画的全貌，使你永远保持清醒的头脑，知道你现在的工作在全局中占什么位置。"

曾国藩也有一句名言：

任事者当置身利害之外，建言者当设身利害之中。

自己做事的人，一定要跳出眼前的利害；为他人建言的人，反而要设身处地地进入利害之中。

置身利害之外，是为出局；设身利害之中，是为入局。做事也是如此。做事的时候必须进去做，才能了解此中三昧，这就是入局，这就是精明；但思考的时候必须出来看，才能客观地看问题、不偏不倚，才能有自知之明，这就是出局，这就是高明。入局和出局、精明和高明，反复结合，才能把事情做好。这其中的道理，非常耐人寻味。

的确，如果领导者仅仅从自身和局部的角度看问题，往往是无法看清问题的全部和本质的。这时就要主动地跳出来，从旁观者的角度来分析自己所面临的问题。

英特尔在20世纪80年代的时候遭到了日本企业猛烈的攻击。日本企业凭借着成本优势，在存储器市场攻城略地，英特尔陷入不断的亏损之中。英特尔的总裁安迪·格鲁夫跟他的合作伙伴商量：这样下去不行，到底怎么办？要退出这个行业吗？问题是存储器这个市场是英特尔开创的，如果退出的话，感情上非常不舍。后来安迪·格鲁夫提出了这样一个问题：假设我们是新人，在现在的情况下我们会不会进入这个行业？结论是肯定不会。好，既然我们作为新人肯定不会进入，那么就一定要退出来。于是安迪·格鲁夫下定决心退了出来，转到中央处理器（CPU）市场，结果成为CPU市场的老大。如果没有当初退出存储器市场的决定，就没有今天的英特尔，而没有跳出来思考的清醒，也就很难割舍这个市场。

哈佛大学教授马克斯·巴泽曼在谈到管理决策时曾说："局外人的判断，往往比当事人要更客观一些。"斯坦福大学教授凯瑟琳·艾森哈特对硅谷新兴企业的研究也发现，在存活并繁荣发展的公司里，首席执行官（CEO）一般会邀请一个信得过的顾问加入创业团队，而失败企业的CEO一般不会这样做。这些顾问通常比CEO年长一二十岁，有着广泛的行业经验，他们最大的价值在于，每当公司走错了路，或需要进行战略转向时，他们会帮CEO认清现实。对于领导者来说，用一种旁观者的清醒，从侧面来看待自己和企业走过的路，对企业的定位会更加准确，对企业面临的问题也就会更加清醒。

五、事前易暗，事后易明

"明"的第二个方法是："事前易暗，事后易明。"人们在做一件从来没有做过的事之前，往往是不明白的，不知道这件事该怎么开始、怎么展开、怎么收尾。但是，等到这件事做过一遍后，来龙去脉就会比较清楚了。等到第二遍、第三遍做的时候，有了经验，就会越来越清楚，越来越明白，这就叫"事前易暗，事后易明"。所以"明"是从哪儿来的呢？"明"是经验的积累和总结的产物，尤其是总结出来的。

围棋中有一个术语叫"复盘"。一般的人下完棋后，胜负已分，走人了之。真正的高手一定要复盘，一步步地把整个过程重复一遍，在这个复盘的过程中总结得失经验，提高自己的棋艺。复盘是增长棋力最好的办法。

曾国藩是一个文人，没有学过打仗，因而早年指挥的本事并不高明。湘军早期的几场败仗，多是曾国藩自己的问题。但曾国藩有一个很好的习惯，就是打完仗以后，一定要把自己关在一个房间里，在没有人打扰的情况下静坐思考，这一仗到底是怎么打的，哪个地方做对了，哪个地方做错了，对手的特点是什么，自己还有哪些应该改进的地方……一定要想明白了才出来。这就是"复盘"的功夫。正是在不断复盘的过程中，这个根本不会打仗的曾国藩，一步步变成了那个时代最会打仗的人，最后经由他之手把太平天国镇压了下去。

柳传志曾专门在联想推广过曾国藩的"复盘"功夫。他在对联想高管的讲话中曾说：

> 曾国藩有个静思的习惯，每次静思时，他要在房间里点一炷香，当香烟徐徐升起的时候，他坐下来静静地把前后的事情想一遍，应该怎么做和不应该怎么做。我们说的静思呢，就是总结，就是在找规律。我们对每件事不光满足于如何去做，更要研究它的规律。
>
> 我们对班子成员的要求有很多条，今天列出来的比如说要审时度势，要能够知人善用，对专业问题要有把握能力等，但这些能力是怎么来的呢？这三条都是学来的。怎么学来的？实践中学也好，书本中学也好，都要总结。光看别人摔跟头和自己摔跟头，感觉绝对是不同的。有人拿了碗鸡蛋汤，把鸡蛋汤从头喝到

底也说不出来汤是怎么做的，而有人喝了一口就知道这鸡蛋汤是西红柿加鸡蛋加虾皮做的。为什么这个人能说出来？因为他老在那不停地琢磨。总结和不总结绝对不一样，看书和不看书也是不同的。

联想早年都是一批书生下海，并不知道该如何做企业，也不懂市场的规律，因而第一笔生意把中科院交给他们的二十万元几乎全部亏完。但是联想有一个极好的传统，就是每次市场行动结束以后，一定要复盘。正是在这种不断的复盘过程中，慢慢总结出了其中的规律，做到了今天行业龙头的地位。

毛泽东当年刚上井冈山的时候，也是"军旅之事，未之学也"，并不懂如何打仗。秋收起义是1927年9月，毛泽东10月率领秋收起义的残部上井冈山，井冈山天气很快就转冷了，而红军穿的还是夏天的单衣。毛泽东不得不率领部队下山打土豪，去解决冬衣的问题。然而没有想到，没有打着土豪，反而中了他们的埋伏。但是毛泽东有一个非常好的习惯，那就是善于总结。用黄克诚的话说，毛泽东的伟大之处在于"不二过"，他非常善于从胜利与失败之中不断地总结经验教训，并上升到规律的高度。尤其是在红军长征到达陕北之后，他对第二次国内革命战争的经验进行了系统的总结，写出了《中国革命战争的战略问题》等一系列的文章，揭示出了中国国内革命战争的基本规律，并以此教育全党全军，从而统一了思想，统一了认识，为中国革命的最终胜利奠定了牢固的基础。

从个人和组织成长的角度来说，真正有效的学习，都离不开对自身经历和经验的总结。"行成于思"，无论是做人还是做事，要想成功，做与思二者缺一不可。在做的过程中反思，反思之后再付诸行动。领导力的成长本身就是一个在实践中进行的学习过程，在实践中一步步地反思和总结是领导者成功的唯一途径，而学习的主要内容之一，就是要总结自己的经验教训。任正非曾经说过一句话：自己企业的案例不去总结，这是最大的浪费。今天的领导者,就如同带兵打仗的人一样,经历了很多的风风雨雨,既有成功的经验,也有失败的教训。把这些东西总结出来,找出其中的规律,并将之与团队的核心成员共同分享,从而统一思想,统一打法,统一价值观念,这是能够推动团队持续不断地取胜的关键。所以,好的领导者不仅要做到自己"明",还要使自己团队的核心成员都"明"。从这个意义上说,领导力成长的关键在于反思和总结的能力。不管是对于个人,还是对于组织,都是如此。

不过,局外之明、事后之明也不是绝对的。文人习气,最惯于指手画脚、评头论足,而全不了解实情。曾国藩认为这是大忌:

事后论人,局外论人,是学者大病。事后论人,每将智人说得极愚;局外论人,每将难事说得极易。二者皆从不忠不恕生出。

所谓的自以为明,其实只是虚浮之气。曾国藩说:"天下事在局外呐喊议论,总是无益,必须躬自入局,挺膺负责,乃有成事之可冀。"实践出真知,事须做方能明。"明"字一定是从实践中一步步历练出来的。

第五讲 辣

一、殊为眼明手辣

"辣"是什么意思?"辣"就是泼辣、果断、干脆,关键时刻敢拍板、敢出手、敢做决策、敢承担责任。甚至需要的时候心肠要硬。"辣"就是我们今天常说的决断力。当断不断,反受其乱。在战争的环境下,如果一名指挥员在该下决心的时候却犹犹豫豫,婆婆妈妈,瞻前顾后,就会坐失良机,陷入被动。管理也是这样。作为一个领导者,"辣"是必须具备的一种品质。

我们前面说过,曾国藩很欣赏李鸿章,经常以李鸿章为例告诉大家怎样才是好的领导者。他对李鸿章曾经有这样一个评价:

> 李少荃所拟奏章,深得一"辣"字诀。

李鸿章,号少荃,李少荃就是李鸿章。李鸿章给朝廷起草的奏折,最大的特点就是干脆利落,绝不拖泥带水,几句话就把问题说得非常清楚,所以有一种打动人心的力量。

李鸿章不只是写东西如此,做事也是非常明快果断。曾国藩说:

李少荃杀苏州降王八人，殊为眼明手辣。

李鸿章杀苏州八个太平天国投降将领这件事，做得真是眼明手辣。做事首先眼要明，看清楚形势、看清楚机会；但光有"眼明"还不行，看明白了不敢行动也不行，还要"手辣"，要果断地出手跟上去，才能把握机会，达成所要的目的。

曾国藩所说的李鸿章"杀苏州降王八人"是怎么回事呢？这就是近代史上著名的"苏州杀降"事件。

事件的背景是这样的：当年湘军的主力在曾国荃的率领下攻打南京，淮军的主力在李鸿章的率领下攻打苏州。当时淮军还没有水师，李鸿章为了打苏州，就向湘军借了一支水师，这支水师的统领叫黄翼升，所以又称黄翼升水师。但是打了一段时间后，苏州城也没打下来。这时曾国荃也需要水师，就提出要把黄翼升要回去。对李鸿章来讲，如果黄翼升被要回去的话，苏州就甭想打了。

正好这时苏州城里有八个太平天国的高级军官，也就是所谓的"八王"，看到太平天国大势已去，就想给自己找出路，便派人与淮军接洽，请求投降。李鸿章当然高兴，他说投降可以，但必须先给我干一件事，就是杀掉当时太平军苏州城的统帅，也就是慕王谭绍光。慕王这个人对太平天国忠心耿耿，绝对不会投降。

这八个叛徒答应下来，但对于投降以后的待遇，也提出了三个条件：

第一，不解散。 我们也知道投降之后部队是要解散的，但我们这些手下，都是老兄弟，感情很深，这么多年都是这样生生死死过来的，不愿分开。我们把苏州城让给你们，但你们入城之后，能否给我们这些人划出一个地方来集中驻扎，先不解散。等到大家意识到投降已成定局，再各自遣散回家。

第二，不剃发。① 我们这些人已经习惯了留长发，认为剃发留辫子是妖魔鬼怪的行为，一时很难接受剃发这件事，所以能否暂时不剃发，等到大家想通了以后，再剃发。

第三，我们这八个人也不能白投降，投降后给我们每人安排一个总兵的位置，而且要实职的总兵，不能仅仅是总兵的待遇而已。

三个条件，李鸿章全部答应下来。于是按照双方约定的时间，淮军发动了进攻。慕王登上城墙，下令抵抗。结果八个叛徒中的一个拔出刀来，手起刀落，砍下了慕王的人头，然后开城投降。然而李鸿章在淮军进城、控制了苏州城以后，所做的第一件事，就是把这八个人全部杀掉。这就是著名的"苏州杀降"。

在古代中国，杀降是一件非常不吉利的事情。有一句话叫"杀降不祥"，为什么呢？你杀掉了投降的人，以后谁还敢投降呢？人家一定会拼死抵抗，反而会让你付出更大的代价。那么，李鸿章为什么一定要杀这八个人，而曾国藩为什么又说他是"眼明手辣"呢？关键就在于黄翼升水师。黄翼升水师要被调回去了，一旦调回去，苏州城就不用再想打了。就在这个时候八个叛徒提出要投降，对李鸿章来说，这是千载难逢、一纵即逝的好机会。在这种情况下，不管八个叛徒提出什么条件，李鸿章都会答应。其实这三个条件，李鸿章是根本不可能兑现的：

第一条，不解散。过去有句话叫"迎降如迎敌"，即对待投降的人，在他彻底失去战斗力之前，要像对待敌人一样对待他。因为你不知道他是真投降还是假投降，或者说你知道他想投降，却不知道他的下属是否想投降，所以一定要彻底解除他们的武装。数万太平军聚在一起不解散，与淮军相处一城，随时可能对淮军构成致命的威胁，不解决这样一支力量，淮

---

① 大清王朝入关以后，男人必须剃头发，留辫子，所谓"留发不留头，留头不留发"。太平天国为了表示跟大清王朝对抗，故意留长发，所以被称为"长毛"。

军哪里能睡好觉呢？

第二条，不剃发。剃发是政治效忠最基本的表现，所谓的"留头不留发，留发不留头"，当初清兵入关，为了剃发之事，杀了多少人！太平军投降，怎么可能不剃发呢？

第三条，八个人每个人都安排一个总兵的位置，而且要实职的总兵。这更是根本不可能的，湘军、淮军打了这么多年的仗，因为立有战功，士兵和军官不断地被保举，许多都已经被记名为提督、总兵，但根本就没有位置安排，只能是个虚衔而已。湘军和淮军自己的人都没有办法安排，怎么可能把这八个叛徒安排到总兵的位置上呢？

从一开始李鸿章就很清楚，这三个条件他一个都兑现不了。但是他为什么要满口答应而后又杀掉这八个人呢？很简单，就是要杀人灭口。事后在给皇帝写的折子里，李鸿章说这八个人是假投降。为什么是假投降呢？证据很清楚：第一是不解散。为什么不解散？不就是为了伺机反扑吗？第二是不剃发。为什么不剃发？不就是表明他们不忠于我大清王朝吗？第三个条件他没敢提，但前面两条已经足以证明这八个人是假投降了。朝廷一看，确实是假投降啊，反而认为李鸿章"所办并无不合""甚为允协"。

"苏州杀降"的事情，抛开八个叛徒该不该死的问题，毫无疑问，李鸿章在道德上是有亏的，是典型的背信弃义。但在当时残酷的敌我斗争的背景下，你不能不佩服李鸿章站在他的立场上，果断地把握住了一纵即逝的机会，拿下了苏州城。

淮军攻陷苏州，对太平军危害极大。太平天国后期总理朝政的洪仁玕事后痛心地说："安庆之失，天京已危。及苏州一陷，得救之望绝少矣。"对于太平天国来说，从此以后就陷入了绝望之中。这也就是曾国藩说李鸿章"眼明手辣"的原因了。所谓的"眼明"，就是李鸿章对苏州的价值与面临的机会看得非常清楚；所谓的"手辣"，就是李鸿章一旦出手便非常果断，做起他认为应该做的事情来，毫不手软，绝不犹豫，所以一出手就达成了目的，把握机会的能力极强。曾国藩认为，这就是李鸿章能成事的一个很重要的原因。

二、以霹雳手段，行菩萨心肠

曾国藩非常看重"辣"这个字，他经常考察一个下级领导者是否具有"辣"的品质，以此为依据来确定对他的使用和提拔，在选择任命一把手时更是如此。

湘军有一员大将叫鲍超，因身体不好，提前退休回了老家。在这种情况下，曾国藩需要从鲍超的两个手下中选出一个来接替他的位置。这两个人各有特点，一个为人比较仁慈，跟手下的关系处得非常融洽，很多人都希望这个人来当老大接替鲍超的位置。另一个人比较强势，而且当时已经离开了鲍超的部队，但是他为人很果断、泼辣。曾国藩选来选去，最终选了第二个人接替鲍超。对自己的这一选择，他曾经做出解释，认为第一个人最致命的一个弱点就是缺乏"辣"的品质。

在一个组织里边，对一把手和二把手、三把手的要求是不一样的。作为二把手、三把手，身处副手的地位，如果不具备"辣"的品质，对组织的影响并不很大。但作为一把手则不然，如果关键时刻心肠不硬、手段不狠，很多事情你根本就没法摆平。在今天的职场上，许多人正是因为缺少这种果断，而使自己的发展受到了一定的制约。

曾国藩曾经讲过一句话：

> 近来见得天地之道，刚柔互用，不可偏废。太柔则靡，太刚则折。

天地的大道，刚和柔是缺一不可的。太刚了会折，但太柔的话，更是什么事都做不成的。为人也是如此。曾国藩是一个读书人，在北京做京官时天天讲的是仁义道德。但是他一出来带兵，就提出了一个口号，叫"治乱世，用重典"（要想治理一个混乱的秩序，必须要用严酷的刑罚，用高压的手段)。

曾国藩出来练湘军时，面对的正是一个乱世。湖南这个地方民风本来就很剽悍，太平军从广西打入湖南以后，湖南的很多江湖组织（如串子会等）都起来响应和造反，用曾国藩的话说，是土匪遍地。曾国藩的湘军，早期的一个主要任务就是要镇压所谓的"土匪"。如何应对这种局面呢？曾国藩的办法就是一个字：杀。他在给朋友欧阳兆熊写信的时候说：

> **匪类解到，重则立决，轻则毙之杖下，又轻则鞭之千百。敝处所为，止此三科。**

> 土匪押解到我这里后，严重的立即砍头，轻的乱棍打死，最轻的打上一百鞭、一千鞭（不死也是个残疾）。我这里所做的，就是这三件事。

在给皇帝的报告中曾国藩自己公开说，仅四个月的时间，他的审案局就直接杀了一百三十七个人。所以后来有人给曾国藩送了一个外号，叫"曾剃头"，杀人就跟剃头一样，非常残酷，但确确实实把湖南的混乱局面给压下去了。当太平军从广西进入湖南的时候，很多人都起来响应，但在曾国藩这一番镇压之后，当太平军发动西征，从湖北重新进入湖南的时候，发现整个湖南没有一个人敢起来响应他们。

胡林翼曾经说过一句话：

> **居今日而图治，非用霹雳手段，不能显菩萨心肠。必须辣手示惩，使知畏法。**

> 在今天的形势下，要想治理好天下，不用果断、干脆、明快的手段，是不能显出慈悲、善良、关爱的心肠的。必须用果断的手段加以惩处，使人知道敬畏国法才行。

"用霹雳手段，显菩萨心肠"，这也是曾国藩最喜欢的一句话。佛家是最讲慈悲的，但佛家也必须有霹雳手段，有金刚怒目，否则佛家的慈悲就是空言，是无法实现的。在佛家看来，只要满怀慈悲，不起嗔恨，威即是德，大威即是大德。惩恶就是扬善，惩恶才能扬善。制恶伏恶，就是导善行善。有时为了达到良好的目的，必须采取果断的手段；有时为了全局的利益，必须牺牲局部的利益。这就需要领导者分清大道大义与小仁小爱的区别，关键时刻必须有硬的心肠、辣的手段。一味以宽厚为怀，只会造成对恶行的纵容。

三、合之以文，齐之以武

《孙子兵法》在谈到治军时有一句话：

厚而不能使，爱而不能令，乱而不能治，譬如骄子，不可用也。

厚爱士卒却不能使用，溺爱下属却不能听令，违法乱纪而不能惩治，这样的军队就像惯坏了的孩子一样，是不能用来同敌人作战的。

我们都明白一个道理：身为领导者，一定要关爱自己的下属，所以过去带兵有句话叫"爱兵如子"。但是我们知道同时还有另一句话叫"慈不掌兵"。什么叫"慈不掌兵"？心肠太软的人，是带不好一支队伍的。据说这是刘伯承元帅生前最喜欢的一句话。刘伯承带领的刘邓大军号称"铁的兵团"，强调的就是纪律的严明性。抗日战争时期，刘邓大军的前身129师有一次跟日军作战，某团的一个连长，因为部队伤亡太重，未接到命令就带领自己的士兵丢下阵地和友军，撤了出来。刘伯承派出了执法队，团长就地免职，连长当场枪毙。任命了新的团长、连长，接着便夺回了阵地。在这种场合下，如果指挥员没有硬的心肠、辣的手段，是根本没有办法控制住大局的。

孙子带兵的核心思想，是强调"合之以文，齐之以武，是谓必取"。

文，就是情感，就是关爱；武，就是纪律，就是规矩。二者是缺一不可的。领导者必须有大爱之心，必须要关爱自己的下属，但是不能到溺爱的地步。日本有一个企业叫八佰伴，八佰伴的总裁和田一夫在企业破产后说过一句非常令人心痛的话："在残酷的商场上，柔情有时候是致命的。"缺乏辣的素质，导致管理上优柔寡断，就会使整个企业陷入崩溃的境地。

社会心理学研究发现，人们普遍用两个指标来评估他人，即友好和有能力，而友好和有能力的形象在人们心目中往往是互相冲突和排斥的。招人喜欢的人被认为是温暖人心的，但友好也往往被认为软弱甚至缺乏才智。在小布什政府中担任过国家安全顾问的康多莉扎·赖斯，进入政府部门前曾在斯坦福大学担任教务长。当年在斯坦福大学，人们认为她是绝对不应被冒犯的人。她的信条是："人们可能会反对你，但是当他们意识到你可以伤害他们时，他们就会加入到你这一边。"①

曾国藩在评价一个人的时候，往往从能否具有"辣"这一特质来看这个人的潜力。像对沈葆桢，他就有这样一段话："幼丹（沈葆桢字幼丹）近亦猛进，心地谦而手段辣，将来事业，当不减于其旧。"（沈葆桢近年来品德增进得也非常迅猛。他心地善良，而手段泼辣，以后的成就，一定是非常大的。）

领导者有时必须敢于得罪人、学会得罪人。曾国藩曾说：

爱禾者必去稗，爱贤者必去邪，爱民必去害民之吏，治军必去蠹军之将，一定之理也。

真心爱护你的庄稼，就必须清除杂草；真心爱护你的贤才，就必须清除奸邪之人；真心爱护你的百姓，就必须清除害民之官；要想治理好军队，就必须清除将领中的蠹虫。这有一定的道理。

---

① 〔美〕杰弗瑞·菲佛. 权力：为什么只为某些人所拥有[M]. 北京：中国人民大学出版社，2012：90—91.

稻盛和夫也说:"胆小怕事、优柔寡断,部下一眼就能看穿你的本质,把你归为没有出息的家伙,在顷刻间你就会丧失信任与尊敬。"在稻盛和夫看来,在管理的过程中,领导者要想把自己的判断付诸实施,就必须具备勇气。即使是正确的判断,也未必能让所有的人都赞同。因这种判断而蒙受损害的人会唱反调。在这种情况下,领导者必须果断地做出正确的判断,将正确的事情以正确的方式坚决地贯彻下去。① 而要做到这一点,就必须具备果断的勇气。

曾国藩一开始在长沙练兵的时候,麾下曾经有一位叫王錱的湘军名将。王錱,字璞山,是罗泽南的学生,很有才华。曾国藩非常欣赏他,曾经说"王璞山用兵,有名将之风",是"慷慨击楫"的奇男儿。曾国藩练湘军,一开始并不懂该如何编练,王錱当时已经写了一部《练勇刍言》,曾国藩很大程度上就是借鉴了王錱的思路。应该说在早期的湘军将领中,王錱毫无疑问是最突出的一个。

但是王錱有一个毛病,就是自视甚高,性格张扬,甚至到了自以为是、不顾大局的地步,经常不听从曾国藩的指挥。咸丰三年(1853),曾国藩与罗泽南等议定营制,将原湘乡练勇的每营三百六十人,改为五百人。王錱却拒不采纳,与此同时,又乘奉旨援鄂之际,将所部扩为三千四百人。其后援鄂命令取消,湘军陆师也由原拟的二十营缩编为十营,曾国藩令王錱将所部缩编为三营一千五百人,王錱却拒绝接受,双方形成了僵持的局面。当时的湖南巡抚骆秉章乘机插手,宣布王錱所部营营可用,无须裁撤,实际上是要把王錱从曾国藩手中拉出来,为自己所用。

虽然曾国藩对王錱反复做工作,但王錱铁了心不听。在这种情况下,曾国藩便意识到,必须果断开除王錱。他给朋友写信说:"璞山之勇,若归我督带,即须受我节制,此一定之理。……既不能受节制,自难带以同行。"(王錱的部队,如果要由我来指挥,就必须听我的安排。这没有什么

---

① 〔日〕稻盛和夫. 稻盛和夫论领导人的资质 [J]. 商业评论, 2012 (7): 62—63.

可说的。既然不受我的节制,那我就没有办法带他出省作战。)因此便果断开除了王鑫。

应该说曾国藩在练兵初期,开除了王鑫这样一位能征善战之士,是付出了很大代价的。然而曾国藩明白一个道理:在湘军初练的时候,他个人的权威并没有真正确立起来,很多人还只是暂时依附在他的大旗之下而已。用曾国藩自己的话说:"如罗罗山、王璞山、李希庵、杨厚庵,皆思自立门户,不肯寄人篱下,不愿在鄙人及胡、骆等脚下盘旋。"罗泽南、王鑫、李续宜、杨岳斌这些人,想的都是自立门户,不肯寄人篱下,不愿意在曾国藩、胡林翼和骆秉章等人手下听命。这时如果一个人不听指挥,身为大帅的曾国藩却没有办法制止,只会鼓励更多的人去寻找别的出路。一旦下面纷纷效仿,整个湘军就要解体了。而曾国藩果断地开除了王鑫之后,类似的事情在湘军再也没有发生过。

联想当年曾经有个口号,叫作"企业就是我的家",打造的是家庭式的企业文化,充满了柔情。2000年前后,联想在经营上遇到了大的问题,被迫开始进行战略性裁员。这样就伤了很多员工的心:企业不是我的家吗?为什么出了状况,就要把我给踢出去?所以有一位员工专门写了一篇文章,题目叫"企业不是我的家",把员工的郁闷与失望的情绪充分表达了出来。结果是走的人满腹怨言,留下的人心神不宁,士气受到很大影响。

柳传志由此意识到,过去过分地强调"企业就是我的家"是有问题的。企业就像军队一样,要打仗,而且要打胜仗。企业的主旋律必须是奋进的,有时为了全局的利益,必须舍弃局部的利益。这就要求领导者必须有硬的心肠,而不能只有妇人之仁。

柳传志是一位非常儒雅的企业家,但真正了解他的人都明白,这个人在关键时刻,骨子里非常果断、干脆。联想曾经发生过著名的"孙宏斌事件"。孙宏斌是早年柳传志重点培养的年轻人之一,当时二十五六岁,是联想企业部的负责人。孙宏斌的能力很强,他的手下都是二十岁左右的小伙子，个个年轻、能干，因而企业部的业绩非常突出。但孙宏斌的个性也很强，慢慢露出了不听指挥、割据一方的倾向。

当年柳传志有一个"大船"理论。大海之中，大船才是安全的。所以大家不要开小船，要共同打造一艘大船，就是要求大家有大局意识。孙宏斌这时却提出了他自己的"大船"理论。他说联想是一艘大船，但是这艘大船要沉了；企业部是一艘小船，但正在慢慢地变成大船。这里面潜在的含义，是非常清楚的。

柳传志当时因为忙于处理与香港联想的关系，对于北京总部的事情过问得较少。孙宏斌则跟一些元老发生了冲突。有人在柳传志面前提醒他，对孙宏斌要注意。柳传志跟孙宏斌谈了一次话，结果这次谈话让他感觉非常不好。柳传志到了企业部以后，企业部所有的小伙子都对他爱答不理，他说话时也根本不听他的，还公开跟他吵，见了孙宏斌，却立即全体起立。这时柳传志意识到，必须拿掉孙宏斌了。

柳传志曾经说过，联想做到今天，要死要活的事情不知道经历了多少。身为领导者，如果没有硬的心肠，没有辣的手段，一个个这样的大坎是根本无法过去的。这个"辣"字，是成大事者身上必须具备的品质。

四、雷霆与雨露，一例是春风

不过，"辣"这个字，不可不用，但也不可多用。"辣"来自法家的理念，但是历史上的法家，包括商鞅、吴起、李斯、韩非子，大多数都没有什么好下场。为什么呢？法家最大的问题就是所谓的"刻薄寡恩"，没有人情味。中国是一个讲究人情的社会，如果领导者被认为是没有人情味的，那么他的领导一定是失败的。所以，对于领导者来说，"辣"往往要跟情感的因素结合起来使用，这样才能既达到目的，同时又最大限度地降低"辣"所带来的负面影响。

唐太宗李世民是所谓的治世明君，这个人确实很厉害。当年李世民麾下有一员大将，叫尉迟恭，也就是尉迟敬德。尉迟恭当年跟随李世民南征北战，屡立战功，曾几次把李世民从危难之中解救出来。尤其是在玄武门之变中，尉迟恭起了关键的作用，他亲手杀死了李世民的四弟李元吉，为李世民做皇帝铺平了道路。

李世民即位之后，天下太平。众所周知，打天下靠的是武将，治天下靠的是文臣。李世民用得更多的当然是一些能够治国理政的文臣，尉迟恭这样的武将的角色便不可避免地被边缘化了。尉迟恭感到自己受到了忽视，心里非常不痛快，不痛快就要寻机发泄。

贞观六年，李世民组织了一次盛大的国宴。结果在这次国宴上，因为排座次的问题，尉迟恭开始故意找茬。李世民的族兄任城王李道宗正在他的下首，出于好意对尉迟恭好言相劝，没有想到尉迟恭非但不听，反而勃然大怒，一拳打过去，差一点把李道宗的眼睛都打瞎了，整个国宴也因此被搞得一塌糊涂。

这就给李世民出了一个难题。首先，这样的行为要不要处理？必须处理。如果乱了国纪、乱了纲常，却不予处理，那这个皇帝还有什么权威可言，还怎么可能做下去？但是，尉迟恭是老臣，是功臣，那么多年出生入死，跟大家的感情都很深，推出去一杀了之，会寒了很多人的心。

李世民这时确实表现出了明君的本色。他流泪了，一边流着眼泪，一边好像自言自语地说："我非常希望能够跟功臣们共享荣华富贵，我非常不希望像汉高祖刘邦那样杀功臣，但是今天的事情让我明白，当初刘邦杀功臣，也是迫不得已的啊！"刘邦打下天下以后，韩信、彭越这些功臣一个个都被杀掉了。李世民的这段话说得非常委婉，而且是流着眼泪说出来的，但其中的信息非常清楚：如果你尉迟恭再这样胡闹下去，下场就是人头落地。尉迟恭也不是傻瓜，他立即明白了李世民的意思，流着眼泪，磕头谢罪。从此以后大为收敛，因而一辈子荣华富贵，得以善终。

李世民的这段话，其中蕴含的杀机是非常清楚的，但是这种负面的信息又是用非常委婉的方式传递出来的，这样既达到了警告的目的，又充分让尉迟恭体会到了深厚的情谊，因而没有对尉迟恭产生负面的影响。这就是"辣"的最高境界。

再看一下诸葛亮挥泪斩马谡的例子。马谡立了军令状，却失了街亭。马谡必须死，否则军法的权威何在？诸葛亮的信用何在？他这个丞相还能做下去吗？但诸葛亮是挥泪斩马谡。他流着泪对马谡说："你放心地去吧，你的母亲就是我的母亲，你的孩子就是我的孩子，我给你养起来。"所以马谡死的时候也是无怨无悔。

回过头来再看柳传志。当年柳传志把孙宏斌送到监狱中，确实是够辣的。孙宏斌在监狱里待了差不多四年的时间，后来也想通了：问题还是出在自己身上。年轻人，毕竟会犯一些错误。孙宏斌出狱前夕，有机会和柳传志见了一面，两个人聊得非常愉快。柳传志跟孙宏斌说了一段话："我柳传志从来没有说谁是我的朋友，从今天开始，你孙宏斌就可以公开讲：柳传志就是我的朋友。"孙宏斌出狱后要办企业，缺乏资金，柳传志当即就拿了五十万元现金给他作为启动资金。孙宏斌因为受过刑事处分，注册企业非常麻烦，柳传志也想尽办法予以帮助。因此，孙宏斌对柳传志，也是无怨无悔。

曾国藩曾经有一位幕僚，叫李元度。李元度，字次青，才思敏捷，善于著述，用曾国藩的话说，这是一位"信义君子"。李元度与曾国藩的感情很深，甚至有曾国藩对李元度"三不忘"之说。但李元度不善识人，不善带兵，后来终于因为不听曾国藩的规劝而导致徽州失守，尽管众人反对，曾国藩仍不得不亲自将他弹劾去职。

虽然如此，曾国藩对这样一位患难之交因自己的弹劾而抑郁终生还是感到非常愧疚，因而想方设法进行补偿和挽回，后来还和李元度结成了儿女亲家。曾国藩去世以后，李元度痛哭不已，写了一首感人至深的诗，追述自己与曾国藩的往昔：

> 记入元戎幕，吴西又皖东。
> 追随忧患日，生死笑谈中。
> 末路时多故，前期我负公。
> 雷霆与雨露，一例是春风。

当年进入您的幕府，从吴西又到皖东。追随您于忧患之日，共同付生死于笑谈之中。人到末路世时多变，是我辜负了您的期望。回想起来，您对我的雷霆之威与雨露之情，都像是春风一样。

雷霆，即是霹雳手段；雨露，即是菩萨心肠。在中国人看来，天理之外，无非人情。天理和人情是可以兼顾的。从根本上来说，这种"辣"与"情"的结合，就是中国人所熟悉的恩威并用、刚柔兼济。优秀的领导者，往往可以在严明果断的管理风格和富有人情的关怀之间，取得恰如其分的平衡。这种平衡的能力，本身就是高明领导力的一种体现。

第六讲 慎

一、天下古今之才人，皆以一"傲"字致败

这一讲要说的是"慎"。"慎"就是谨慎、小心、节制、谦卑、低调、不张扬，就是自控能力。曾国藩说："古人曰'钦'，曰'敬'，曰'谦'，曰'虔恭'，曰'谨'，曰'祗惧'，皆'慎'字之义也。"

曾国藩是一个饱读史书的人，他对于历史上人生成败的规律可谓了然于胸。他曾经说过这样的话：

> 古来言凶德致败者约有二端：曰长傲，曰多言。……历观名公巨卿，多以此二端败家丧生。

> 自古以来不好的品性导致人失败的原因大约有两条：一是傲慢，一是多言。我看历代那些著名的大官，大多数是因为这两个原因而家业败落、性命不保的。

其实这两条就是一条。你为什么多言？一定是因为你傲慢。中学语文课本中有一篇课文，叫作《杨修之死》。曹操为什么一定要杀杨修？多言。杨修为什么多言？恃才傲物。

湘军中有一个著名的人物，叫李鸿裔。李鸿裔是四川人，字眉生。此人风流倜傥、博学多才，曾国藩非常喜欢他，把他当自己儿子一样看待。曾国藩有一个密室，就是机要办公室，一般人不能进，李鸿裔却可以随便出入。

有一次曾国藩和李鸿裔在密室里聊天。聊着聊着，外面有客人求见曾国藩，曾国藩需要出去见客人，留下李鸿裔一个人在密室里。李鸿裔没事儿干，就翻看桌子上的一些文稿。

当时曾国藩的大营里除了用一些能打仗、能筹饷的人才，还养了所谓的"三圣、七贤"（三个圣人、七个贤人），就是一些讲理学的先生。曾国藩知道这些人其实没什么真本事，但是他也需要这些人做一些文字方面的事情，所以养其人，而不予以实职。结果"三圣"中的一位，便写了一篇文章，交给曾国藩请他指正，题目叫"不动心说"，就是"论不动心"的意思。理学里一个很重要的命题是心不动，即在利益的引诱面前、在巨大的压力面前，意志力非常坚决，不为所动。这位"圣人"的文章，主要是要告诉曾国藩，他自己的修养功夫，已经达到不动心的地步。文稿中说："使置吾于妙曼娥眉之侧，问吾动好色之心否？曰，不动。又使置吾于红蓝大顶之旁，问吾动高爵厚禄之心否？曰，不动。"（你把我放在美丽的姑娘旁边，我会动好色之心吗？不，我不会。你把我放在大红的顶戴面前，我会动追求高官厚禄之心吗？不，我不会。）

李鸿裔看了以后觉得特别可笑：你这个也心不动，那个也心不动，干吗要到曾国藩这儿来呢？不就是为了弄个一官半职吗？

曾国藩这个地位的人可以被称为中堂大人，于是李鸿裔拿起笔来，顺手就在上面题了一首打油诗：

妙曼娥眉侧，

红蓝大顶旁，

尔心都不动，

只想见中堂。

美丽姑娘前，大红顶戴旁，你心都不动，就想见中堂。这样就把这种人的虚伪给戳破了。李鸿裔写完以后，把笔一扔，扬长而去。曾国藩见完客人，回来一看，墨迹未干，知道是李鸿裔写的，说了句"这小子"，马上派人把李鸿裔叫了回来，对他说："这些人言行未必一致，这我很清楚。但是，他们在社会上之所以还有口饭吃，靠的就是这个虚名，你现在把这个虚名给他们戳破了，让他们失去了安身立命的根本，那么，他们对你的仇恨哪里是一般的仇恨所能比的？杀身灭族的大祸，可能就藏在这其中了。"李鸿裔一听，出了一身冷汗，从此以后大为收敛。

曾国藩说过这样一句话：

天下古今之庸人，皆以一"惰"字致败；天下古今之才人，皆以一"傲"字致败。

天下那些平庸之人，为什么成不了事儿呢？就是一个字：懒。想有成就，却不愿意付出。那么为什么那些才华出众的人也出了问题呢？就是一个字：傲。就是狂妄，就是张扬，就是恃才傲物。

所以曾国藩感慨地说：

古来多少英雄，功高名重，其后非败于骄，即败于贪。

自古以来那么多的英雄，功高名重，但下场不好，要么是因为骄横，要么是因为贪婪，总之一条，就是失去了敬畏之心，失去了自控能力。

他还说："从古居大位、立大功之人，以谨慎败者少，以傲慢败者多。"（自古以来居高位、立大功的人，很少有因为谨慎而失败的，大多都是因为傲慢而失败的。）过于谨慎和胆小当然会让一个人没有什么作为，但更多的是领导者自己沦为自负与傲慢的牺牲品。在这个世界上，因为过于自负而倒霉的人，要远远多于因为谨慎而失败的人啊。

二、常存敬畏之心，才是惜福之道

曾国藩一生做官，用他自己的话说，他的基本心态是如临深渊，如履薄冰，战战兢兢，小心谨慎。他曾讲自己有"三畏"：

畏天命、畏人言、畏君父。

第一是畏天命。曾国藩这个人很有意思，他不相信医生（不信医药），不相信方术（不信僧巫），不相信风水（不信地仙），但是他相信天命。他认为老天爷早已对每个人的命运都做了安排，一个人不能去逆天行事。第二是畏人言。人言就是社会舆论，人言可畏，流言蜚语足以毁掉一个人的清誉、一个人的前程。第三是畏君父。君父就是皇帝，过去生杀大权都在皇帝手里，所谓"一喜天下春，一怒天下秋"，所以要敬畏君父。

天命、人言、君父，三者的共同特点是什么呢？都是你无法控制的力量。成功者往往会有这样一种心态，因为持续或巨大的成功，便认为自己什么都可以摆平，一切都在掌控之中，于是就开始自负，甚至到了狂妄的地步。其实在这个世界上，许多东西是你根本无法控制的，这个世界一定有你无法摆平、无法控制的力量。最可怕的是，你根本就没有意识到这种力量的存在。而最终毁掉你的，往往就是这些力量。曾国藩的"三畏"，就是提醒领导者要知道自己能力的边界，要永远保持敬畏之心。

当代很多官员和企业家的人生轨迹，往往是所谓的倒"U"形。很多人出身往往非常普通，甚至可以说是卑微。走上社会之后，他们凭借自己的才能，加上努力和机遇，得以迅速成长起来，走向了成功的高峰，达到了辉煌的地步。但是一旦成功，这些人便开始有了凯歌行进、一切尽握的感觉，认为自己什么都可以解决，无所不能，于是便开始失去自制的能力，开始放纵自己，最后的结果往往就是一落千丈。得意的高峰就是失意的开始，这几乎是难以摆脱的人生铁律。往往是在经历了这样一个过程以后，领导者才懂得敬畏。

要想保持敬畏之心，曾国藩认为，一定要提醒自己"三不"："不与、不终、不胜"。

所谓的"不与"，源自《论语》"舜禹之有天下也，而不与焉"。领导者可以调动资源，做成大事，时间一长，很容易就把这种成就看作自己的能力，把自己与自己的角色混为一谈。在曾国藩看来，其实你与你的角色并不是一回事儿。能够调动资源、做成事情的，并不一定是因为你的能力，而是因为你的角色和权力。一旦失去了你的角色、你的位置、你的权力，你可能什么事情都做不成。正如杰弗瑞·菲佛所说的那样："权力很大程度上源自于你所在的职位，以及那个职位带给你的对资源以及其他东西的控制力。人们很容易自我感觉良好，以为别人对自己的尊重和恭维是源于自己具有的内在智慧、经验和魅力。这也许是事实，但并不常见。当你退休或离职之后，不再能控制大量的资源时，人们对你的关注和重视就会大大减少。"①

每个人一生都在扮演某个角色，时间长了不免会入戏太深，就像日本著名导演黑泽明执导的电影《影武者》中描述的那样，分不清角色与自我的区别。但所有的大戏最终都是要散场的，最大的英雄也要谢幕。当曲终人散时，所有的浮华都会现出本来的面目。明智的领导者一定要有一种"不与"的心态，这样才不会因为地位和角色而自我膨胀，才会始终保持清醒的头脑，把握住自己的内心。

所谓的"不终"，就是不能善终的意思。曾国藩曾经说过这样一句话："宦海是很险恶的，在官一日，即一日是在风波之中。能够平平安安地上岸的，实在不容易。"历代功臣，能得以善终的其实并不多见。

曾国藩曾说："少年经不得顺境，中年经不得闲境，老年经不得逆境。"为什么这样说呢？少年时不能太顺利，太顺则容易心高气傲，视事

---

① 〔美〕杰弗瑞·菲佛. 权力：为什么只为某些人所拥有［M］. 北京：中国人民大学出版社，2012：99—100.

太易，形成浮躁的心态，经历一番逆境的洗礼反而更利于一个人真正的成熟。中年是做事的黄金时期，如果中年太闲，一辈子一晃也就过去了，到老一事无成。老年则最怕逆境，老年一旦陷于逆境的打击，往往就再难有翻身的可能，而一生也只好以凄凉而终了。所以曾国藩的祖父曾玉屏曾告诉他："临老临老，最怕打扫脚棍。"（对于老人来说，就怕一棍子打下去，再也没有站起来的机会。）曾玉屏还提醒他说："晓得下塘，须要知道上岸。"（知道下塘，还要知道最终要回到岸上。）而人生真正的戏剧性在于，志得意满往往难以善终，而始终战战兢兢，以无法善终自惕，反而可能会有好的结局。

所谓的"不胜"，就是不胜任的意思。被赋予职位和任务之后，要有一种战战兢兢的心态，用曾国藩的话说，就像驾着一辆六匹马拉的车，车疾速地奔驰，然而缰绳却像是朽烂了一样。认为一切都在自己的掌控之中的人，是最容易出事的；战兢恐惧，唯恐不胜，才会小心谨慎，反而不容易出问题。所以他说：

常存敬畏之心，才是惜福之道。

要常常有一种敬畏的心态，人的福分才能长远。

一旦没有了敬畏之心，放纵了自己，下一步往往就是失败。

三、圣贤成大事者，皆从战战兢兢之心而来

杰弗瑞·菲佛和罗伯特·萨顿在《管理的真相》中提醒说："明智的领导者应该从一开始就提醒自己，不管他们过去是多么灵活、聪明、直面事实，但只要步入权位，就能把人变成顽固、愚蠢、无视证据的混账。"[1]

---

[1]〔美〕杰弗瑞·菲佛、罗伯特·萨顿.管理的真相——事实、传言与胡扯［M］.北京：中国人民大学出版社，2008：222—233.

领导者的地位越高、越成功，就越会有人说你的意见正确无误，这会导致你缺乏自我批判的思维，难以看清真相。位高权重的人往往自以为是，保持清醒的头脑非常困难。卑躬屈膝的人会讨好掌权者，掌权者的愿望和要求会被满足。领导者因此就会习惯于按照他们的想法行事，习惯于自己被视为非同寻常之人。所以菲佛警告说："不管初衷和愿望是什么，到最后，权力会影响到每个人的头脑。"权力会带来过度自信、过于冒险、对他人不敏感、形成固定看法，并倾向于把他人看作满足掌权者的手段："人们很容易进入'权力'心态，这种心态让他们举止无礼和粗鲁。"①

这并不令人奇怪，《财富》杂志列举失败企业 CEO 的十宗罪时，将狂妄列为首罪。其实，在领导者的身上，最稀缺的往往不再是自信。失败的领导者所真正稀缺的是什么？是清醒、节制、谦虚、不张扬，是敬畏之心，是清醒的危机意识。

吴起在谈到优秀将军的品质时曾经说："虽克如始战。"胜利往往会导致自负，自负往往会导致大意，大意往往会导致失败。失败往往会在自我感觉最好的时候突然发生，因此吴起警告说：即使打了胜仗，也必须像刚开打第一仗一样，始终保持谨慎警惕的心态，这样才不会出问题。管理也是如此。做任何事情，往往都会因为一个不经意的细节、一个看似偶然的因素而导致前功尽弃。所以，曾国藩曾说：

圣贤成大事者，皆从战战兢兢之心而来。

能够成就大事的圣贤，都是从战战兢兢的心态中一步步走过来的。

成功的企业和企业家，也无一不是从战战兢兢中走过来的。微软是世界上最伟大的企业之一，但比尔·盖茨的一句名言是"微软离破产永远只

---

① 〔美〕杰弗瑞·菲佛. 权力：为什么只为某些人所拥有 [M]. 北京：中国人民大学出版社，2012：199—200.

有十八个月"。海尔的张瑞敏说他的基本心态是如临深渊,如履薄冰。马云说几年里他花最多时间考虑的就是什么会打垮他的公司,而不是什么会让他的公司成长——只要不被打倒就有机会成长。华为的任正非也说:

> 十年来我天天思考的都是失败,对成功视而不见,也没有什么荣誉感、自豪感,而是危机感。也许是这样才存活了十年。我们大家要一起来想,怎样才能活下去,也许才能存活得久一些。失败这一天一定会到来,大家要准备迎接,这是我从不动摇的看法,这是历史规律。……现在是春天吧,但冬天已经不远了,我们在春天与夏天要念着冬天的问题。我们可否抽一些时间,研讨一下如何迎接危机。

到过华为的人都有这样一种感觉,华为上下始终有一种强烈的危机意识和自我批判的传统。华为人上上下下思考的一个问题就是"华为的红旗到底能打多久"。任正非说:"华为唯一幸运的是,遇上了改革开放的大潮,遇上了中华民族千载难逢的发展机遇。公司高层领导虽然都经历过最初的岁月,意志上受到一定的锻炼,但都没有领导和管理大企业的经历,直至今天仍然是战战兢兢、诚惶诚恐的,因为十余年来他们每时每刻都切身感悟到做这样的大企业有多么难。"

任正非曾经解释过什么才算成功:"什么叫成功?是像日本企业那样,经九死一生还能好好地活着,这才是真正的成功。华为没有成功,只是在成长。"一个在全球的销售额已经做到数百亿美元的企业,依然认为自己不成功,依然保持着强烈的危机感,从而保持着清醒的头脑,这恰恰就是华为能够继续成长的关键因素。

回过头来看那些失败的企业和企业家,如果他们在成功的同时能够收敛自己、能够有敬畏之心的话,也许就不会落得那样的结局。

史玉柱当年是一个意气风发的人,也是少有的几个跌倒之后还可以再爬起来的人。这种特殊的经历使他的心态发生了根本的变化。史玉柱复出以后，给自己的企业定了三条铁律：第一，永远要保持一种强烈的危机感，要知道企业明天可能就会垮台；第二，绝对不能轻易地进行多元化，认为自己无所不能就是失控的开始；第三，永远要保持充足的现金流。这三条铁律，对于很多还处于志得意满阶段的企业家来说，无疑是非常好的清醒剂。但为什么有那么多的官员和企业家，一定要吃过大亏以后才能明白这样的道理呢？

什么是真正优秀的企业家？优秀的企业家必须要学会敬畏，包括对市场的敬畏，对客户的敬畏，对资本的敬畏，对员工的敬畏，对同事的敬畏，对合作伙伴的敬畏，等等。优秀的企业家必须要学会谦卑，学会低调。有成就的人很容易因为已经成功的感觉而眩晕。美国学者詹姆斯·库泽斯说："成为领导者自然会有一种优越感，因能对别人施加影响而心满意足，因人们为你所讲的每一句话鼓掌喝彩而心旌荡漾。""我已经成功"的心态恰恰会让人的进步由此止步，只有谦卑与低调的人才会有学习的动力，才能有继续进步的可能。优秀的企业家必须有危机意识和忧患意识。任何企业都不可能处于绝对安全的状态，危机却是永恒的。有危机意识，才会始终保持谨慎和节制的心态，从而引导企业度过随时可能发生的危机。优秀的企业家还必须学会感恩。有了感恩之心才不会把成功的原因都归于一己，才不会自我膨胀。

四、常怀愧对之意，便是载福之器

曾国藩曾经说：

大抵人常怀愧对之意，便是载福之器、入德之门。如觉天之待我过厚，我愧对天；君之待我过优，我愧对君；父母之待我过慈，我愧对父母；兄弟之待我过爱，我愧对兄弟；朋友之待我过重，我愧对朋友，便觉处处皆有善气相逢。

常有愧对之意、感恩之心，这是一个人的福分能够长久、一个人的境界能够提高的关键。像觉得老天对我过厚，我愧对于天；父母对我过慈，我愧对父母；兄弟待我过爱，我愧对兄弟；朋友待我过重，我愧对朋友。这样便能处处都获得正面的能量回报。

在中国文化中，一个人的成就往往被归于什么呢？祖宗的阴德。我们不是从迷信的角度来看这个问题。可以想一想，一个人如果把当下的成就都归于自己的能力，这样的人不自我膨胀都难。如果一个人认为自己成功的原因在于祖宗的阴德，一定会有一种感恩和敬畏之心，有一种强烈的使命感和责任心，所想的是如何将这份福报传续下去，才能对得起先人、对得起后辈。同样的道理，如果一个人把自己的成就归于老天的眷顾、父母的关爱、朋友的支持，就会有感恩之心、愧对之意。而有感恩之心、愧对之意的人，最易保持头脑的清醒和自控的能力。

稻盛和夫在谈到领导者的资质时说："领导人必须'谦虚'。特别是有能力、有业绩、优秀的领导人，我更希望他们将'谦虚'这项资质学到手。人一旦获得成功，往往就会过分相信自己，认为成功是由于自己能力强，因而傲慢起来，以致忘记了应该感谢周围的人，放松了努力。傲慢的领导人可能取得一时的成功，但他的成功绝不可能长期持续。这一点从中国五千年的历史中可以看得一清二楚。曾有多少英雄豪杰争相崛起，而一旦成功，他们就忘乎所以，忘却谦虚，傲慢不逊，因而从顶峰坠落。……我期望，各位企业家即使获得成功，也决不能忘却'谦虚'，要抱着对周围人们的关爱和感谢之心，加倍努力。只有这样的领导人才能打造永续成长的团队。"[1]

对于优秀的领导者来说，谦虚是最可贵的品质之一。越是能成就大事的人，往往越是不张扬的人。伟大的企业一定是谦卑的企业，伟大的企业

---

[1] 〔日〕稻盛和夫. 稻盛和夫论领导人的资质［J］. 商业评论，2012（7）：63—64.

家一定是充满危机意识的企业家。柳传志为人谦虚就是出了名的。2000年5月，在联想为分拆举办的誓师大会上，也是联想两代人交接班的历史时刻，柳传志专门对自己心爱的战将们讲了一句语重深长的话："尽管你们已经是身经百战的战士，但是我们在交出大旗的时候，还是想千叮咛万嘱咐。所有的叮嘱最后凝聚成三个字：要谦虚。"

英文中，"谦卑"（humility）一词的词源是拉丁语的泥土（humus）。谦卑就是脚踏实地。领导者往往是高高在上的，然而谦卑的领导者虽然身处高位，也永远不会忘记自己来自何方，始于何处，他们永远不会和一线员工失去联系，知道如果没有这些人，自己不会到达现在的位置，因此他们不会炫耀自己的财富，不会滥用自己的地位。①

李嘉诚是华人企业家中少有的几位"没有天花板"的人，已经是九十多岁的人了，他的成功似乎依然没有到顶。中国企业家俱乐部的三十多位成员，包括傅成玉、郭广昌、李东生、马云、朱新礼、牛根生、江南春等，曾去李嘉诚的总部拜访过他。李嘉诚与这些来自内地的客人见面时，从口袋里掏出名片，一边握手，一边介绍自己："李嘉诚，李嘉诚。"谁不知道他是李嘉诚？但他一定要以普通人的身份来与人打交道。

在座谈期间，三十多位企业家一共坐了四桌，李嘉诚保证自己每一桌一定要坐够十五分钟，以便与每一位企业家都有交流。内地这些企业家听不懂粤语，李嘉诚自始至终说的都是普通话。他的小儿子李泽楷因为年轻，不小心用粤语说了三次话。李嘉诚每次都是立即打断他，要求他"说普通话，说普通话"。座谈结束的时候，李嘉诚亲自把三十多位企业家送到电梯门口。当电梯门关上的那一瞬间，这些企业家看到的最后一个镜头，是李嘉诚向大家鞠躬告别。这一幕给很多人留下了非常深刻的印象。江南春后来在博客中专门谈了自己的感想。他说，"我们这些人都是晚辈，李嘉诚能够接见我们，就已经很给面子了。李嘉诚那么忙，他让李泽楷送

---

① 刘澜. 领导力沉思录［M］. 北京：中信出版社，2009：83—84.

我们走,也绝对不失礼,但是他一定要亲自送到电梯门口,向我们鞠躬告别。像李嘉诚这样成功的人,对晚辈却这样尊重。这样的人,你不让他继续成功都难。"

李嘉诚在跟这些企业家座谈时,曾在开场白中说:"当我们梦想更大成功的时候,我们有没有更刻苦地准备?当我们梦想成为领袖的时候,我们有没有服务于人的谦恭?我们常常只希望改变别人,我们知道什么时候改变自己吗?当我们每天都在批评别人的时候,我们知道该怎样自我反省吗?"李嘉诚在汕头大学演讲时,也曾经专门讨论过"反思"的价值。他把成功者的傲慢比喻成"能力的溃疡",他把时常自问是否过分自大等问题总结为自己成功的秘诀。他说,领导者一定要自信,但自信和自负就是一字之差,"在卓越和自负之间取得最佳平衡并不容易,因为自信、勇敢无畏也是品德,但沉醉于过往和眼前的成就、与生俱来的地位或财富的傲慢自信,其实是一种能力的溃疡"。李嘉诚说他每天都要问自己这样的问题:蒙上天的眷顾,我取得今天的成功,我如何做才能做得更好?用曾国藩的话说,就是老天待我过厚,我愧对于天。到了晚上,他又会问自己这样的问题:"我有否过分骄傲和自大?我有否拒绝接纳逆耳的忠言?我有否不愿意承担自己言行所带来的后果?我有否缺乏预见问题、结果和解决办法的周详计划?"这种每天早晚的自问几乎没有停止过。曾子曰:"吾日三省吾身。"李嘉诚本人并没有很高的文凭,但这种反省的传统,在他这样的老一辈企业家身上保留了下来。正是这种反省所形成的克己能力,使李嘉诚没有像大多数成功人士那样被接连不断的成功冲昏头脑。

曾国藩是一个抱有澄清天下之志的人,同时又是一个以谦退为怀的人。他曾经说:"谦而又谦,方是载福之道。"(谦虚、谦虚再谦虚,一个人的福分才会长远。)曾国藩还说:"君子之道,莫善于能下人,莫不善于矜。"对于领导者来说,最好的品质就是低调,最糟糕的表现就是张扬。"以贤临人,未有得人者也;以贤下人,未有不得人者也。"(依靠自己的才能去盛气凌人,是不可能得到人心的;有才能却非常低调,没有得不到人心的。)"君子大过人处,只在虚心而已。"领导者真正超过常人的,其实就是"虚心"二字而已。

这些话,说得非常精彩。李嘉诚的情商比一般人高出多少?智商又比一般人高出多少?李嘉诚真正的过人之处,就在于虽然那么成功,却依然可以放空自己,从而始终保持空杯的心态、归零的意识和清醒的头脑,这也就使他能够成就远远超出常人的事业。

当然,今天的时代,是一个推崇个性的时代。过于低调、过于谦虚可能会被认为没有能力,因而失去很多机会,所以很多人转而有意高调、张扬,并因此而赢得了众多的关注。这样做当然无可厚非。但这自然也会引发一个疑问:今天的时代,谦卑、低调是不是已经过于老套了?

并非如此。在高调和张扬的背后,那些真正能够持续成功的人往往有一个特点,就是高调和张扬其实更大程度上是一种姿态,一种手段。外表高调,而内心却并不膨胀;外表张扬,而内心却并不狂妄。在真正的大是大非问题上,这样的人可能比谁都清醒,都自制,都谨慎,都低调。那些被自己的高调和张扬冲昏了头脑的人,则注定只能是昙花一现的泡沫,最多只能引起一时的喧嚣。

五、有福不可享尽,有势不可使尽

叔本华曾经说过一句话:"财富就像海水,我们喝得越多,就越渴。"名声也是如此,权力也是如此,所有的欲望都是如此。人的狂妄、贪婪,无一不源于此。人在巨大的成就和欲望面前往往很难控制住自己。

俾斯麦曾经说过:"真正伟大的领袖有三个重要的标志,谋略上的大度、行动中的仁爱和胜利后的节制。"曾国藩最大的智慧,恰恰就是这种自我节制的能力。他有这样一句话:"有福不可享尽,有势不可使尽。"(有福不要一下子享用殆尽,有势不要肆无忌惮,一定要保持一种节制的意识。)他还提醒家人说:

盛时常做衰时想,上场当念下场时。

在鼎盛的时候一定要记住,早晚有一天你会衰落;在台上的时候一定要明白,早晚有一天你会离开这个舞台的。

这样你才不会被一时的繁华迷住。曾国藩还说过,他最喜欢的一句诗,是"花未全开月未圆":

古诗有"花未全开月未圆"之句,君子以为知道。

古诗之中有"花未全开月未圆"的句子,君子认为这是理解了大道。

这句诗确实反映了曾国藩基本的心态。什么叫"花未全开月未圆"?花一旦全开了,就要开始谢了;月一旦全圆了,就要开始缺了。花未全开月未圆,是最好的境界。物极必反,贪得无厌只会前功尽弃。所以古人讲,人要知道自己要什么,更重要的是,还要学会"知止"。人生最大的智慧,就是自控的能力。

野史盛传,当年打下南京后,很多部下都拥戴曾国藩借机北上,推翻清朝,自己做皇帝。其实从"花未全开月未圆"这句诗中就会知道,曾国藩绝对不会有这种想法。镇压了太平天国,封侯拜相,在他看来已经是人生最好的境界。非要追求"百尺竿头,更上一步",反而会导致身败名裂。事实上,历史学家大都承认,从当时湘军内部的状况、湘军与朝廷的实力对比、整个社会的人心向背等因素分析,曾国藩即使选择了起兵,也不可能成功。曾国藩的过人之处在于,他没有被巨大的诱惑冲昏头脑,而是做出了事后证明对他来说最正确的选择。

这个人是真正有大智慧的一个人。在巨大的权力面前,在巨大的诱惑面前,在巨大的机会面前,他的清醒,他的节制,他的低调,他的眼光,他的心态,全都远远超出了一般人。历代功臣很少有好下场,曾国藩却能够全身而退,这不是侥幸得来的。人生如戏,在台上戏唱得再漂亮,也并不令人意外；谢幕的时候背影漂亮，才是真正的完美。曾国藩的"晚场善收"，本身就是一种大智慧。从这个意义上说，在中国的文化环境下，对于成功者来说，保持谦卑、谨慎、节制、低调、不张扬的心态，永远是非常重要的。我们前面讲过"明"很重要，"明"靠什么？"慎"才能生明，保持内心的谨慎与危机意识，才能始终保持清醒的头脑，做出明智的选择。所以"慎"这个字，也是值得我们用一生去修炼的基本功夫。

第七讲 勤

一、"勤"字为人生第一要义

"勤"很好理解,就是勤奋、勤恳、勤劳、勤快、勤苦,就是持续的付出。"勤"字表面看来是老生常谈,但是,在管理中真正起作用的,往往就是这些看起来是老生常谈的东西。决定一个组织能否保持卓越的,也往往就是这样一些最老套但又最根本的东西。

关于"勤",曾国藩有一个孵小鸡的比喻:

> **练勇之道,必须营官昼夜从事,乃可渐几于熟,如鸡伏卵,如炉炼丹,未宜须臾稍离。**

练兵之道,必须是带兵的人日夜操练,才能逐渐练出一支成熟的队伍来,就像母鸡孵蛋、道士炼丹一样,是一刻也不能离开的。

所以在曾国藩看来,练兵的人要"手不停批、口不息办、心不辍息"。就像母鸡孵蛋一样,全身心投入,始终不离,直到孵出小鸡为止。所有经历过创业的领导者,对曾国藩的这段话,一定会有很强的共鸣,因为几乎所有的创业者都是这样一步步走过来的。在创业的过程中，很多事情都必须亲力亲为，一时一刻也不能放松，哪怕稍微松懈一点儿就可能会出问题。

曾国藩认为"'勤'字为人生第一要义"，"勤"字是人生的第一条原则。治军尤其如此：

> 治军以勤字为先，由阅历而知其不可易。未有平日不早起，而临敌忽能早起者；未有平日不习劳，而临敌忽能习劳者；未有平日不能忍饥耐寒，而临敌忽能忍饥耐寒者。

曾国藩在给朋友的信中说：

> 吾辈现办军务，系处功利场中，宜刻刻勤劳，如农之力穑，如贾之趋利，如篙工之上滩，早作夜思，以求有济。

我们现在出来处理军务，就是处于功利之中，应当时时勤劳，如同农民务农、商人经商、篙工上滩一样，白天工作，晚上思考，才能把事情做好。

曾国藩还认为，最忌讳的就是偷懒：

> 百处弊端，皆由懒生。懒则弛缓，弛缓则治人不严，而趋功不敏。一处弛，则百处懒矣。

所有弊端，都是由于领导者偷懒引起的。偷懒就会松弛拖沓，松弛拖沓就会导致管理不严，效率低下。一处松下来，各个部门、各个环节就会都想着偷懒。

管理就是这样，你想偷懒，你的下属比你还想偷懒；他想偷懒，他的下属比他还想偷懒。你会发现，一念之差，再想恢复组织的效率就非常困难了。领导者一时的偷懒，往往导致整个组织的管理效率变得极其低下。

领导力的一个重要内容，是激发起下属对工作的热情与投入。然而在大多数的组织中，大部分人只是服从而已，最多就是多一点点认真，关注一点点细节，对工作远远没有达到全力以赴的地步。慵懒的组织是不会有效率、有执行力的。要让组织成员全力以赴，领导者自己首先要全力以赴。这就是"勤"字的基本内涵。

二、当为餐冰茹蘖之劳臣，不为脑满肠肥之达官

天下事莫易于为官，一旦为官，便是人上之人，尤其传统社会中，官场习气向来是无过便是有功，所谓"无灾无难到三公"，这也成了许多为官者保官、升官的不二法门。

然而天下事也莫难于为官，"官"者"管"也，领导者身上，担负着组织赋予的责任，担负着苍生的疾苦。要做一个"先天下之忧而忧"的好官，自然是难上加难的。

曾国藩是一个具有强烈社会责任感的封建官员。他曾经立志要有民胞物与之量，有内圣外王之业，要做一个天地间的完人。曾国藩还经常引用顾亭林"保国者，其君其臣，肉食者谋之；保天下者，匹夫之贱，与有责焉"的话来勖勉下属。在曾国藩看来，既然为官，就不能做那种以"推诿为明哲，以因袭为老成，以奉行虚文故事为得体"的庸官。当曾国藩的门生李鸿章出任江苏巡抚时，曾国藩告诫他说："吾辈当为餐冰茹蘖之劳臣，不为脑满肠肥之达官也。"其中的关键，在于一个"勤"字。要在"勤"上痛下功夫："治军之道，以勤字为先。身勤则强，逸则病。家勤则兴，懒则衰。国勤则治，怠则乱。军勤则胜，惰则败。惰者，暮气也，当常常提其朝气。"（治军的方法，首先就是要勤。身体勤劳就会健康，贪图安逸就会生病；家庭勤劳就会兴旺，懒惰就会衰败；治国勤劳就会天下大治，懈怠就会天下大乱；治军勤劳就会获得胜利，懒惰就会失败。懒惰的人，暮气沉沉，应该经常激发他的朝气。）

治军如此，为官也是如此。用曾国藩的话说，"'勤'字为人生第一要义，无论居家、居官、行军，皆以勤字为本""勤以治事，恕以待人，廉

以服众,明以应物。四字兼全,可为名将,可为好官。不论文武大小,到处皆行得通。……四字中又唯'勤'字最要紧也""唯俭可以养廉,唯勤可以生智。明此二语者,是做好官的秘诀,即是做好人的命脉"。他还引用历史上名人之例,说明"为官以勤为第一要义"的道理:

> 古之成大业者,多自克勤小物而来。百尺之楼,基于平地;千丈之帛,一尺一寸之所积也;万石之钟,一铢一两之所累也。文王之圣,而自朝至于日中昃,不遑暇食;周公仰而思之,夜以继日,幸而得之,坐以待旦;仲山甫夙夜匪懈。其勤若此,则无小无大,何事之敢慢哉。诸葛忠武为相,自杖罪以上,皆亲自临决;杜慧度为政,纤密一如治家;陶侃综理密微,虽竹头木屑,皆储为有用之物。朱子谓为学须铢积寸累,为政者亦未有不由铢积寸累而克底于成者也。

> 古代成就大事业的人,都是从小事情上克勤克俭开始的。百尺高的楼阁,起自平地;千丈长的绢帛,是一寸一寸积累起来的;一万石的钟,是一铢一铢积聚起来的。文王被称为圣明,因为他常常整天为公事顾不上吃饭;周公为国事操劳,日夜不停,如果思有所得,就坐着等待天明;仲山甫时时刻刻都不敢懈怠。他们如此勤劳,则无论大事小事,都不会轻慢地对待。诸葛亮担任丞相,只要是判罚杖罪以上的案子都要亲临决断;杜慧度处理政事,如同治理家事一样缜密;陶侃处事谨小慎微,虽然是竹头木屑之类的东西,也要储存起来,以备急用。朱熹说做学问必须铢积寸累,其实为政者也没有不通过一铢一寸的积累而能成功的。

曾国藩在军中的时候,每天早上都是未明即起,黎明后巡查营垒,检阅士兵操练,白天则清理文卷,接见客人。其余的时间,则是博览群书。曾国藩曾经为湘军制定了"日夜常课之规"七条:

一、五更三点即起，派三成队站墙子①一次。放醒炮，闻锣声则散。

二、黎明演早操一次，营官看亲兵之操，或帮办代看。哨官看本哨之操。

三、午刻点名一次，亲兵由营官点，或帮办代点。各哨由哨长点。

四、日斜时演晚操一次，与黎明早操同。

五、灯时派三成队站墙子一次，放定更炮，闻锣声则散。

六、二更前点名一次，与午刻点名同。计每日夜共站墙子二次，点名二次，看操二次。此外营官点全营之名，看全营之操无定期，约每月四五次。

七、每夜派一成队站墙唱更，每更一人，轮流替换。如离贼甚近，则派二成队，每更二人，轮流替换。若但传令箭而不唱者，谓之暗令，仍派哨长、亲兵等常常稽查。

曾国藩认为："军勤则胜，惰则败。惰者，暮气也。当常常提其朝气。"而点名、演操、站墙子之类，就是为了保持军队的朝气。勤点名，士卒就不会外出游荡，为非作歹；勤演操，就可以锻炼其筋骨，熟练其技艺；勤站墙子，就会日日如临大敌，使士卒不敢松懈。所以曾国藩反复叮嘱部将说："早夜站墙，日日操练，断不可间。"又说："每日三成队站墙子，不特防贼来扑，且规矩习于平日，各弁勇自然人人起早，人人不懒散。"李鸿章做了淮军的统帅之后，曾国藩还反复叮嘱他要亲自去点名、看操、站墙子，而不要怕苦偷懒。在曾国藩看来，将帅能否勤劳，直接关系到军队的作风，"将不理事，则兵无不骄纵者；骄纵之兵，无不怯弱者"。这个"勤"字不但应该成为领导者自己处世的格言，还应该使之成为整个组织所养成的风气。只有上下皆"勤"，才能形成一支高效率的队伍。

---

① 站墙子，就是防守营墙。

三、五到：身到、心到、眼到、手到、口到

关于"勤"字，曾国藩有一个"五到""三勤"的理论。

"五到"，就是身到、心到、眼到、手到、口到。

曾国藩说：

> 办事之法，以五到为要。五到者，身到、心到、眼到、手到、口到也。身到者，如做吏则亲验命盗案、亲巡乡里。治军则亲巡营垒、亲探贼地是也。心到者，凡事苦心剖晰，大条理、小条理，始条理、终条理，理其绪而分之，又比其类而合之也。眼到者，着意看人，认真看公牍也。手到者，于人之长短，事之关键，随笔写记，以备遗忘也。口到者，使人之事，既有公文，又苦口叮嘱也。

这五到，是曾国藩总结出来的基本的治事之方。

五到之一是"身到"，就是遇到事情一定要亲自到位，要到现场，不要偷懒。用胡林翼的话说，"军旅之事，非以身先之劳之，事必无补"（带兵打仗，如果将帅不能身先士卒，亲自操劳，事情是肯定办不好的）。所以曾国藩要求下属"做吏则亲验命盗案、亲巡乡里。治军则亲巡营垒、亲探贼地"，关键就是一个亲临现场。

湘军之中，各级将领，从大帅以下一直到营官，都是以亲看地势为行军作战的第一条原则。像曾国藩进攻武昌，就是先乘小船亲赴沌口相度地势；左宗棠攻杭州，也是先骑着马赴余杭察看地形。他们都是在看明地形之后，才制定进攻的方略。其他将领像塔齐布、罗泽南、王鑫、刘典等，也都是以善看地势而著称的。刘典在嘉应作战时，在战前的几天，带领自己手下的统领、营官们，将附近数十里内大小路径全部勘察了一遍，达到了如指掌的地步。仗打起来后，冲、堵、抄、截，各尽其能，一战便全歼

了敌人。

曾国藩说的"身到",几乎是所有高明将帅的取胜秘诀。林彪当年教杨成武如何当师长时,提出的第一条要求是"要勤快"。林彪说:"不勤快的人办不好事情,不能当好军事指挥员。应该自己干的事情一定要亲自过目,亲自动手,比如应该上去看的山头,就要爬上去,应该了解的情况就要及时了解,应该检查的问题就要严格检查,不能懒。军事指挥员切忌懒,因为懒会带来危险,带来失败。"

在指挥作战时,林彪也往往都是亲自到前线察看地形,研究战法。解放战争时期林彪指挥的秀水河子之战,是东北解放战争时期东北民主联军打败美式装备的国民党军队的第一场硬仗。战役发起之前,林彪冒着危险,在齐膝深的雪地上爬过了我军的前沿阵地,一直爬到对方哨兵的鼻子底下,观察敌情和地形情况,发现我军指挥员原定的主攻方向由于地形开阔而不便进攻,而另一方向则更便于我军组织突破和向纵深发展,于是,果断要求对原作战部署进行了调整。事实证明,这一调整奠定了秀水河子战斗我军最终全歼国民党守军的胜利基础。而林彪亲临现场,做出了最符合实际的分析与处置,是决定这次战斗胜利最重要的因素。

稻盛和夫曾经讲过一个故事。有一次,稻盛和夫去参加由本田汽车创始人本田宗一郎亲自授课的经营研习会。当天与会人员泡了温泉换过浴衣后,一起坐在一个大房间里等待本田先生的到来。不久,本田先生出现了,看起来是直接从工厂赶过来的,因为他身上穿着一件沾有油渍的工作服。然而他一开口,竟然就是一阵破口大骂:"请问大家到底来这里做什么?我想应该是来学习经营的吧!你们那么有空的话,干脆早点回公司去上班。经营哪里是泡泡温泉、吃吃喝喝就可以学会的?我从没向任何人学过经营,就是最好的证明。既然我这样的人也能经营公司,那就表示你们该做的事情只有一件——就是立刻回公司上班!"

稻盛和夫由此得出了一个影响自己一生的结论:"不曾在现场挥汗工作,就不会懂得经营之道。"

五到之二是"心到"。只是身子到了，不用心也不行，一定要用心地去想，用心地去做，真正一心一意地扑上去，事情才能做好，这就是所谓的"心到"。用曾国藩的话说，白天做事，晚上还要不断地琢磨，"凡事苦心剖晰，大条理、小条理，始条理、终条理，理其绪而分之，又比其类而合之也"（凡遇到事情，一定要下一番苦功夫剖析清楚，大的逻辑、小的顺序，开始的程序、结束的步骤，这些东西一定要理清头绪，分清轻重。然后再根据类别，统筹整合，使之形成一个统一的整体）。

曾国藩认为，这是做学问的基本功，也是做事的基本功。"古人忧学之不讲，又曰'明辨之'，余以为训练兵勇亦须常讲常辨也。"（古人担心对道理不进行钻研，又说"明白地辨析清楚"，我认为，练兵也需要时常钻研、时常辨析。）

拿破仑曾经说，有人说他是天才，其实根本不是这样的。要打仗了，他往往在三四个月之前就开始思考，搜集各式各样的信息，分析各式各样的可能性，制订一个严密的计划，其中包括几个不同的方案。拿破仑有一次向自己的参谋长罗德里尔透露了他成功的秘密："如果说，看起来我经常对一切都胸有成竹，那是因为我在做一件事情之前，早就考虑很久了。我对所有可能发生的事情，几乎都是预先做过考虑的。我能够在别人猝不及防的情况下知道自己说什么话和采取什么行动。这完全不是冥冥之中有什么天才对我突然启示。我总是在工作：吃饭的时候在工作，看戏的时候在工作，夜里醒来也在工作。"[①]

由于拿破仑总是提前把问题考虑清楚，因此仗打起来时，他的作战方案已经非常成熟了。他的方案非常成熟，而对方根本来不及形成方案，一打之下，立马就见了效果，这其中最核心的，就是一个"心到"，也就是反复思考的结果。

林彪在教杨成武如何当师长时，还说过这样一段话："要把各方面的问

[①] ［英］J. F. G. 富勒. 战争指导［M］. 北京：解放军出版社，1985：36—37.

题想够、想透。每次战役、战斗的组织，要让大家提出各种可能出现的问题，要让大家来找答案，而且要从最坏的、最严重的情况出发来找答案，把所有的问题都回答了，再没有问题回答了，这样打起仗来才不会犯大错误，万一犯了错误，也比较容易纠正。没有得到答案的问题，不能因为想了很久想不出来就把它丢开，留下一个疙瘩。如果这样，是很危险的，在紧要关头，这个疙瘩很可能冒出来，就会使你心中无数、措手不及。当然在战争环境中，要考虑的问题很多，不可能一次都提完，也不可能一次都回答完。整个战役、战斗的过程，就是不断提出问题和不断回答问题的过程。有时脑子很疲劳，有的问题可能立即回答不了。这时，除了好好地和别人商量，就是好好地睡一觉，睡好了，睡醒了，头脑清醒了，再躺在床上好好想一想，就可能开窍，可能想通了，回答了，解决了。总之，对每一个问题，不能含糊了事，问题回答完了，战役、战斗的组织才算完成。"从这段话中，足见凡成大事之人，一定是用心之人。

"心到"还有一层含义，就是心劲儿要到。不能光想着给自己找借口，想找借口的人一定可以找到无数个借口。红军长征能够摆脱国民党军队几十万大军的围追堵截，一个重要的原因，是红军面临的是生与死的危险，而国民党的军队没有一支是真心拼死作战的。在面临生与死的危险时，人们往往都会竭尽心力，而一旦不再有生存的危险，很多人也就不再那么用心。一个组织没有了那股心劲，人们就不再愿意投入精力，也就会形成懈怠懒散的作风。表面看来人人都很忙，其实没有人真正用心，都只是在做样子而已。这样的组织外表再光鲜，但魂儿已经没有了。这也往往就是一个组织走下坡路的开始。

五到之三是"眼到"，就是一定要随时留心，用自己的眼睛来观察。像在用人方面，光听别人的评价是没有用的，自己必须亲自观察才可以。曾国藩曾说："观人当就行事上勘察，不在虚声与言论；当以精己识为先，访人言为后。"这个"行事上勘察"，而不是在"虚声与言论"上做判断，即以自己的精细判断为先，而以借助别人的评论为后，是曾国藩能够得到

"识人之明"大名的重要原因,这也就是曾国藩所说的"着意看人",平时就要狠下一番留心观察的功夫。前文提到的《清史稿》中记载,曾国藩看人"每对客,注视移时不语",就鲜活地刻画出了一个着意看人的领导者形象。

拿破仑曾说:"一个通过别人的眼睛来看事物的人,永远不能合理地指挥一支军队。"无论是战争还是管理,无论是决策还是用人,领导者最忌讳的是仅靠下属的汇报,或者光听无根的议论,而不是自己亲自观察、亲自分析。下属能看到的东西,只是他想看到的东西,或者他那个层次的人能看到的东西;下属在给领导者汇报的过程中,会把很多的信息过滤掉,因此领导者从下属那里所得到的信息,一定是有局限性的;在有局限性的信息基础上做出的决策,一定是先天不足的。管理学家明茨伯格也说过类似的话:"信息可以在不失真的情况下,集中起来发送给上级。这其实是一个经常实现不了的假设""仅仅是坐在办公室里臆想战略,而不是在与实实在在的产品和顾客的接触中总结战略是非常危险的事情。"① 美军参谋长联席会议前主席鲍威尔有一条著名的原则,就是"战地指挥官总是对的,后方指挥所总是错的,除非有证据证明情况相反"。

无论是在军队还是在企业,往往有这样的现象,领导者的层次越高,离真实的世界就越远,就越难听到或看到真实的情况。领导者必须像优秀的将军那样,直接深入到一线之中。当领导者来到一线时,就可以与市场一起共同呼吸,把握住市场的脉搏与起伏。所以虽然有了最先进的信息技术,沃尔玛公司的CEO还是会花相当多的时间到街上去走访其门店,审视竞争的情况。沃尔玛的高层领导者非常清楚,对真实情况的了解产生于直接的看、听、摸,这些第一手的材料是无法通过其他途径获得的。索尼前CEO出井伸之也喜欢在周末的时候出入东京的各个电器商店,同售货员和

---

① 〔美〕明茨伯格.战略历程:纵览战略管理学派[M].北京:机械工业出版社,2002:25—29.

顾客谈论自己与竞争对手各自的产品。《追求卓越：美国企业成功的秘诀》（*In Search of Excellerce：Lessons from Amercia's Best-Run Companies*）一书的作者汤姆·彼得斯称这种管理方法为"走动式管理"（management by walking around），通过这种"走动式管理"，领导者就可以像优秀的将军一样，敏锐地把握住市场和对手的动向。

五到之四是"手到"，手要勤快，有什么事要随时记下来，好记性不如烂笔头。曾国藩非常喜欢记日记，他随手把所见、所做、所读、所思、所得都记到日记中，并及时进行总结、反思与揣摩，这就使得他做起事来非常清楚、有条理。

人的记忆力总是有限的。领导者在领导的过程中，经常会有灵光一现的时候，有好的想法、好的主意、好的体悟。如果不能随时记下来，时间一长，工作一忙，很快就忘了。如果能够随手记下来，由点到线，由线到面，由面到体，一个个的片断最终就会形成成熟的体系。对于领导者来说，这显然是自己所能留下的最大的思想财富。

五到之五是"口到"，也就是交代任务一定要到位，工作沟通一定要到位，甚至不惜反复地叮嘱，"使人之事，既有公文，又苦口叮嘱也"。

领导者会有一个很大的误区，往往认为自己把话说了一遍，下属就会理解自己的意图，就会马上有效地执行。信息从上级到下级的传递过程中也会出现衰减。有一种说法：领导者所要传递的信息中，只有80%能够真正表达出来；所表达出来的信息中，下属只能听懂80%；听懂的信息中，能够真正理解的只有80%；理解的信息中，能够真正接受的只有80%。同样，接受的只有80%能够落实，落实的只有80%能够符合要求，符合要求的只有80%能够产生你所要的绩效，最终的结果，只有21%左右。所以杰克·韦尔奇曾经说：管理就是沟通、沟通、沟通。他甚至说过，在通用电气（GE），一项计划，一个设想，如果不讲一百遍，下属是不可能真正理解的。

在管理的过程中，有时就是因为少说了一句话，或者少问了一句话，便会出现重大问题，令人追悔莫及。所以曾国藩说，一定不要嫌麻烦，不要怕啰唆。要苦口婆心，反复地讲。其实领导者反复给下属讲的过程，也是一个自己不断思考的过程，问题会越讲越清楚、越讲越有条理。而跟下属沟通、交流，也使下属一步步地理解了领导者的意图和想法，从而产生有效的执行力。

五到之中，最关键的是"心到"。有了心到，其他自然就会到；没有心到，其他到了也没用。星巴克的创始人霍华德·舒尔茨曾经与人合写过一部自传体的著作——《将心注入：一杯咖啡成就星巴克传奇》（*Pour Your Heart into It：How Starbucks Built a Company One Cup at a time*）。他说："我把心交给了每一杯咖啡，还有星巴克的合作伙伴们。当顾客们感受到这些时，他们会给予相应的回报。如果你倾心投入自己的工作，或是任何值得为之努力的事业，你就有可能实现在他人看来不可能实现的梦想。生活因此会变得很有意义。"做事按部就班，最多只能把事做对；做事用心投入，才能把事做好，才能达到卓越的境界。"到"的关键，是做到位，就是尽心尽力。这不是五分到位，不是六分到位，不是八分到位，而是要十分到位。到位不到位，做事的效果完全不一样。

曾国藩所说的"三勤"，是"口勤、脚勤、心勤"，其实是从"五到"中提炼出来的。"五到""三勤"揭示出了管理的基本原理，所以很为后人所推崇。林彪在给杨成武讲如何当师长时，就专门引用了曾国藩的"五到"理论。林彪说："无论大小指挥员都要勤快，要不惜走路，不怕劳累，多用脑子，做到心到、眼到、口到、脚到、手到，事情没有做好以前，不能贪闲，贪闲就隐伏着犯错误的根子。什么事都要心中有底，凡事预则立，不预则废。雷打不动的干部，牛皮糖似的干部，不管有多大本事，都不是好干部。我们最喜欢勤快的干部，提倡勤快，反对懒。"

四、天下事未有不由艰苦得来，而可大可久者也

芝加哥大学有一位教授，曾经对一百二十位来自各个行业的精英人物进行调查。他发现，那些行业中的顶尖人物的家庭背景各有不同，智商、学历有高有低，但是他们有一个共同的特点：一旦决定好自己的职业，无一不是全心投入于工作之中，进行了持续不断的努力，付出了远远超出常人的代价，才达到我们今天所谓的卓越的地步。这就是他们能够在自己的行业中达到顶峰，取得过人成绩的奥秘所在。

无独有偶，迈阿密大学的一位教授也曾经对一所著名音乐学院的学生做过分析，他把这些学生按照成绩分成了三个等级，即普通、优秀和卓越。根据调查，他发现：那些普通的学生练琴的时间大概是四千小时，优秀的学生大约是八千小时，而那些卓越的学生没有一个人是低于一万小时的。这就是后来著名的"一万小时定律"，也就是说，在任何一个领域里，你若想从平凡之人变成大师级的人物，就需要付出一万小时持续不断的努力，这是一个必要的条件。

其实这个世界哪有如此众多的天才。有人曾经指出，与资质普通的人相比，拥有超群天赋的人确实更能做到事半功倍，但是，一个人天赋的高低属于先天，很难改变。从根本上来说，真正决定一个人成就的，在于后天持续不断的努力和付出。天赋所决定的不过是一个人事业的下限，个人的努力程度则决定了事业的上限。所以曾国藩写过这样一副对联：

> 精力虽至八分，却要用到十分；权势虽有十分，只可使出五分。

这副对联同样非常有味道：好的领导者，虽然只有八分的精力，但一定会尽心尽力，用到十分。虽然有了十分的权力，但一定不要仗势欺人，只可使出五分。

可惜的是，正如有人所说的那样：大部分人的努力程度之低，还远远没有达到拼天赋的地步。精力是用到十分，付出超出常人的努力，还是稍稍付出一点儿就开始叫苦；是常态化地、持续而稳定地付出，还是只付出间断性的零碎努力而已，这是最终决定一个人的人生究竟是迈向成功还是陷入平庸的关键。

远大集团董事长张跃谈到远大空调的成功时说，成功的秘诀就在于两个字：一个是"勤"，一个是"高"。"勤"就是勤奋，"高"就是高明。张跃说他跟他的核心团队这么多年来每天的工作时间几乎都超过十二个小时，基本没有什么节假日，一心一意扑在工作上，所以才有今天的发展。

王永庆是台塑集团前任董事长。王永庆去世以后，台湾地区的报纸说："他这一走，整个台北都空了。"王永庆做企业，最大的特点就是"勤"。他每天早上四点起床，做一遍体操，然后长跑五千米，以保证一天的精力充沛。他每天一定要跟下属一起用早餐，在用餐的同时听取下属汇报。上午的时候他会到办公室看各种各样的报表，听取下属的汇报，到卖场去视察。他出差的时候从来不坐商务舱，一定要坐经济舱，这样一来可以充分利用这个时间跟随行的下属交流。他出差回来以后也从来不直接回家，而是直接去办公室，或者直接到卖场去。美国发生金融危机之后，王永庆这位九十多岁的老人，一定要亲自到美国去考察金融危机的影响。王永庆一生的成功，与他这种勤奋的习惯有着直接的关系。

其实，几乎所有优秀的企业家都有这样的习惯。统一集团创始人高清愿提及自己的企业文化，也是两个字：一是"勤"，勤奋；二是"俭"，就是成本控制。李嘉诚也是"勤"字的践行者。李嘉诚宣布退休前，每天五点四十五分就起床，起床后听六点的新闻，一直忙碌工作到晚上十点，甚至十二点。有人曾经问李嘉诚，为什么他的企业如此之大，财富如此之多，他还如此努力。李嘉诚说，一个人一生能用的钱是十分有限的，自己一直喜欢勤勉节俭的生活，不与别人去比。李嘉诚还说，一个人的一生是非常短暂的，一个人的价值不在于他拥有什么，而在于他干了什么，付出了什么。

比尔·盖茨曾说:"我所从事的事业是世界上最美妙的事情,我喜欢每天都去工作,在这个过程中,我每天都会遇到挑战,每天都可以学到新东西。如果你能像我这样对待工作,我保证你永远不会对工作感到懈怠。"稻盛和夫在谈到自己除了工作还是工作时也说:"毕竟是基于喜欢而做,不但一点也不以为苦,也很少感到疲累。"他还说:"在成就事物和充实人生方面,最不可或缺的就是'勤勉',也就是拼命工作、全心全意投入工作。勤勉有助于充实人的精神层面,提升我们的人格。"[1]

在成功的领导者身上,人们往往会看到这样的品质:他们对于事业有着不可思议的动力和激情。他们会花费大量的精力去打拼,而且他们非常享受这一过程。成功需要天赋,需要运气,还需要努力,而这三者中,只有努力才是我们自己后天唯一可能掌控的东西,所以这就有了一句我们都很熟悉的话:最可怕的是比你聪明的人比你还努力。其实,更可怕的是,那些努力的人还都非常享受这个常态化的打拼过程。他们愿意为了自己的梦想而付出,他们愿意百分之百地投入自己的能量,这种投入会感动别人、带动别人,成为组织文化的一部分。这也正是他们成功的关键。曾国藩曾说:

天下事未有不由艰苦得来,而可大可久者也。

天下的事情没有不是从艰苦之中一步步做出来,而真正可以做大做久的。

一分耕耘,一分收获。持续不断地去用心,是成功者之所以成功的最朴素的法则之一。

---

[1] 〔日〕稻盛和夫.活法(修订版)[M].北京:东方出版社,2009:98—147.

第八讲 实

一、观人之道，以朴实廉介为质

"实"，就是朴实、扎实、真实，就是脚踏实地、实实在在的意思。

曾国藩曾经说过一句话："军事是极质之事。"军事是非常实在的事情，是来不得半点儿取巧的。管理其实也是如此。组织当然需要高瞻远瞩的战略，但更需要脚踏实地的管理。管理的特点就是把那些关键的细节一遍遍地做到扎实的地步。当你把所有的细节都反复做到完美的时候，也就奠定了走向卓越的基础。好的管理一定是朴实无华的。所以在组织中，管理者的资质有多高，往往并不那么重要，最重要的是做事是否真正用心，是否有一种踏实和实干的精神。很多管理者缺的不是聪明，而是脚踏实地的作风。很多组织缺的也并不是聪明人，而是愿意下笨功夫的人。聪明人又肯下笨功夫，才是最可贵的。浮夸炒作、投机取巧，则向来都是领导者的大忌。

曾国藩一生所倡导的，是"朴实"二字。曾国藩的"天道三忌"中，第一忌便是"天道忌巧"（天道最忌讳的就是投机取巧）。这一点可以说充分反映了曾国藩的治军特色，也反映了湘军的基本精神。

曾国藩提倡这个"实"字，一个重要的原因在于他对当时的官场习气深恶痛绝，用他自己的话说，他一生最恶"官气"。他说"大难之起，无一兵足供一割之用"，原因就在于"官气太重，心窍太多，漓朴散淳，真气荡然"。太平天国运动以来，清政府的正规军绿营一败涂地，望风而逃，而绿营兵之所以不能打仗，原因就在于官场习气已经深入膏肓，牢不可破。"巧滑偷惰，积习已深""无事则应对趋跄，务为美观；临阵则趑趄退避，专择便宜；论功则多方钻营，希图美擢；遇败则巧为推诿，求便私图"。人人都想着投机取巧，争功诿过，这样的军队是根本形不成战斗力的。在他看来，要想打败太平天国，就必须"赤地立新，特开生面"，从根本上改变这种习气。

为此，曾国藩从一开始编练湘军，就非常重视避免绿营虚伪浮滑、投机取巧的习气，养成一种朴实纯正的作风。在选人上，曾国藩强调将领要选"质直而晓军事之君子"，兵勇则选"朴实而有土气之农夫"。一句话，无论是兵还是将，都是选"朴实之人"。

湘军的军饷在当时是比较高的，所以很多人都愿意应募当兵。在湘军刚开始招兵的时候，曾国藩往往会亲自面试。他坐在一张桌子的后面，如果一个前来应募的人面色白白净净，眼珠子滴溜溜地转，一看就是"城市油滑之人"，曾国藩马上连连摇头，表示不行。如果前来应募的人面目晒得黑黑的，手脚粗大，脚上恨不得还有泥巴，一看就是刚从田里来的乡野农夫，曾国藩马上连连点头，表示可以。用他的话说，他专选那些"朴实而有农民土气者"，而"油头滑面，有市井气者，有衙门气者，概不收用"。

曾国藩对带兵的军官的选拔，也是以朴实为原则。他说：

> 大抵观人之道，以朴实廉介为质。以其质而更傅以他长，斯为可贵。无其质则长处亦不足恃。

大致说来，考察人才的优劣，应当以看他是否具备朴实、廉正、耿介的品质为主。有这样的品质，又有其他的特长，才是最可贵的。如果没有这样的品质，即使有其他的特长，也是靠不住的。

他认为："军营宜多用朴实少心窍之人，则风气易于纯正。"（大营中应该多选用一些朴实没有心眼的人，这样风气容易纯正。）所以他特别强调要"于纯朴中选拔人才"，认为这样"才可以蒸蒸日上"。

曾国藩所说的"纯朴"，就是指朴实、无官气、不虚夸，不是以大言惊人、巧语媚上，而是具有踏实、苦干的作风。他把人才分为两大类：一类"官气多"，一类"乡气多"。官气多的人好讲资格，爱装样子，办起事来四平八稳，说起话来面面俱到。实际上却是一点生气都没有。乡气多的人好逞才能，爱出新样，办起事来不顾忌别人的看法，说起话来不讲求避讳。因此往往是一件事还没有办成，先招来一大片议论。二者无疑都有缺点，但曾国藩更痛恨的是油滑虚浮，专门讲究媚上功夫、表面功夫的衙门作风，而宁愿选择有乡气的人，提倡选"有操守而无官气，多条理而少大言"的"明白而朴实"之人，而不选官气之人："凡官气重、心窍多者，在所必斥"（凡官气重、心眼多、浮滑取巧的人，都坚决摒弃不用）。

湘军大将之中，鲍超是一个典型的朴实之人。鲍超，字春霆，在湘军之中与多隆阿齐名，二人都是响当当的人物。当时湘军里有一句话，叫"多龙鲍虎"，"多"指的是多隆阿，"鲍"指的就是鲍超。

鲍超是重庆人，人非常实在。他识字不多，很长一段时间内就只会写一个字，就是自己的姓"鲍"。有一次打仗，鲍超的部队被太平军包围了起来，鲍超便吩咐师爷赶紧给曾国藩写一封求救信，结果这位师爷写了半天也没有写出来。鲍超非常生气，说："都到什么时候了，你还在那里咬文嚼字！拿过来，我来写！"拿过来以后傻了，因为他不会写字。鲍超想了想，便在一张纸上写了一个大大的"鲍"字，然后在"鲍"字的周围画了无数个小圆圈，说："行了，送出去吧！"送到曾国藩的大营，曾国藩的幕僚都不明白这是什么意思，曾国藩却哈哈大笑，说："哎呀，老鲍又让人给围起来了！"赶紧派援兵把他给救了出来。

鲍超后来身体不好，就退休回了老家。也不能老没有文化啊，便请了一个先生教自己写字。有一次先生教他写了一个"门"字，结果鲍超写的时候忘了写右边的钩。先生提醒他说："大帅，门右边这个地方是有钩的。"鲍超非常生气，说："你胡说八道些什么呀！你看我家里那么多门，哪一扇有钩？"先生一听，这种人没法跟他讲道理。正好鲍超家里有一副曾国藩的字，里面也有一个"门"字。先生赶紧说："大帅你看，曾大帅写门也有钩。"鲍超一看，扑通一下就给先生跪下了，说："先生您原谅我，我就是一个粗人。"

曾国藩之所以喜欢用朴实之人，一个原因就是这样的人实实在在，没有投机取巧之心，只要给他布置了任务，他就会拼死完成，即所谓的"扎硬寨，打死仗"。他最不喜欢用的，则是轻浮圆滑的将领：

> 将领之浮滑者，一遇危险之际，其神情之飞越，足以摇惑军心；其言语之圆滑，足以淆乱是非。故楚军历不喜用善说话之将。

轻浮圆滑之人，往往有这样的特点：这种人往往很敏感，组织遇到危险，本来大家都没有问题，但这种人先慌了，他们一慌，把整个军心都给动摇了。这种人还有个特点就是能说会道，能言善辩。领导者讲了一段话，大家本来都认为他讲得对，但到了这种人嘴里，搅来搅去，白的给搅成黑的，对的给搅成错的，是的给搅成非的，因此把整个组织的价值体系都搞乱了。所以湘军从来不喜欢用太能说会道的将领。

二、天下事当于大处着眼，小处下手

管理最忌讳的就是全无实际而空谈误事。曾国藩认为，治军是"力行"的功夫，也即是一步步做出来的，"凡军事做一节说一节，若预说到几层，到后来往往不符"（带兵打仗的事情，能做到什么地步，便说到什么地步。如果提前说了许多层，到后来却往往与实际不符，因而多说无益，不如实实在在地去做）。

曾国藩称这个实实在在的功夫为"大处着眼，小处下手"。他说：

近年军中阅历有年，益知天下事当于大处着眼，小处下手。陆氏但称先立乎其大者，若不辅以朱子铢积寸累工夫，则下梢全无把握。故国藩治军，摒弃一切高深神奇之说，专就粗浅纤细处致力。

近年有了几年的带兵经验，越发明白一个道理，那就是天下之事，应该从大处着眼，小处下手。陆象山只是说"先立乎其大者"，如果不加上朱熹所强调的"铢积寸累"的功夫，那么后半部分完全没有把握。所以我治军，摒弃所有那些高深神奇的理论，专门就粗浅纤细的下功夫。

曾国藩所说的粗处、浅处，最典型的就是他所制定的《湘军日夜常课之规》。这是他抓住要点，从粗处、小处着手，所制定出来的"日日用得着的"、人人易知易行的规章制度。基本的内容其实非常简单，就是点名、演操、站墙子三项。点名则士兵不能私出游荡，为非作歹；演操则锻炼体魄，熟练技艺；站墙子则日日如临大敌，有备无患。这些都是军队管理的基础。

同治年间，曾国藩调任直隶总督时，清廷安排他按照湘军的制度训练直隶绿营，曾国藩在给皇帝的奏折中也说湘军"营规只有数条，此外别无文告"。即使在李鸿章已经做了大帅时，曾国藩也一再叮嘱他要亲自点名、看操、站墙子。曾国藩也亲自这样做，给将士们做表率。这三样，就是所谓的湘军家法。

在行军过程中，湘军最重视的则是扎营。曾国藩规定，湘军每到一处安营，"无论风雨寒暑，队伍一到，立刻修挖墙濠"，要求一个时辰内完成。完成之前，绝对不许休息，也不许向太平军挑战。首先是挖沟，沟深一丈五尺，越深越好，上宽下窄。挖完沟后开始垒墙，墙高八尺，厚一丈。然后再在最外的一道壕沟之外，树上五尺的花篱木，埋在土中二尺，作为障碍。墙一道即可，沟需要两道或三道，而花篱则要五六层。为什么要下如此的笨功夫来修工事？用曾国藩的话说就是，"虽仅一宿，亦须为坚不可拔之计"（哪怕只住一个晚上，也要做好坚不可拔的打算）。这就是湘军所谓的"扎硬寨，打死仗"。

湘军这种扎营的笨功夫，实际上最早是跟对手太平军学的。但是后来太平军筑垒掘壕，一天比一天潦草；而湘军修垒掘壕，则一天比一天扎实。曾国藩发现这一现象以后非常高兴，认为从这一件事情上，就可以看出双方的力量消长：太平军大势已去，而湘军的胜利指日可待了。

的确，湘军的营规，看起来十分粗浅、简单，甚至给人以很笨的感觉，但却是实实在在、脚踏实地地抓住了治军的关键。正因为它是粗浅简单的，士兵才能易知易行，队伍才能训练有素。正是这些粗处、浅处，奠定了湘军战斗力的基础。用胡林翼的话来说："兵事不可言奇，不可言精，盖必先能粗而后能精，能脚踏实地乃能运用之妙，存乎一心。"用曾国藩的话来说：

治军总须脚踏实地，克勤小物，乃可日起而有功。

军队管理一定要脚踏实地，一步步地从一件件小事抓起，才能日积月累，见到成效。

所以曾国藩用人，特别喜欢用那些办事从浅处和实处着手的人。张运兰，字凯章，原来是王鑫手下的一个下级军官，因为做事扎实而被曾国藩一再提拔。有一次曾国藩安排张运兰与宋梦兰配合作战，他专门给宋梦兰写信说：

凯章办事，皆从浅处、实处着力，于勇情体贴入微。阁下与之共事，望亦从浅处、实处下手。

凯章这个人办事，都是从浅处、实处下功夫，对士兵的情况体贴入微。阁下您与他合作，希望也要从浅处、实处下手。

张凯章观察精细沉实，先行后言。阁下与之相处，似可将军中琐事一一研究，总以"质实"二字为主。以阁下之熟于乡土，凯章之老于戎行，又皆脚踏实地，躬耐劳苦，必能交相资益，力拯时艰。

张凯章这个人精明、细心、沉着、朴实。做事都是先做后说。阁下您与他相处，应该可以把军中的琐事一一加以研究，总之，要以"质实"两个字为主。凭借阁下您对于本地的熟悉、凯章经验的老到，再加上你们二位都脚踏实地、吃苦耐劳，一定能相得益彰，挽救艰难局面。

三、不行架空之事，不谈过高之理

曾国藩给曾国荃写信时也说：

古之成大事者，规模远大与综理密微，二者阙一不可。弟之综理密微，精力较胜于我。军中器械，其略精者，宜另立一簿，亲自记注，择人而授之。古人以铠仗鲜明为威敌之要务，恒以取胜。刘峙衡于火器亦勤于修整，刀矛则全不讲究。余曾派褚景昌赴河南采买白蜡杆子，又办腰刀分赏各将士，人颇爱重。弟试留心此事，亦综理之一端也。至规模宜大，弟亦讲求及之。但讲阔大者，最易混入散漫一路。遇事颟顸，毫无条理，虽大亦奚足贵？等差不紊，行之可久，斯则器局宏大，无有流弊者耳。

古代成就大事业的人，规模远大和综理密微两方面缺一不可。老弟你在综理密微方面的精力是超过我的。军中器械，稍微精良一些的，要另外建立一个账簿，亲自记录注明，选择适当的人授权使用。古人打仗，以铠仗鲜明威慑敌人，常常容易取胜。刘峙衡对于火器勤于修整，对刀矛却完全不讲究。我曾经派褚景昌去河南采买白蜡杆子，又置办了腰刀，分发给各将士，他们都很爱惜、喜欢。老弟你也可以试一试，留心这件事，这也是综理的功夫。至于说到规模要大，老弟你也要讲求这一点。但一说到大局面，最容易被混淆到散漫的方向上去，遇事漫不经心，毫无条理，局面再大又有什么稀罕呢？做事分清轻重缓急，有条不紊，才是长远之道。这样才可以保证局面宏大，却没有弊端。

曾国藩认为，最忌讳的就是高谈阔论，而全无实际："侍近恶闻高言深论，但好庸言庸行。虽以作梅之朴实，亦嫌其立论失之高深。"（我近来很厌恶听到那些高谈阔论，只喜欢听实实在在的平实之论。虽然作梅这个人很朴实，但我还是觉得他立论过于高深了。）陈作梅即陈鼐，是曾国藩的心腹幕僚之一，为人非常朴实，曾国藩却仍觉得他太喜欢高谈阔论。曾国藩对空谈的敏感，可见一斑。

曾国藩在解释什么叫"实"时说：

实者，不说大话，不好虚名，不行架空之事，不谈过高之理。

什么是实？实就是不说大话，不求虚名，不做虚浮无根的事情，不谈不着边际的道理。

所以在他看来，"天下事知得十分，不如行得七分"（天下之事，与其空说到十分，还不如实做到七分）。"知一句便行一句，此力行之事。"（知道一句就做到一句，这就是实力践行的功夫。）李元度以书生的身份领兵打仗，曾国藩对他很不放心，一再叮嘱他禀报军情应当翔实，不要"空说吉祥语"。咸丰十年三月，李元度奉命前往防守徽州，曾国藩与他约法五章，其中第一条就是要他"戒浮"，也就是"不用文人之好大言者"。

管理本身就是一种实务，管理要回归到最基本的元素上，这也就是曾国藩所说的"军事是极质之事"，也就是胡林翼所说的"能粗而后能精，能脚踏实地才能运用之妙，存乎一心"。如果一个组织，连粗浅简单的东西都做不好，这样的组织，表面再唬人，也是要出问题的。

甲午战争之前，清政府从德国等国那里购进了大量的军舰，建成了一支号称世界第八、亚洲第一的北洋水师，其中的"定远""镇远"两舰都是排水量达七千四百吨的铁甲舰，也是亚洲仅有的两艘铁甲舰。日本军国主义早就视北洋水师为眼中钉，但因为国小力弱，买不起像"定远""镇远"这样的铁甲舰，只能在法国工程师的指导下，造了三艘排水量在三千吨到五千吨的军舰，命名为"三景舰"，以对付"定远"和"镇远"。

即使是这样，日本人对于能否打败北洋水师依然没有信心。但是后来的一件事情让日本人意识到自己可以打败北洋水师，那就是当北洋水师到日本访问，日本海军按照惯例上舰参观时，在北洋水师战舰的主炮上，竟然发现了北洋水师士兵晾晒的衣服。主炮是海军最神圣的东西，怎么能允许在上面晾晒衣服呢？日本人由此得出结论：北洋水师内部的管理极其混乱。果然，甲午海战打响后，北洋水师几乎在每一个环节上都出现了问题，整个作战体系很快就陷入崩溃。甲午海战的结局我们都知道了：北洋水师全军覆没，而日本海军一舰未沉。从硬件上来说北洋水师并不输于日本海军，甚至在其之上，差的就是实实在在的管理。

抗日战争结束的时候，国民党第三十二集团军的总司令李默庵上将担任了中国战区日军的受降工作。作为一名跟日本人打了八年仗、对侵华日军的血腥暴行记忆犹新的中国军人，李默庵的心情非常复杂，一方面他对侵华日军是切齿地痛恨；但另一方面，在受降的过程中，他也产生了很多的感叹。被解除武装的日本侵华军人在回国的途中，始终以正规的队列行进，丝毫没有出现紊乱的现象，也没有什么事故发生。日军在缴械的时候，将所有武器，包括重机枪、车辆及自佩武器都擦拭得干干净净，并将人员、马匹、武器、弹药、被服、袋具、车辆等物资全部登记造册，交给中国军人，所有的数字都是清清楚楚的。李默庵非常感慨地说：日本人好像不是在投降，而是在办理移交。他后来在回忆录中写道：

> 对当时的这一切我至今印象深刻，并颇有感受。透过日军缴武器这个细节，可以看到日军平素的军队管理和训练是严格的，由此也可以看到一个民族的精神面貌。当时我就想，他们的纪律如此严整，行动如此一致，将来如果领导正确，必是一个可以发挥无限潜力的国家。

饱受日本侵略之苦的中国人，对日本往往抱有一种复杂的情感，但是我们也不得不承认，日本在许多方面确实值得我们学习。我们平常讲追求卓越，很多组织其实就是说说而已，而日本人对于卓越的追求，不是几个人、一时一地的追求，而是整个民族几十年、上百年持续地、整体性地追求。做好每一件事、做好每一个环节、做到精细的地步，已经成为日本民族性的一部分。由此我们也可以理解为什么数十年来日本的产品都是质量的代名词，而这一点，恰恰是许多中国企业的弱项。如果对于任何产品都抱着一种"差不多就行了"的心态，差不多，就差了很多。

湘军选人、做事都是实实在在的，由此形成了一种非常朴实的文化。曾国藩曾说：

> 楚军水、陆师之好处，全在无官气而有血性，若官气增一分，则血性必减一分。

> 湘军水师、陆师，最大的好处就是实实在在，没有虚伪的东西、摆架子的东西、面子上的东西。有的只是一种朴素的、实实在在的血性。摆架子的东西多一分，实实在在的东西就会少一分。

曾国藩警告说："历岁稍久，亦未免沾染习气，应切戒之。"时间长了，任何组织都会不可避免地沾染上衙门习气，这是要切切警惕的，因为正是这种习气会掏空一个组织的基础。他还说：

> **我楚师风气，大率尚朴实，耐劳苦。老湘营恪守成法，故声名历久不衰。**

我湘军的文化，大致说来就是六个字："尚朴实，耐劳苦"（实实在在，吃苦耐劳）。老湘军恪守这样的原则，所以能够基业常青。

"尚朴实，耐劳苦"，可以说这就是湘军战斗力的来源。湘军靠什么打胜仗？靠的就是这种牢固的、实实在在的文化。

曾国藩的管理风格，表面上看去，好像给人一种很笨的感觉，但是非常扎实，这就如同垒水库的大坝一样，垒一层土就夯实，垒一层土就夯实，非常慢，但是一旦垒起来，再大的洪水都冲不垮。你也可以一夜之间就用推土机推出一个大坝来，但洪水一来，就会被冲得一干二净。

当年与曾国藩一样练团练的，还有几十位大臣，曾国藩其实只是这几十位团练大臣中的一员，为什么其他人练的团练很快就都销声匿迹了，甚至连名号都没有留下来，唯独曾国藩的湘军成就了事业？因为没有人肯下曾国藩这样的笨功夫，或者说实实在在的功夫。这种表面笨拙的功夫，恰恰是他的过人之处。

治军如此，管理也是如此。柳传志曾经解释自己为什么如此强调管理基础："我为什么这么强调管理基础，是因为经营环境总会发生变化，不管是因为竞争对手还是其他原因。关键时刻就看得出管理基础打得扎不扎实了，令旗一举，三军能动，有章有法；打了败仗，队伍阵脚不乱。这是功力。"

联想控股的企业文化是八个字：求实进取，以人为本。柳传志解释这八个字的时候专门强调说"求实"尤为重要，"我们把'求实'放在一个非常高的高度，为什么呢？因为在中国现在这个情况下，求实是一件很困难的事情""求实要真正做到，很不容易"。

四、惟天下之至拙，能胜天下之至巧

曾国藩所说的这个"实"字，除了选人、做事，还体现在他待人接物的真心实意、坦诚相待上。

李瀚章曾经对曾国藩有这样一段评价："推诚布公，不假权术，故人乐为之用。"（曾国藩这个人一片真诚，一片公心，从来不跟下属玩弄权术，所以人人都乐意为他所用。）

曾国藩曾经说过一句话：

驭将之道，最贵推诚，不贵权术。

诚心诚意地对待别人，渐渐地就能使他人为我所用。即使不能让他们全心全意地为我效力，也必然不会有先亲近而后疏远的弊端。光用智谋和权术去笼络别人，即使是驾驭自己的同乡都是无法长久的。

曾国藩早年带兵的时候，也曾经想用一些权术，但是后来发现效果并不好。于是他开始反思：人为什么要玩弄权术呢？

人之所以欺人者，必心中别著一物。心中别有私见，不敢告人，而后造伪言以欺人。若心中不著私物，又何必欺人哉？

人之所以玩弄权术，一定是因为有私心杂念。有了私心杂念，不敢告诉别人，所以只好编造假话来欺骗人家。如果心中没有私心杂念，又何必欺骗别人呢？

要知道天下并没有真正的傻子。能在一件事上玩弄权术，却不可能在每件事上都玩弄权术。玩弄权术的人可能得逞于一时，却不可能永远得逞。想靠着自己的权术来用人，殊不知这个世界上并没有真正的愚人。以权术来驾驭他人，只能驾驭那些一般的人才，而真正的人才都是有自尊心的，他们最讨厌的就是受人愚弄。所以从长远来看，玩弄权术的人是得不到真正的人才的。

领导者玩弄权术会带来一个严重的问题：一旦领导对下属使用权术，下属便不知道你的真实想法是什么，也就不敢跟你说实话，于是上上下下就会开始猜忌。而一个组织一旦陷入猜忌之中，这个组织就要出问题了。曾国藩说：

祸机之发，莫烈于猜忌，此古今之通病。败国、亡家、丧身，皆猜忌之所致。

引发灾祸的各种因素中，没有比猜忌更惨烈的，这是古往今来管理上的老毛病了。一个国家的失败、一个家族的灭亡、一个人的离世，往往都是相互猜忌所导致的。

在曾国藩看来，既然这样，还不如一开始就与下属坦诚相待、一片真心。他对曾国荃讲：

吾自信亦笃实人，只为阅历世途，饱更事变，略参些机权作用，把自家学坏了。实则作用万不如人，徒惹人笑，教人怀憾，何益之有？近日忧居猛省，一味向平实处用心，将自家笃实的本质，还我真面，复我固有。贤弟此刻在外，亦急需将笃实复还，万不可走入机巧一路，日趋日下也。纵人以机巧来，我仍以含混应之，以诚愚应之。久之，则人之意也消。若钩心斗角，相迎相距，则报复无已时耳。

我自认为也是笃实之人，只是因为看惯世道人心，饱经世事变迁，稍稍加了些权谋的手段，让自己学坏了。其实效果根本就不尽如人意，白白惹人笑话、令人遗憾而已，有什么用呢？近来丁忧在家，突然明白了过来，一心一意向平实之处用心，恪守自己笃实的本质，还我本来的面目，复我固有的品德。老弟你现在在外带兵，也迫切需要将笃实的面目恢复过来，千万不要走上投机取巧的道路，导致自己一天天地衰落下去。即使他人带着试探猜测的心计而来，我仍以浑含混沌来应对，以朴诚愚拙来应对。时间一长，他人的试探猜测自然也就消除了。如果钩心斗角，你来我往，那么报复起来，就没有穷尽的时候了。

曾国藩曾经说过一句话：

> **惟天下之至诚，能胜天下之至伪；惟天下之至拙，能胜天下之至巧。**

这句话，对于我们理解曾国藩的领导理念非常关键。在这里，曾国藩把领导力分成了三个不同的层次。

第一个层次，就是所谓的"诚""拙"，就是比较实在，没有心眼。就像一个组织刚刚开始创业的时候，大家都没有太多的心眼，都想把事情做好。但慢慢地就会出现一些心眼比较活的人、会玩弄权术的人、会投机取巧的人、会专讨领导欢心的人，也就是"伪"和"巧"之人。这些玩心眼的人，就会得到利益、捞到好处。而那些没有什么心计的人，就会吃亏。但其他人也不傻，因为发现谁会玩心眼谁就能得到好处，慢慢地大家就都会效仿这种做法，都开始玩心眼，都开始比谁更会玩心眼，于是一个组织也就开始了钩心斗角，你来我往，花样百出，层出不穷，到了所谓"至伪""至巧"的地步。一个组织到了这个份上，离灭亡也就不远了。因为组织已经不是把精力用在对外的运筹帷幄上，而是用在内部的钩心斗角上，用在内耗上。这样的组织内部已经没有办法合作，这样的组织再大，早晚也会出问题。

怎么从这种困境中摆脱出来呢？在曾国藩看来，只能用"至诚""至拙"。所谓的"至诚""至拙"，就是我知道怎么玩心眼，但我不来这一套，不玩这些东西，你也不要跟我玩这些东西，我上来就真心实意、光明磊落、坦诚相待，我也希望你能真心实意、光明磊落、坦诚相待，否则的话就请你出局。

管理的最高境界，是打造一个坦诚的沟通环境。如果说"伪""巧"只是小聪明，那么"诚""拙"才是大智慧。

从"至伪""至巧"到"至诚""至拙"，需要组织文化的极大突破，需要一个脱胎换骨的过程。许多组织是没有办法完成这一步的，这就是组织无法成就卓越的根本原因。怎么形成这种突破呢？没有别的办法，一定要从领导者自身做起，从领导者自己放下心机、摘掉面具、推心置腹地待人开始。所以曾国藩说：

真心实肠，是第一义。凡正话实话，多说几句，久之人自能共亮其心。

跟下属相处，真心实意、坦诚相待，是第一条原则。凡是正话实话，多说几句，时间长了，人家自然会体会到你的苦心。一开始下属不相信，领导会跟我这样说话吗？会跟我说这样的话吗？你不断地说，反复地说，慢慢他也就能够体谅到你良苦的用心了。所以曾国藩说：

人以伪来，我以诚往，久之则伪者亦共趋于诚矣。

人和人之间的相互信任是很困难的，人都会有防范之心，都会戴面具。别人戴着面具来，我诚心诚意地回应；别人戴着面具来，我再诚心诚意地回应。时间长了，那些戴面具的人也就会慢慢放下面具，敢跟你说实话了，彼此之间也就慢慢形成一种良性的互动，形成一种相互信任、坦诚相见的关系了。

其实，这个世界上，有谁真正愿意戴面具呢？谁不愿意有一种坦荡、痛快、相互信任的组织环境呢？就看领导者能不能创造出这样一种文化来。曾国藩说："诚至则情可渐通，气平则言可渐入。"（只要你诚心诚意，人和人之间情感的隔阂，是可以渐渐打通的。只要你心平气和，你所说的话，别人慢慢是可以听进去的。）

曾国藩对下属的要求，也是一个"诚"字。他说：

> 凡道理不可说得太高,太高则近于矫,近于伪。吾与僚友相勉,但求其不晏起、不撒谎二事,虽最浅近,而已大有益于身心矣。

凡是道理都不可以说得太大,太大就近乎做作,近乎虚伪。我与幕僚们互相勉励,只求其能做到"不晚起、不撒谎"两件事。虽然都是最浅近的小事,但对于修身养性已经是大有益处了。

当年李鸿章初入曾国藩幕府时,生活习惯懒散,不愿早起,还装病多睡。曾国藩严肃地跟他讲:"少荃,既入我幕,我有言相告。此处所尚,惟一'诚'字而已。"说完拂袖而去,李鸿章"为之悚然",从此以后再也没有犯过这个毛病。

在曾国藩的身体力行和激励之下,湘军确实形成了一种坦诚相待、相互信任、相互支持的文化。用曾国藩的话说,就是"呼吸相顾,痛痒相关,赴火同行,蹈汤同往,胜则举杯酒以让功,败则出死力以相救",就是"齐心相顾,不曾轻弃伴侣。有争愤于公庭,而言欢于私室;有交哄于平昔,而救助于疆场。虽平日积怨深仇,临阵仍彼此照顾;虽上午口角相商,下午仍彼此救援"。这是一个让人身处其中会感到非常坦荡痛快的组织。毫无疑问,这样的组织,一定会形成超常的吸引力和凝聚力,并最终转化成惊人的战斗力。曾国藩在分析湘军成功的原因时认为,其靠的就是这种"拙""诚"的功夫。

对于领导者来说,最大的挑战莫过于建立一种像湘军这样的坦诚的文化。杰克·韦尔奇曾直截了当地说,"缺乏坦诚是商业生活中最卑劣的秘密""缺乏坦诚精神会从根本上扼杀敏锐创意、阻挠快速行动、妨碍优秀的人们贡献出自己的所有才华。它简直是一个杀手"。

杰克·韦尔奇在担任 GE 的 CEO 之后,在 GE 中大力推广的便是"坦诚"的文化。他说:"我一直都是'坦诚'二字强有力的拥护者。实际上,这个话题我给 GE 的听众们宣讲了足足 20 年。"在杰克·韦尔奇看来,坦诚之所以能够引导企业走向成功,主要通过以下三种途径:

> 首先,坦诚将把更多的人吸引到对话之中。……大家会敞开心扉、互相学习。任何一个组织、单位或者团队,如果能把更多的人和他们的头脑吸引到对话当中,马上就能够获得一种优势。
>
> 其次,坦诚可以推动速度的加快。大家一旦把想法开诚布公地表达出来,就能够迅速地展开争论,进行补充和改进,然后予以落实。
>
> 最后,坦诚可以节约成本,而且是节约许多成本。……可以想到的是,有了坦诚精神之后,我们可以少开多少形式主义的会议,少费多少精力去完成大家都已经知道结果的报表。再想一想,有了这样的精神,在探讨公司战略、新产品或者个人业绩表现的话题时,我们就可以少做多少用心良苦的幻灯片,少做多少令人昏昏欲睡的演示,少开多少乏味的秘密会议,而用简单真实的对话取而代之。[1]

杰克·韦尔奇甚至把坦诚精神视为企业取胜的关键性因素。在他看来,坦诚精神并不能一蹴而就,它需要年复一年地坚持下去。GE 便是花了近十年的工夫,才使得坦诚精神成为理所当然的事情。而在这一过程中,领导者必须鼓起勇气,从自己开始,坦诚地面对所有的人。只有领导者自身保持高度的坦诚,把这种精神充分展现出来,证明给大家看,才能真正建立一种坦诚的文化。

五、不自欺,不欺人

在曾国藩看来,坦诚以待,本身就是领导者修养的需要。他说:

---

[1] 〔美〕杰克·韦尔奇、苏茜·韦尔奇. 赢 [M]. 北京:中信出版社,2005:15—17.

> 豪杰之所以为豪杰，圣贤之所以为圣贤，便是此等处磊落过人。能透过此一关，寸心便异常安乐，省得多少纠葛，省得多少遮掩装饰丑态。

豪杰之所以成为豪杰，圣贤之所以成为圣贤，其实就是在这些地方磊落过人。如果能攻克这一关，内心便会异常安稳快乐，省掉多少纠结，省掉多少遮掩装饰的丑态！

曾国藩对自己的评价是："生平短于才，爱我者或谬以德器相许，实则虽曾任艰巨，自问仅一愚人，幸不以私智诡谲凿其愚，尚可告后昆耳。"（我生平最欠缺的就是才略。爱我之人，有时会错误地把我作为道德修养和才华学识的标杆。其实我自问就是一个愚人而已。幸亏我从来没有用私心权谋来掩盖自己的愚昧，这是我还可以骄傲地给后来之人讲的。）

胡林翼对曾国藩也有一番评价："吾于当世贤者，可谓倾心以事矣，而人终乐从曾公。其至诚出于天性，感人深故也。"（我对于当世的人才，可以说是恨不得掏出自己的心来给人看，唯恐有做得不周到的地方。但是人家最终还是乐于追随曾公。这是因为他的至诚出于天性，所以具有一种打动人心的力量啊。）

在当时的著名人物中，曾国藩可能并不是最聪明的，但他不自作聪明，不自欺，不欺人。不高估自己的智商，不低估别人的智商，以一片坦诚之心待人。他以自己真诚的品格赢得了下属无条件的信任，而信任正是领导力的前提与基石。

胡林翼是一个远较曾国藩聪明的人，他早期的弱点，在于不免聪明过头了。左宗棠对他的评价就是"喜任术，善牢笼"，也就是喜欢用手段来笼络别人。当年为了笼络湘军大将李续宾、李续宜，胡林翼可以说是用尽了苦心，但由于做得太过，反而引起李续宜的怀疑，李续宜曾私下对曾国藩说："胡公待人多血性，然亦不能无权术。"（胡公待人一片血性，但还是在我们身上用了一些权术。）曾国藩替胡林翼解释说："胡公非无权术，而待吾子昆季，则纯出至诚。"（胡公并不是没有权术，但对于你们兄弟两个，则纯粹是出于至诚。）李续宜笑着回应说："然，虽非至诚，吾犹将为尽力也。"（您说得对，不过即使他不是出自至诚，我们也会为他尽力的）。

李续宜的话引起了曾国藩的深思，以致他专门告诫过李鸿章："闻渠于阁下不满处在'权术'二字，昔年希庵不满于胡文忠，亦在此二字。"（我听说他①对你的不满处就在于"权术"这两个字，过去李续宜不满胡林翼，也在于这两个字。）

不过，胡林翼知道自己的缺点后，有了很大的改进。曾国藩认为胡林翼在这方面进步是非常大的：

润公聪明，本可霸术。而讲求平实，从日常行事以见至理。开口皆正大之语，举笔则正大之文。不意朋辈中进德之猛，有如此者。其于朋友，纯用奖借，而箴规即寓乎其中。有权术而不屑用，有才智而不自用。有如此襟怀气局，岂与仓猝成功名、权宜就事会者比哉！

胡公人极为聪明，本来是可以走上用霸术之路的。但他讲求平实，从日常的行事之中，体现出最高明的道理来。一张口，说的都是光明磊落的话语；一落笔，写的都是光明磊落的文字。没有想到朋友辈中德行进步之快，能达到这个地步。他对于朋友，用的全是称赞推许，而规劝之意则包含在其中。有权术而不屑于使用，有才智而不予智自雄。有如此的襟怀、气度、格局，哪里是仓促侥幸得以成功、暂时权变以成事者所能比的呢？

选人也好，办事也好，待人也好，从曾国藩和胡林翼这两位湘军领袖身上，可以看得很清楚：真正的领导力的核心，不在于权谋，而在于坦

---

① 指淮军名将刘铭传。

诚。美国学者詹姆斯·库泽斯和巴里·波斯纳曾经在世界范围内做过多次名为"受人尊敬的领导者的品质"的调查，每次都有百分之八十以上的人选择了"真诚"。"真诚"在所有的调查中差不多都是占据第一名的位置。

在管理中，真实是一种大德，聪明则只能是一种小技。一个"实"字，恰恰是曾国藩能够最终成就"中兴名臣之首"大业之根本所在，恰恰是一种人生的大智慧。

第九讲 暇

一、此心必常有休暇之致

"暇"是什么?"暇"就是安详、从容、不慌不忙、不急不躁。这是做大事的人必须拥有的一种心态。

湘军名将王鑫在谈到养心、治心之道时说:

> 试观古今来能胜大任者,虽身极劳,心极忙,此心必常有休暇之致。故万汇杂投,应之绰有余裕。盖暇则静,静则明自生;休则通,通则灵机常活。明与灵,吾心所恃以酬万事者也。

你看古往今来能担当大任的,虽然身体非常劳累,内心非常繁忙,但他的心里一定常常会有一种自如安闲的意味。这样应付起各种各样的事情来才会得心应手。因为自如才能平心静气,平心静气才能把问题看得明白。安闲才能见解深刻、说理透彻,见解深刻、说理透彻才能有活跃的灵感。明白与灵感,这就是领导者心中赖以处理种种事情的关键。而"明"与"灵",靠的就是一个"暇"字。

王鑫认为，养心、治心与带兵打仗，其实是一个道理，同样也需要这种"暇"的从容意境：

> 大抵治兵与治心，事虽异而理则同。……天下事，坏于玩愒者固多，坏于张皇者实亦不少。镇静二字，实任重致远、酬酢万变之本。几须沉，乃能观变；神必凝，方可应事。若纷纷扰扰，不惟自损，且负国负民矣。

大致说来，带兵打仗与养心、治心，事情虽然不一样，但道理是一样的。天下大事，固然有一些是因为当事者玩忽懈怠而失败的，但因为张皇失措而失败的也实在不少。镇静这两个字，实在是担当大任、成就宏业、应付各种变化的根本。只有内心沉静的人，才能捕捉到变化中的那些细微征兆；只有精神专注的人，才能处理好纷繁复杂的大事小情。如果心中纷纷扰扰，不仅有损于自己，也会有负于国家和民众。

古人讲"修为"，最重视的就是"治心"的功夫。在管理的过程中，心态起着至关重要的作用。所谓"心平气和""心浮气躁"，心平才能气和，心浮必然气躁。

领导者都很忙，什么叫"忙"？"心亡"为忙。慌里慌张、心中没有方寸，这是领导者的大忌。所谓的"暇"，就是要在从容不迫、内心平静中稳稳地去做，把握好节奏与心态，做到人忙心不乱，这样才能把事情做好。

曾国藩也非常重视这个"暇"字。李续宾是曾国藩非常欣赏的一员湘军名将，曾国藩给曾国荃写信时曾说：

> 李续宾用兵得一"暇"字诀。不特平日从容整理，即使临阵，也回翔审慎，定静安虑。

李续宾这个人打仗很厉害，就是因为他把"暇"这个字悟透了、用好了。他不但平日里从容不迫，就是打起仗来，也是悠闲自适，仔细慎重，真可谓做到了"定静安虑"。

曾国藩这里所说的"定静安虑"，出自儒家的经典《大学》，所谓的"定而后能静，静而后能安，安而后能虑，虑而后能得"，意思就是意志坚定（所谓"定"）则心不妄动（所谓"静"），心不妄动则从容安详（所谓"安"），从容安详则思虑周到（所谓"虑"），思虑周到则可以完成事业（所谓"得"）。"虑""得"的前提是什么？是"定""静""安"。而"定""静""安"都是对心的掌控。一个人做事的水平取决于什么？取决于内心的修炼。治心是治事的前提。所以曾国藩说：

定、静、安、虑、得，此五字时时有，事事有。离了此五字，便是孟浪做。

"定""静""安""虑""得"这五个字，要时时坚持，事事坚持。离开了这五个字，那就是鲁莽草率地做事，是一定会出问题的。

领导者要处理各种各样的事情，其面临的挑战，往往一是压力大，二是事情杂，三是头绪多。这些都会对领导者的心态造成负面的影响，从而使领导者陷入急躁之中，因此在决策上也很容易做出草率的选择。实际上，领导者在面对问题的时候，当然不能消极拖延，而是要积极应对，但也一定要从容不迫，谋定后动。张皇失措，草率应对，在缺乏整体和深入思考的情况下就贸然地采取行动，这是不可取的。没有看清、想清行动可能带来的系统性后果，所采取的行动往往也就不可能是系统性的解决方案，反而很容易忙中出错，因为虑事不周而把事情搞砸。从这个意义上说，鲁莽、草率的行动，并不能提供解决问题的方案，反而只能造成更多的问题。

二、世事多因忙里错，且更从容

曾国藩曾经赠给郭嵩焘一副对联：

好人半自苦中来，莫图便益；世事多因忙里错，且更从容。

这是一副十分精彩的对联：一个人的成就，往往是在下一番苦思苦行的苦功夫后才会取得的，没有那么多轻易就可以做成的事情，视事太易、草率应对往往是要出问题的；世上万事，大多是因为忙中出错，所以遇事一定要冷静地分清轻重缓急，看清利害得失再下手，因此还是要更加从容不迫一些才行。

曾国藩为什么要给郭嵩焘写这样一副对联呢？郭嵩焘这个人性格最大的特点就是"性近急遽"（性格比较急躁，遇事都是急于想把事情做成），这样反而最容易坏事。

郭嵩焘，号筠仙、云仙，是晚清著名的思想家和政治家，也是湘军中的重要人物，与曾国藩是至交。郭嵩焘本人的起点非常高，他是翰林出身，在京做官时得到肃顺的赏识。肃顺是咸丰年间的权臣，是咸丰皇帝最后几年最信任的人。肃顺很欣赏郭嵩焘，专门把他推荐给了咸丰皇帝。咸丰皇帝也非常喜欢郭嵩焘，命他入值南书房。南书房是皇帝读书的地方，实际上是皇帝的私人咨询机构，入值南书房就意味着可以经常见到皇帝，入奏军国大事。一般来说，凡是能入值南书房的人，最终的发展都是非常好的。咸丰皇帝对郭嵩焘的期望也很高，跟他讲："南书房也没有那么多的笔墨之事要你做，我让你在南书房，其实也不是为了办理笔墨之事，你要好好读有用之书，立志做有用之人，以后我还要让你出去办理军务。"

1859年，咸丰皇帝派郭嵩焘到天津随僧格林沁帮办防务。大清王朝是满蒙联盟，而僧格林沁是蒙古亲王，地位很高，资历很老，连咸丰皇帝都让他三分，因而僧格林沁根本没有把郭嵩焘这样一个南方来的年轻书生放在眼里，对他很是冷淡。郭嵩焘文人气比较足，再加上认为自己是皇帝亲派的，并且皇帝明确表明他与僧格林沁是"平行"的关系，而不是"随同效用"，所以很咽不下这口气，两个人一开始就闹得很不愉快。

这年冬天，咸丰皇帝又派郭嵩焘到山东烟台等处查办隐匿侵吞贸易税收的案子。烟台这个地方自古贸易发达，但税就是收不上来，这其中自然有问题。郭嵩焘善于理财，所以皇帝专门派他到山东查税。僧格林沁也派了自己的心腹李湘棻作为会办随行，实际上是监督郭嵩焘的。

虽然郭嵩焘并没有"钦差"的名号，但所到之处，大大小小的官员都知道他是皇帝身边的红人，因此准备了最好的公馆、最好的礼物、最好的宴席，一定要隆重接待他。然而郭嵩焘向来清廉，他规定"不住公馆""不受饮食"，更不接受礼物。这一下子破坏了官场的潜规则，地方官员一个个非常尴尬，随行的官员对他也怨气十足。但是郭嵩焘的身份在那里，谁都拿他没有办法。

郭嵩焘到山东烟台时，已经是后半夜的两点钟了，烟台知府和福山知县毕恭毕敬地在凛冽的寒风中恭候他。郭嵩焘到达后很快就开始查案，并且很快就查明了真相。他发现当地从县官到普通差役几乎人人贪污税款，而且税外勒索严重到了惊人的地步，甚至超过正税四倍之多。

为了尽快解决自己发现的问题，郭嵩焘立即采取各种措施，大力整顿税务，堵塞漏洞，并开始设厘金局，抽取厘金。这样一来就极大地影响了当地那些大小官吏的利益，他们对郭嵩焘自然是恨之入骨。问题是郭嵩焘设局抽厘，又增加了新的税收名目，自然也引起当地商人的不满。而郭嵩焘开办厘局的负责人（当时叫绅董），也只能用当地人，这些人本身也不干净。结果厘局刚刚成立不久，那些利益受损的官员就挑动商人闹事，捣毁了厘局，并打死新任的绅董，引发了一场骚乱。

正当郭嵩焘认为自己这次税务整顿大有成效、为朝廷增加了税收、应该是有功于朝廷的时候，突然接到朝廷以他在山东办事不妥、交部议处的通知。原来，僧格林沁派出的李湘棻一直在暗中监视郭嵩焘的举动，郭嵩焘开设厘局后，李湘棻便向僧格林沁报告说：此等大事，郭嵩焘竟然根本没有与他这个会办商议，便独自决定。这让原本就认为郭嵩焘目中无人的僧格林沁大为光火，认为不与自己派去的会办通气，就是不把自己放在眼里，于是便以郭嵩焘未与会办李湘棻同办、未与山东巡抚文煜面商便派绅董设局抽厘以致民变为由，给皇帝写了奏折，弹劾郭嵩焘，明确指出之所以出现问题，就是由郭嵩焘"办事操切"导致的。山东巡抚文煜则因为郭嵩焘在查税的过程中很少跟他沟通协调，对郭嵩焘也非常不满，所以自然也站在僧格林沁一边。

咸丰皇帝一看，两个大员都说是你的问题，那你就回京吧！郭嵩焘只好停止查税，离开山东，回到北京。郭嵩焘知道这一走，两个月所做的一切都会化为泡影，所以内心非常悲凉，用他自己的话说，就是"虚费两月搜讨之功""忍苦耐劳，尽成一梦"。在郭嵩焘回京的路上，他发现所有人对自己的脸色都变了。人人都知道他回京要受处分，所以对他都十分冷淡，与来的时候形成了鲜明的对比。

回到北京后，郭嵩焘很快就受到了一个"降二级调用"的处分，这说明他实际上已经受到了咸丰皇帝的冷落。又过了几个月，不安于位的郭嵩焘被迫称病辞职回家。这是郭嵩焘第一次丢官。

官场上的关系是非常复杂的，郭嵩焘不注意协调各方的关系，认为自己只要一心为国，便可以不管不顾，以雷厉风行的行为急切行之，就可以毕其功于一役，把问题解决，结果不但没有解决问题，反而连自己的前程都搭了进去。

郭嵩焘在家乡过了两年的赋闲生活后，1862年，当时刚任江苏巡抚不久的李鸿章非常需要有人帮他理财，而郭嵩焘有善于理财之名，李鸿章和郭嵩焘的关系又非常好，所以在李鸿章的大力举荐下，郭嵩焘再度出山，担任了苏松粮道，不久又升任两淮盐运使。曾国藩在得知李鸿章要用郭嵩焘时，专门给他写了一封信，提醒他说，你要用郭嵩焘可以，但是要注意一点：

筠仙性情笃挚，不患其不任事，患其过于任事，急于求效。

郭嵩焘这个人性情真诚执着，不要担心他不尽心做事，而要担心他过分勇于做事，急于看到成效。

在曾国藩、李鸿章的全力支持下，郭嵩焘在两淮的理财工作进展得还是非常顺利的，甚至可以说是成效卓著。这也让曾国藩对郭嵩焘刮目相看。

1863年，曾国藩为了解决湘军的后勤问题，计划在富裕的广东开办厘局。要想做成这件事必须满足两个条件：一是主事之人必须是自己人，二是主事之人必须会理财。郭嵩焘恰恰符合这两个条件。因此曾国藩就请两广总督毛鸿宾出面，保荐郭嵩焘升任了署理广东巡抚。毛鸿宾虽然是山东人，但他是曾国藩的同年，以前也做过湖南巡抚，与曾国藩的关系非常好，毛鸿宾的两广总督一职，其实就是曾国藩推荐的，因此毛鸿宾向来被认为是湘军人物。

郭嵩焘到了广东以后，非常清楚自己的任务，就是要替湘军解决财政问题。他也决心有一番作为，以报曾国藩的知遇之恩。但郭嵩焘开始时有些尴尬，因为他这个巡抚毕竟还只是个署理巡抚。放手做吧？名分上不太合适，有越权之嫌，容易引起恩主毛鸿宾的反感。不去做吧？又有负曾国藩的苦心，有负朝廷的安排。

想来想去，干脆就放胆去做。于是便露出他的本色，在广东开办厘局，力行劝捐，手段十分凌厉。结果因为求治太急，竭泽而渔，搞得广东的商人怨声载道，很多人开始骂总督毛鸿宾和巡抚郭嵩焘，有人还写了一副嵌字联骂两人："人肉吃完，唯余虎豹犬羊之廓；地皮刮尽，但余涧溪沼泽之毛。""廓""郭"谐音，骂的自然是郭嵩焘；"毛"则是直指毛鸿宾。

毛鸿宾一看不好，便开始把责任推到郭嵩焘头上。当时郭嵩焘一急，说了一句丑话："曾国藩荐人无数，就错荐了一个毛鸿宾！"这就犯了大忌：你要知道自己是谁推荐的呀！曾国藩第一个就不高兴了，回了一句：

"毛鸿宾一生荐人无数,就错荐了一个郭嵩焘!"此言一出,闻者无不大笑。结果郭嵩焘在广东期间,搞得焦头烂额,最后又与老朋友左宗棠因为太平军进入广东的事情发生了龃龉。在错综复杂的种种矛盾之中,郭嵩焘东一榔头、西一锤子,却左支右绌,仅仅三年的工夫,又被解职回家。

郭嵩焘做广东巡抚时,曾国藩曾经写信给李瀚章,请他劝劝郭嵩焘,"筠帅锐于任事,而颇涉躁急。近日军务方殷,能劝其镇定应之,则善矣"(郭嵩焘这个人一心想做成事,但性格很急躁。近来军情紧急,如能劝他镇静应对,那就太好了)。可惜郭嵩焘听不进去,最终还是出了问题。

三、凡遇事须安详和缓以处之

在管理学中,有所谓"A型人格"的概念。郭嵩焘就是一个典型的A型人格的人。A型人格的特点,总是在不断地驱动着自己要在最短的时间内做成最多的事情,并往往倾向于对阻碍自己工作的其他人或事情进行攻击。A型人格的人往往处于高度焦虑的状态。他们不断地给自己施加时间上的压力,总为自己规定最后期限。这样的特点导致了一些具体的行为结果,比如他们更重视速度,他们的决策往往是欠佳的,因为他们往往过于急躁。面对问题,他们很少花专门的时间去研究和拿出具体的解决方法来。

A型人格的人,在一开始可能会表现出很多理想的特质,像工作积极性高、能力强、富于进取、成功的动机强等。但在企业和组织中,晋升机会常常给了那些睿智而非匆忙、机敏而非敌意、有创造性而非有好胜心的人,因而后者才是组织中真正优秀的领导者。真正优秀的领导者,其为人、处事、管理,都是建立在一种心平气和的基础之上的。

佛祖曾经有过一位弟子,名叫"二十亿耳"。这位弟子因为用心太切、用功过度,不但没有证得圣果,身体反而出了问题,所以他想放弃学习。

佛祖问他:"你还没有跟我学道以前是做什么的?"

二十亿耳回答："弹琴。"

佛祖："你弹琴时，如果弦调得太松，会怎么样？"

二十亿耳："发不出声来。"

佛祖："如果弦调得太紧，又会怎样？"

二十亿耳："会断掉。"

佛祖："那么应该怎么做？"

二十亿耳："不紧不松。"

我们看，做事的节奏也应该是不紧不松的，人生的过程也应该是不紧不松的，在不紧不松中，才能达到最佳的境界。

曾国藩曾经自己反思说：

> 近日之失，由于心太弦紧，无舒和之意。以后作人，当得一"松"字意味。

"松"，就是"暇"。人生必须有追求，但人对于所追求的目标不能过于执着。人生的最佳境界应该是顺应自然的节律，保持心灵的自由。要学着放下，放下急于求成的名利之心。什么是圣贤的境界？用林语堂的话说，就是"充满悟性的平和之心"，这样才能"实实在在地清楚地看待这个世界，并能从中感受到乐趣"。这不是不要有进取之心，而是应当以一种自然的方式去进取。这也就是中国人所说的"道法自然"。

"欲速则不达"的道理，人人都明白，但可惜并不是人人都能做、事事都能做、时时都能做的。在管理中，很多事情并不是领导者想做就能做的，领导者一定要分辨清楚"应该做"与"能否做""何时做"的区别。急于求成、急功近利、缺乏耐心，是做事之大忌。稳扎稳打、步步为营、不急不躁，反而更容易把事情做成、做好、做大。曾国藩曾以用人为例说：

> 善人固可亲，未能知，不可急合。恶人固可疏，未能远，不可急去。

优秀的人才当然要加以重用，但是在尚未完全了解的情况下，不要急于亲近；邪恶的人物当然要加以疏远，但是在条件还不成熟的情况下，不要急于清除。无论是急于亲近还是急于清除，往往都会对一个组织产生巨大的冲击，造成负面的影响。成熟的领导者，是不会这样做的。

清人金兰生在《格言联璧》中说："处难处之事愈宜宽，处难处之人愈宜厚，处至急之事愈宜缓，处至大之事愈宜平。"（越是难以处理的事情，越要宽心以处。越是难以相处的人，越要宽厚以待。越是着急的事情，越要把握好节奏。越是关系重大的事情，越要心平气和地去办。）用曾国藩的话说："处有事当如无事，处大事当如小事。"（有事时要像无事一样，遇大事时要像小事一样。）

曾国藩最推崇的就是这种安详从容的处事风格。他说：

凡遇事须安详和缓以处之，若一慌忙，便恐有错。盖天下何事不从忙中错了。故从容安详，为处事第一法。

不管做什么事情，都要安详和缓、从容不迫地去做，而不能急躁慌忙。一旦慌忙失措，恐怕就要出错了。你看天下什么事情不是忙中出错的？所以，从容安详是处事的第一法则。

曾国藩在给曾国荃的信中也说：

军事变幻无常，每当危疑震撼之际，愈当澄心定虑，不可发之太骤，至要至嘱。

军情向来是变幻无常的。越是遇到危急疑惧、令人胆战心惊的情况，越是要内心澄澈、思虑安定，考虑清楚后再行动，千万不能急躁冒失。这是最关键的，也是我最想嘱咐你的。

曾国藩还说：

处事贵熟思缓处。熟思则得其情，缓处则得其当。

有效的行动源于成熟的思考。因此处理事情，贵在深思熟虑、稳稳当当。

深思熟虑则能把握住问题的本质，稳稳当当才能处事稳帖妥当。因此，优秀的领导者，一定要给自己留下足够的静下心来深入思考的时间。所以曾国藩每天都要抽出时间来静坐，他在日记里写道：

静字工夫最要紧。若不静，省心也不密，见理也不明，总是浮的。

一个人的心能够静下来，这是最要紧的事情。如果心静不下来，反思就不会缜密，看事就不会明白，都只是浮在表面而已。

人生必须勤奋，但人生也需要留白，这样才能更好地看清自己的内心。比尔·盖茨曾说，自己每年都要安排两个星期的假期，到不受工作或任何事务骚扰的地方，去阅读和思考，好好思索将来。他把这个假期叫作"思想周"，他还说自己有百分之二十五的时间到欧洲、亚洲各地跟客户见面，"这有助于我考虑轻重次序是否正确、人们对什么有好的反应、会希望我们哪一方面做得更好"。他在演讲中还说："我总会记住，控制时间是一个非常重要的问题，不能太过忙碌，要有时间学习和思考。"

四、留一分自在，方可容得大事

曾国藩认为，这种从容不迫的感觉，是领导者涵养的表现。他说：

应事接物，常觉得心中有从容闲暇时，才见涵养。

对于领导者，什么叫作涵养呢？为人处世，不管是多大的事情，不管是多急的事情，都能够从容不迫地去应对，这才叫作有了涵养。

他还说："规模先要个极大，意思先要个安闲。"（人生的目标一定要远大，但人生的过程一定要从容。）"留一分自在，方可容得大事。"（始终有一种自在、自如的感觉，这样的人，心中才容得下成就大事的空间。）张弛有度，才能达到管理的最佳境界。如果你内心已经绷得很紧了，哪里还能再承担更多更大的责任呢？

　　曾国藩一生做官、征战，几无宁时，但无论公务与战事如何紧张，他都始终保持着良好的心态。他读书、写诗、作文、下围棋、写对联、研究书法，乐此不疲，用丰富的爱好来调整自己的心态。曾国藩棋瘾很大，无论世事如何变幻，每天都要下几盘围棋。他尤其喜欢写对联，经常把自己对人生的体悟写成对联，与家人、朋友、下属分享。曾国藩的挽联写得也非常好，以至于京师之中，有"包写挽联曾国藩"的说法。据说曾国藩因此还写上了瘾，以至于给死去的人写完了挽联，没有机会练笔，竟然偷偷地给活人写挽联。有一次，曾国藩的朋友汤鹏未待通报就闯到曾国藩的家中，一看正堂之中，挂的正是曾国藩给自己写好的挽联，鼻子都要气歪了。

　　曾国藩为人还非常幽默、诙谐。他跟幕僚们一同吃饭后，经常和大家围坐在一起，高谈阔论，这时曾国藩便会拿自己家里的事情开玩笑。李鸿章曾经回忆说："我老师文正公，那真是大人先生。现在这些大人先生，简直都是秕糠，我一扫而空之！在营中时，我老师总要等我辈大家同时吃饭，饭罢后即围坐谈论，谈经论史，娓娓不倦，讲的都是于学问经济有益实用的话。吃一顿饭，胜过上一回课。他老人家又最爱讲笑话，讲得大家肚子都笑疼了，个个东倒西歪的。他自家偏一点都不笑，以五个指头作耙，只管捋须，穆然端坐，若无其事，教人笑又不敢笑、止又不能止。这真被他摆布苦了。"

　　曾国藩的这种诙谐，在处理正事上也时不时地会表露出来。有一次，曾国藩接到一个姓李的团练把总用"移封"格式呈递的公文。"把总"是相当低级的武官，而曾国藩是一品总督，二者的地位可谓天上地下。偏偏"移封"在清朝是表示平行关系的文书移送，绝对不可用于给上司的公文。这位李把总显然没有文化，不懂基本的官场函牍格式。如果遇到别的上司，这位小小的把总非得倒大霉不可。曾国藩却一点也没有生气，他不但批复了呈文，还突发奇想地在公函的外封上，挥笔批下了这样的"十七字令"，也就是"三句半"：

> **团练把总李，行个平等礼。云何用移封？敌体。**

这位团练把总李，跟我行了个平等礼。问他为什么用"移封"？却道咱们是敌体。

所谓"敌体"，就是彼此地位平等、无上下尊卑之分、可以平起平坐的意思。结果见到曾国藩这个批文的幕僚们，无不笑得前仰后合。

不过，"暇"字并非一味地安逸，"缓"字并非一味地懈怠。曾国藩强调一个"缓"，但"缓"并非绝对的、无条件的"缓"。在曾国藩看来，"缓"恰恰是为了"速"，为了"急"。曾国藩专门解释说：

> **事到手，且莫急，便要缓缓想。想得时，切莫缓，便要急急行。处天下事，只消得"安详"二字。兵贵神速，也须从此二字做出。然安详非迟缓之谓也。从容详审，养奋发于凝定之中耳。……若先怠缓则后必急躁，是事之殃也，十行九悔，岂得谓之安详？**

事情接手之后先不要急，而要前前后后地想清楚。想清楚了以后便不要缓，而要立即奋发去实行。处理天下之事，只需悟透"安详"二字。兵贵神速，也要从这两个字中做出来。但是安详并不是迟缓的意思。安详就是从容不迫、周详审慎，在凝神定气中孕育出一种奋发的气象来。前面懈怠，后面必然急躁，对做事来说这是一种灾难，做的十件事中有九件会后悔莫及，这哪里能称为安详呢？

这段话非常精彩，尤其是"安详非迟缓之谓也。从容详审，养奋发于凝定之中"，可谓至言。

曾国藩还说：

> **凡天下事，虑之贵详，行之贵力，谋之贵众，断之贵独。**

天下的事情，思考的时候一定要全面细致，执行的时候一定要全力以赴，谋划的时候一定要听取众人的意见，决断的时候却一定要自己拿定主意。

详虑还要力行，详虑方能力行；众谋还要独断，众谋方能独断。此中真义，耐人寻味。

因此，所谓的"暇"，就是一种对于节奏的从容把握。曾国藩有一副自箴联：

天下无易境，天下无难境。终身有乐处，终身有忧处。

这副对联很好地反映了曾国藩的人生境界。曾国藩说自己是"以禹墨为体，以庄老为用"。禹墨强调勤俭，强调的是尽心尽力负责任的精神，庄老强调虚静，强调的是从容恬淡的心境。曾国藩在给朋友的信中也说：

> **吾辈现办军务，系处功利场中，宜刻刻勤劳，如农之力穑，如贾之趋利，如篙工之上滩，早作夜思，以求有济。而治事之外，此中却须有一段豁达冲融气象，二者并进，则勤劳而以恬淡出之，最有意味。**

> 我们现在办理军务，是在名利场中，当然要时刻勤劳，就像农民种地、商人经商、篙工上滩一样，早上起来就劳作，晚上还在考虑事情，处处用心，才能成事。但是在治事的同时，内心之中一定要有一股豁达、悠闲、恬适的气象。二者并进，那么勤劳以恬淡的心境表现出来，是最有意味的。

人是很难控制外在环境的节奏的。当无法控制外在环境的节奏时，就一定要能够把握住自己的内心，从而把握住工作与生活的节奏。在真正的领袖人物身上，一定要有这种游刃自如、不疾不徐、从容沉稳、气定神闲的气质。"暇"教给领导者的是要井然有序地忙、从容不迫地忙、抓住重点地忙，而不是浮于表面地忙、盲目无序地忙、充满焦虑地忙。有了这种从容的涵养，就可以以释然的心态去待人，以安详的心态去处事，从而达到真正成熟大气的领导境界。

第十讲 裕

一、富贵功名，皆人世浮荣

这一讲说的是"裕"。"裕"就是宽裕，就是身处逆境和挫折之时，要坦然以对，把心放宽，保持一种坦荡、活泼的胸怀。也就是说，对于得失成败，要放得下，看得开。

曾国藩一生做官，对于官场的荣辱、境遇的顺逆、人生的浮沉深有体会。他曾经说过一段话：

宦海风波，极无常态。得时则一岁九迁，失时则一落千丈。

官场之中，风波不断，根本无常态可言。时运来时能一年升九级，青云直上。一旦失势，就会一夜之间跌到谷底，空悲叹。

在这样一种极度无常的环境中，人们很容易迷失自己。曾国藩却始终非常清醒。他说：

富贵功名，皆人世浮荣；惟胸次浩大，是真正受用。

这短短的一句话，就充分反映出曾国藩有关得失利害的达观心态：富贵功名，这些东西生不带来，死不带去，其实都是人间的浮荣，都是外在的东西。人们所能享受的真正的财富，就是内心的快乐和胸襟的开阔。否则，一个人即使有再多的钱财、再大的权力，如果内心抑郁焦虑，也算不上是幸福的人生。

胸襟开阔、坦荡豁达，是优秀领导者的重要资质，即所谓的"君子坦荡荡"。用曾国藩的话说，"自古圣贤豪杰，文人才士，其志事不同，而其豁达光明之胸，大略相同"（自古以来的那些圣贤豪杰、文人才士，他们的志向不同，他们所从事的事业不同，但豁达光明的胸怀却是相同的）。所以曾国藩说："盛世创业之英雄，以襟怀豁达为第一义。"

古人身处患难、逆境，有"裕，无咎"的信条。"裕，无咎"出自《易经》的《晋》卦。朱熹的《近思录》中解释说：

> 《晋》之初六，在下而始进，岂遽能深见信于上？苟上未见信，则当安中自守，雍容宽裕，无急于求上之信也。苟欲信之心切，非汲汲以失其守，则悻悻以伤于义矣。故曰："晋如摧如，贞吉；罔孚，裕，无咎。"

> 《晋》卦的初六，以阴柔居本卦最下的位置而刚开始发展，哪里能够马上得到上司的信任呢？如果没有取得上司的信任，那么就应该面对现实，坚守正道，从容不息，而不要急于求成。如果想取得别人信任的心过于迫切，那么，不是因为汲汲求进而忽视了自己的职守，就是因为失意怨恨而有害于大义。所以，无论是顺利还是挫折，都要坚守正道，这是能带来好运的。在还没有取得别人信任的情况下，心态要放平和，坦然面对，就不会有差错了。

曾国藩对于"裕"字的境界有很深的体会。湘军名将陈湜一度发展得不顺，心情抑郁。曾国藩专门给陈湜写信说：

> 《易·需》二爻，处险之道曰"衍"。《晋》二爻，处险之道曰"裕"。"衍"与"裕"，皆训"宽"也。阁下宜以"宽"字自

养，能勉宅其心于宽泰之域，俾身体不就孱弱，志气不至摧颓，而后从容以求出险之方。

《易经》中《需》卦的二爻，身处困境的应对原则是"衍"。《晋》卦中的二爻，身处困境的应对原则是"裕"。"衍"和"裕"，都是把心放宽的意思。你应该以"宽"字来调整自己的心态，努力把自己的心放在宽阔泰然的地方，这样身体就不会出问题，志气就不会受到打击，而后就可以从容不迫，找到走出困境的途径。

曾国藩给曾国荃的信中也说：

吾向来虽处顺境，寸心每多沉闷郁抑，在军中尤甚。此次专求怡悦，不复稍存郁损之怀，《晋》初爻所谓"裕，无咎"是也。望吾弟亦从"裕"字上，打叠此心，安安稳稳。

我向来即使身处顺境之中，心中也总是沉闷抑郁，带兵的时候尤其如此。这一次专求一种快乐自在的境界，不再存一点抑郁的胸怀，《晋》卦中的初爻所谓的"裕，无咎"就是这个道理。希望老弟你也从"裕"字下手，把心态调整得安安稳稳的。

宦海无常，关键是把心放宽。曾国藩说：

宦海之风波，仕途之通塞，非意计所能预期，亦非人谋所可自主。运气之说，贤者所不屑道，而鄙人则笃信不移。故常劝人委心任运，静以俟之。《周易》"屯"、"否"、"蹇"、"困"等卦，但教人居之以"裕"，守之以"贞"。

官场上的风波，仕途上的通塞，这不是事先能够预料到的，也不是自己想控制就能控制得了的。运气这种说法，贤明之人是不屑于谈的，而我是真相信的。所以我常常劝人把心放宽，听凭命运的安排，静静地等待结果。《周易》里的"屯"卦、"否"卦、

"蹇"卦、"困"卦等,就是教人要内心坦然、耐心坚守。

二、尽其在我,听其在天

曾国藩把上面这段话总结成六个字,叫作"尽人事,听天命"。尽人事,就是尽心尽力,把自己能做的事情做到极致;听天命,就是不管结果如何,要听从老天爷的安排。有了这样一种心态,你的内心就会非常坦荡:事情做成了,这是老天爷的安排,你就不会贪天之功以为己有,不会自我膨胀;事情没有做成,这是老天爷的安排,你已经尽心尽力,做好了你应该做的事情,就可以问心无愧,也就不会因此而抑郁、沮丧了。有了这样一种"谋事在人,成事在天"的心态,你也就不会有那么多的患得患失和斤斤计较,也就可以"不以物喜,不以己悲"了。

所以曾国藩说,"吾于凡事皆守'尽其在我,听其在天'二语"(我遇事都是遵守"尽其在我,听其在天"这句话)。曾国藩还引用《近思录》说:"人之于患难,只有一个处置。尽人谋之后,却须泰然处之。"(人对于逆境,就是要尽力而为。尽了心力之后,要泰然处之,要学会放下,不要心心念念的都是这些。)

这个世界上,有些东西是我们能够控制的,有些东西是我们控制不了的。明智的人,就是尽力做好我们能够控制的事情,所谓的"尽其所可知者于己";对那些自己不能控制的事情则要坦然接受,所谓"听其不可知者于天"。曾国藩认为,这就是"尽性"与"知命"的关系。他说:

> 尽其所可知者于己,性也;听其不可知者于天,命也。农夫之服田力穑,勤者有秋,惰者歉收,性也;为稼汤世,终归焦烂,命也。爱人、治人、礼人,性也;爱之而不亲,治之而不治,礼之而不答,命也。圣人之不可及处,在尽性以至于命。当尽性之时,功力已至十分,而效验或有应有不应,圣人于此淡然

泊然，若知之若不知之，若着力若不着力。此中消息最难体验。若于性分当尽之事，百倍其功以赴之，而俟命之学，则淡如泊如为宗，庶几其近道乎？

这段话很长，但含义非常深刻，值得细心琢磨。尽心尽力把自己能够把握的事情做好，这就是"尽性"。对于那些自己把握不了的事情要坦然接受，这就是"知命"。比方说，农夫从事农业生产，勤劳者就会丰收，懒惰者就会歉收。这就是人所能控制的"性"。自然灾害来临时，所有的庄稼都会受到破坏，这就是人所不能控制的"命"了。我们去关爱他人、管理他人、礼遇他人，这是我们能够自己把握的功夫。你关爱他人人家却不亲近你，你用心管理却没有成效，你对人彬彬有礼人家却不搭理，这就是你所把握不了的因素了。圣人超出常人之处，就在于"尽性"而达到"知命"的境界。"尽性"的时候，功夫已经下了十分，但其结果，有应验的，有不应验的。圣人对于这些恬静淡泊。好像知道，又好像不知道；好像着力以求，又好像并不着力。这其中的微妙之处最难体验。如果对于应该尽心尽力去做的事情，以百倍的功夫来争取；而对于听天由命的学问，以恬静淡泊为原则，或许就大体算是得"道"了吧？

三、莫问收获，但问耕耘

天下之事，皆有因果。所有的果都必然有因，但未必所有的因都会有果。有时候是数种因才会产生一个果，有时候是一个因数世之后才会产生一个果。曾国藩说："天下事一一责报，则必有大失望之时。"（每做一件事情，都要求立即有所回报，最后一定会非常失望。）明智者之所以明智，就在于会在因上致力，但在果上随缘。他还说：

佛氏因果之说，不可尽信，亦有有因而无果者。忆苏子瞻诗云："治生不求富，读书不求官。譬如饮不醉，陶然有余欢。"吾

更为添数句云:"治生不求富,读书不求官。修德不求报,为文不求传。譬如饮不醉,陶然有余欢。中含不尽意,欲辨已忘言。"

佛家所说的因果,不可全信。也有有因但无果的情况。想起苏东坡的诗中有"经营生计而不求富有,饱览诗书而不求为官。就好像饮酒喝到微醺而没有喝醉,闲适欢乐,留有余味",我为之加上了几句:"经营生计而不求富有,饱览诗书而不求为官。修养德行而不求回报,作诗为文而不求广传。就好像饮酒喝到微醺而没有喝醉,闲适欢乐,留有余味。这其中包含着说不尽的意味,想要说出来却已经忘了怎么表达了。"

苏东坡这首诗所传达的,是一种释怀超脱的人生境界。人生之所以不快乐,往往是因为对于追求的结果过于执着,过于患得患失而无法自拔,反而忘记了生命的本质究竟为何。就像曾国藩所说的,把读书变成求官的手段,读书本身的乐趣便会荡然无存;把写作变成了求名的手段,写作本身的乐趣便会荡然无存。读书的过程本身就是快乐的,写作的过程本身也是快乐的,就如同人生做事的过程本身就是快乐的一样。只有放下那颗执着的求报之心,才会真正有坦坦荡荡的心境。所以曾国藩的一句座右铭便是:"莫问收获,但问耕耘。"只要在耕耘上尽了力,收获如何,就不要过于在意了。

同治年间,曾国藩的九弟曾国荃一心想得到一个人打下南京的大功,但是打了很长时间,却还是孤城难下。外面由此有了很多对曾国荃很不利的说法,湘军内部的矛盾也一天天尖锐起来。曾国荃十分焦躁,以至于生了肝病。曾国藩多次写信相劝,劝他"不要代天主张":

古来大战争、大事业,人谋仅占十分之三。天意恒居十分之七。往往积劳之人,非即成名之人;成名之人,非即享福之人。此次军务,如克复武汉九江安庆,积劳者即是成名之人,在天意已自然十分公道,然而不可恃也。吾兄弟但在积劳二字上着力,

成名二字则不必问及，享福二字则更不必问矣。

　　自古以来，大的战争、大的事业之所以能够成功，人谋只占三成，老天爷的意思要占七成。老天爷一定是公平的吗？未必。你看出力的人一定就是成名的人吗？未必。现在除湘军之外，还有多少人在与太平军作战，多少人拼尽全力，或者灰飞烟灭，或者悄无声息，出了力也留不下半点名声。成名的人一定就是享福之人吗？未必。这一次我们攻下了武汉、九江、安庆，出力之人就是成名之人。天底下谁不知道打下安庆是老弟你的功劳？在这方面老天已经是十分公道的了，但却不可自以为是。我们兄弟只管在尽心尽力上下功夫，"成名"这两个字，就不要管了；"享福"这两个字，就更不要问了。

湘军打下南京以后，对曾家的各种说法又来了，诽谤、怀疑，等等，不一而足。这是历代中央王朝心理阴暗的方面。在平定太平天国之前，朝廷自然是希望湘军的势力越大越好。但等到太平天国的失败已经成为定局、成为事实，湘军就成了对朝廷最大的威胁，朝廷就一定要想方设法警告、控制、打压曾国藩的势力。这就是历代所谓的帝王术。曾国藩道德修养极高，朝廷找不出公开打击他的把柄，于是就把矛头对准了曾国荃，对打下南京、立下最大功劳的曾国荃，不但是"大功不赏"，反而在一些小的失误上节外生枝，吹毛求疵，对曾国荃毫不掩饰地加以斥责，甚至在上谕之中，公开点出曾国荃的名字，其实是通过打击曾国荃，来警告曾国藩。

曾国荃本来以为，打下南京全是他一个人的功劳，朝廷也会给他一个大大的赏赐，没有想到却是这样的结果，甚至最后不得不称病回家，心中自然很是郁闷。曾国藩给曾国荃写过这样一封信：

建非常之功勋，而疑谤交集，虽贤哲处此，亦不免于抑郁牢骚。然盖世之事业既已成就，寸心究可自怡而自慰，悠悠疑忌之

来，只堪付之一笑。

> 立了这么大的功劳，别人对你的怀疑、诽谤却都来了。即使是那些贤哲之人，遭受这样的境遇，也不免会抑郁牢骚。但是，盖世的事业既然已经完成，就可以告慰自己的内心了。各种各样的怀疑、嫉妒、记恨，只需付之一笑罢了。

做大事之人，一路走来，哪一个没有经历过怀疑、诽谤和中伤？哪一个不是伤痕累累？哪一个不是从逆境中走出来的？内心所受的委屈和伤害，往往不足为外人道也。但越是这样，越要放宽心。保持一颗坦荡的心。为了开导郁郁不平的老九，曾国藩曾经专门给曾国荃写过一首诗：

左列钟铭右谤书，人间随处有乘除。
低头一拜屠羊说，万事浮云过太虚。

> 左边刚刚把你的大名和功劳铸在了钟鼎之上，右边的案头上诽谤你的文书就已经摆满了。人世间的事情，就是这样随时随地，有得必然有失，有乘必然有除。低头读一读屠羊说的故事，什么事情都像浮云飘过太虚一样，转瞬即逝。

屠羊说的典故，出自《庄子·让王》。屠羊说是楚昭王时一个卖羊肉的屠夫，名说，人们便叫他屠羊说。他事实上是一位隐士。伍子胥为了报父兄之仇，率领吴军灭了楚国，楚昭王被迫流亡，屠羊说跟着楚昭王一起逃亡，途中为楚昭王排忧解难，功劳很大。

后来楚昭王复国，大赏那些与他共患难的随从。当赏到屠羊说时，屠羊说答复来人说："楚王失去了他的故国，我也失去了卖羊肉的摊位。现在楚王恢复了故土，我也恢复了我的羊肉摊，这样便等于恢复了我固有的爵禄，还要什么赏赐呢？"楚王一定要他领赏。屠羊说回答："楚王丢掉了国家，不是我的过错，所以我没有请罪让他杀了我；楚王夺回了国家，也不是我的功劳，所以我也不能领赏。"

楚昭王越发要他领赏,而且一定要召见他。屠羊说依然不为所动,说:"依照楚国的规矩,只有立了大功、应受大赏的人才可以进见大王,我屠羊说智不足以存国、勇不足以杀寇,吴军打进郢都的时候,我只是因为害怕而跟着大王逃跑,并不是为了效忠大王。现在大王非要见我,这是违背楚国规矩的事情,我可不想让自己被天下人笑话。"

楚昭王听了这番话,感慨地说:"屠羊说只是一个杀羊的屠夫,地位卑贱,说的道理却如此高深,这是一位贤人啊!"于是便派司马子綦亲自去请屠羊说,要"延之以三旌之位",也就是要让他做地位最高的卿。不料屠羊说还是不吃这一套。他说:"我知道卿的地位,比我一个卖羊肉的不知要高多少倍;卿一年的俸禄,恐怕是我卖一辈子羊肉也赚不来的。可是我怎么能够因为自己贪图高官厚禄而使国君得到一个滥行奖赏的恶名呢?我是不能这样做的,还是让我回到我的羊肉摊上去吧。"

屠羊说的这个故事告诉我们一个什么样的道理呢?人的价值观念其实是多元的。你认为不得了的东西,在别人眼中可能一文不值。人生的悲剧在于,我们经常就是为了这样一些事实上一文不值的东西,付出了我们的所有,甚至因此而扭曲了自己的人生。当你明白了屠羊说的这个故事以后就会知道:荣辱、兴衰、得失、沉浮、成败,其实都是过眼烟云,都是相对而言的。有多少事情,当时看起来大得不得了,多少年以后再看,却其实就是个笑话而已。所以人生的关键,是要时时刻刻保持一种豁达坦然的心态。

四、有活泼泼之胸襟,有坦荡荡之意境

曾国藩在给陈湜的信中,也说了这样一段话:

> 古人患难忧虞之际,正是德业长进之时。其功在于胸怀坦夷,其效在于身体康健。圣贤之所以为圣,佛家之所以成佛,所

争皆在大难磨折之日。将此心放得宽，养得灵，有活泼泼之胸襟，有坦荡荡之意境。

曾国藩还写过一副著名的对联：

> 战战兢兢，即生时不忘地狱；坦坦荡荡，虽逆境亦畅天怀。

这副对联是什么意思呢？"生时"即顺利的时候。越是顺利的时候，越是得意的时候，越是要提醒自己要战战兢兢，要小心谨慎，要学会自制，要有一种如临深渊、如履薄冰的惕厉之心。要知道人间和地狱之间，其实就是一步之差。这就是前文所说的"慎"字。

但是，越是在挫折之中，越是在失意之时，越是身处逆境，越是要提醒自己坦坦荡荡，舒畅自己的天怀。什么叫"天怀"？就是赤子的情怀，就是生命的本来面目。婴儿刚刚出生的时候，没有忧虑，不会郁闷。这就是人的本来面目。人慢慢地长大了，走上了社会，开始有所成就。但就在追求成功的过程中，人有了欲望，有了忌妒，有了焦虑，有了紧张，有了患得患失之心，内心逐渐变得抑郁，开始有了各种各样的负面情绪，从此再难真正地开怀。曾国藩认为，这不是人的本来面目，人的本来面目，就应该是坦荡荡的，就应该是活泼泼的。

人在得意的时候，很容易张扬；人在失意的时候，很容易抑郁。曾国藩正好相反，他所强调的，是在得意时一定要学会收敛，在失意时一定要学会开怀。

人生其实就是一个过程。人生一世，其实就是天地的过客。人生只能是单行线，因此，对待生命中所发生的一切，都应该有一种"生命，借过"的意识，这样才会坦然地接受一切的考验，把逆境看成生命的提升过程。天下没有过不去的坎儿，关键看你心的大小。心大了，事儿就小了；心小了，事儿就大了。心宽天地就宽，心怡人方自在。始终保持坦荡的胸怀，才能体会到每个人内心深处都蕴含着的一片勃勃生机。

第十一讲 恕

一、须从"恕"字痛下功夫

"恕",按照朱熹所认可的解释,即"如心",就是设身处地,换位思考,从对方的角度考虑问题,就是一种同情的理解之心,以及在此基础上形成的宽容心态。这也就是我们今天所说的移情的能力。对于领导者来说,这个字也是非常关键的。

人都是天然以自我为中心的,这是人性的本质。而管理在本质上处理的就是"人"与"我"的关系。领导力的突破过程,其实就是一个突破自我的过程,就是一个打通"人我"、融汇"人我"的过程,就是走出"小我"、成就"大我"的过程。

前面我们讲过,曾国藩在主持"剿捻"时,主张的是"分堵"的方案,而他的下属、直隶总督刘长佑主张的是"合剿"的方案,二人意见不合。然而曾国藩对刘长佑却极力称道,到处夸他。刘长佑非常感动,跟人聊起这件事时,说了这样一句话:"涤翁于此乃毫无芥蒂,良由做过圣贤工夫来也。"(曾国藩这个老头儿对于我与他意见不合竟然毫无芥蒂,真是做过圣贤功夫的人才能做得出来的呀。)

一个人领导行为的失败，最常见的原因，往往就是因自以为是而无法走出自我的限制，无法跟人合作。对此，曾国藩曾经有过总结，说人有"三凉德"：

> **凡人凉薄之德，约有三端，最易触犯：闻人有恶德败行，听之娓娓不倦，妒功而忌名，幸灾而乐祸，此凉德之一端也。人受命于天，臣受命于君，子受命于父，而或不能受命，居卑而思尊，日夜自谋置其身于高明之地，譬诸金跃冶而以莫邪干将自命，此凉德之二端也。胸苞清浊，口不臧否者，圣贤之用心也；强分黑白，遇事激扬者，文士轻薄之习，优伶风切之态也，而吾辈不察而效之，动辄区别善恶，品第高下，使优者未必加劝，而劣者无以自处，此凉德之三端也。**

> 人的凉薄之德，大约有三条是最容易犯的：听人说起他人有不良的品德、败坏的品行，听得津津有味，乐此不疲。忌妒别人的功劳和名声，听说别人有了灾祸却感到高兴。这就是凉薄之德的第一种表现。人应该听从天之命，臣应该听从君之命，子应该听从父之命。然而不能听命，地位低下，想的却是尊崇，日夜所想的就是如何使自己处于显贵的地位。就像普通的金属，却非要自命为莫邪干将。这就是凉薄之德的第二种表现。胸中可以包容清浊，口中从不臧否人物，这是圣贤的用心。一定要分出黑白，遇事挑拨是非，这是文人轻薄的习气、戏子讽喻的心态。我们没有意识到这一点却加以效仿，动不动就区分善恶，品评高下，使优者未必得到勉励，劣者却无地自容，这是凉薄之德的第三种表现。

上面提到的"三凉德"，一是自私，二是自大，三是自是。其共同的表现则是尖酸刻薄的念头，全无与人为善的用心。其流弊所至，必然造成对别人的伤害，引起别人的反感。一报还一报，最终也必然会对自己产生负面的影响。

曾国藩带领湘军作战的早期，在长沙和江西两地，官场关系处理得一塌糊涂，甚至一度被朝廷罢免了兵权，从而跌落到了人生的低谷。曾国藩如此失败的重要原因，是他的自负与自是，以及由此产生的自命不凡、尖酸刻薄，因而我行我素，一味蛮干。

当时曾国藩对官场充满了鄙视与不屑，在他看来，官场污浊混沌，官员畏葸柔靡，个个琐碎因循、敷衍颟顸、遇事推诿、粉饰太平，靠这样的官员，想打败太平军根本就是不可能的事情，于是干脆"攘臂越俎，诛斩匪徒，处分重案，不复以相关白"，包揽把持，越俎代庖，说话行事根本不考虑别人的意见、感受和利益，甚至对于共事者不惜讽刺挖苦。像在长沙编练水师时，曾国藩担心湖南巡抚骆秉章会干预他的事情，竟然提前向骆秉章写信声明："其水路筹备一端，则听侍在此兴办，老前辈不必分虑及之，断不可又派员别为措置。"（水师筹备的工作，听我一个人来指挥就行了，老前辈你就别再打主意了，绝对不可以再派人另生枝节。）武昌告急的时候，曾国藩曾向骆秉章发兵援救，然而信中竟然有湖南、湖北"唇齿利害之间，不待智者而知也"的话。骆秉章是厚道之人，也忍不住回信批评他刚愎自用："行事犹是独行己见，不能择善而从，故进言者安于缄默，引身而退。"（你做事独断专行，听不进别人的意见，本来想给你出主意的人也都保持沉默，以便全身而退了。）曾国藩却根本不为所动，反而向家人抱怨骆秉章待他过于刻薄。曾国藩的六弟曾国华不客气地给他指出来说，"兄之面色，每予人以难堪"（哥哥你的脸色，也是每每让人难堪啊）。

人际交往之时，你既然不考虑别人的感受，别人也一定不会考虑你的感受；你既然把别人看得一文不值，别人一定也会把你看得一文不值。曾国藩既然如此毫不掩饰地以鄙视之心盛气凌人，周边的官员们自然也会还以颜色，对他充满了反感与憎恶。结果导致他所到之处，与官场同僚都是势同水火，屡起冲突，最后自己落了个狼狈不堪的下场。

这段惨痛的经历对曾国藩的人生观产生了深远的影响。他后来自我反思，之所以会出现这样的问题，就是因为自己"不恕"，也就是不能从别人的角度看问题：

> 近岁在外，恶人以白眼藐视京官，又因本性倔强，渐近于愎，不知不觉做出许多不恕之事，说出许多不恕之话，至今愧耻无已。

近年在外带兵，因为厌恶别人用白眼藐视京官，又加上我的本性过于倔强，渐渐走上了刚愎自用这条路，不知不觉之中，做出了许多刻薄不恕的事，说出了许多刻薄不恕的话。至今还感到后悔、惭愧、内疚、可耻。

曾国藩在给弟弟曾国荃的家书中也说：

> 兄昔年自负本领甚大，可屈可伸，可行可藏。又每见人家不是。自从丁巳、戊午大悔大悟之后，乃知自己全无本领，凡事都见得人家有几分是处。故自戊午至今九载，与四十岁前迥不相同。

我过去认为自己很了不起，可屈可伸，可行可藏。眼中每每所见的，都是别人没有道理。自从丁巳年、戊午年大悔大悟之后，我才知道其实自己一点本事也没有。从戊午年到现在已经九年了，凡遇事情，看到的都是人家的道理。这跟我四十岁以前是完全不同的。

人就是这样，当你认为道理都在自己这里时，你的为人一定是自我的、排斥的、尖刻的、盛气凌人的；当你看到的都是别人的道理时，你的为人一定是超我的、包容的、谦和的、平易近人的。

一个"恕"字，为曾国藩带来了心态的转变，带来了认知的转变，带来了待人处事风格的转变，从此以后，曾国藩的领导力才达到了真正成熟的境界，他的事业也才开始了真正的辉煌。

二、一言可以终生行

关于"恕"字,《论语·卫灵公》中有这样一段记载:

子贡问曰:有一言可以终生行之者乎?子曰:其"恕"乎!己所不欲,勿施于人。

子贡问他的老师孔子说:"老师,有没有可以终生受用的一个字?"孔子说:"那就是'恕'了吧。不希望别人在自己身上做的事情,也就不要强加到别人身上。"

《论语·里仁》中也有一段话:

子曰:"参乎!吾道一以贯之。"曾子曰:"唯!"子出,门人问曰:"何谓也?"曾子曰:"夫子之道,忠恕而已矣。"

孔子说:"曾参啊,我所讲的道,是以一个核心贯穿始终的。"曾子说:"是的。"孔子出去后,同门之人问曾参:"这是什么意思啊?"曾子回答说:"夫子的道,就是忠、恕而已。"

朱熹在给这句话作注解的时候也说:"尽己之谓'忠',推己之谓'恕'。'而已矣'者,竭尽而无余之辞也。"(严于自律,这就叫"忠";推己及人,这就叫"恕"。所谓的"而已矣",就是再也没有什么别的含义了。)

历代儒家都是非常重视"恕"的功夫的。用孟子的话说,"恕"是达到仁的境界最快的道路,"强恕而行,求仁莫近焉"(勉励自己以恕道行事,这就是求仁最近的捷径了)。

从孔子及其后世儒家的阐释来看,"恕"的第一层含义就是在内省的基础上,推己及人,它体现着对他人的仁爱之心;"恕"的第二层含义还包括尊重之意,包含了对他人感受、需要和利益的肯定;在此基础上,"恕"还有第三层含义,那就是宽容、宽恕,即所谓的"躬自厚而薄责于人"（当他人做得不对的时候，能以仁爱、宽大的胸怀加以包容）。用吕坤在《呻吟语》中的话说就是：

"恕"心养到极处，只看得世间人都无罪过。

一个人如果"恕"的修养到了极致，达到悲悯之心的地步，对人性的光辉与弱点都有了切实的理解，就会明白这个世界上的人其实都没有什么罪过。

所以"恕"的核心，其实是反求诸己、推己及人的自我反省反思。当自己对他人有所要求时，先反思自己是否先行做到了自己所要求他人做的事。经由这种反省和反思之后，我们对他人的所作所为，就会有更为深刻的同情与理解。

经历过"不恕"的曾国藩，对于孔子所说的"恕"的重要性有着刻骨铭心的体会。他甚至认为，"恕"的功夫一时一地也不应该放弃：

作人之道，圣贤千言万语，大抵不外"敬"、"恕"二字。
此身无论处何境遇，而"敬"、"恕"、"勤"字，无片刻可弛。

他在给弟弟的信中说：

圣门好言仁。仁即"恕"也。曰富，曰贵，曰成，曰荣，曰誉，曰顺，此数者，我之所喜，人亦皆喜之。曰贫，曰贱，曰败，曰辱，曰毁，曰逆，此数者，我之所恶，人亦皆恶之。……吾兄弟须从"恕"字痛下工夫，随在皆设身以处地。我要步步站得稳，须知他人也要站得稳，所谓立也。我要处处行得通，须知他人也要行得通，所谓达也。今日我处顺境，预想他日也有处逆境之时；今日我以盛气凌人，预想他日人亦以盛气凌我之身，或凌我之子孙。常以"恕"字自惕，常留饶地处人，则荆棘少矣。

圣人之门中，喜欢谈论"仁"的境界，"仁"就是"恕"。富有、尊贵、成功、荣耀、赞誉、顺利，我喜欢这几样，别人也都喜欢。贫穷、卑贱、失败、耻辱、诋毁、逆境，我厌恶这几样，别人也都厌恶。我们兄弟几个一定要在"恕"字上痛下一番功夫，随时随地都提醒自己要设身处地替别人考虑。我想在社会上一步步站得稳，一定要知道别人也想站得稳，这就是所谓的"立"。我要在社会上处处都行得通，一定要知道别人也要行得通，这就是所谓的"达"。今天我处于顺境之中，一定要预想到以后也会有身处逆境的时候。今天我以骄横的气势压人，一定要预想到以后别人也会以骄横的气势来压我，或者压我的子孙。经常用"恕"字来提醒自己，经常给别人留有余地，那么就会少掉很多对立与烦恼了。

的确，在管理的过程中，有一颗同情他人的理解之心，懂得设身处地，懂得利他之道，往往有助于领导者与他人建立健康的人际关系，形成良性的合作关系，从而获得他人的帮助，成就更大的事业。伟大的领导者之所以伟大，往往就是因为有这样的见识与胸怀。

三、舍己从人，大贤之量

曾国藩对胡林翼非常敬重。他曾经赠给胡林翼一副对联：

舍己从人，大贤之量；推心置腹，群彦所归。

这十六个字，很好地刻画了胡林翼的特点。自己有好的想法，别人有更好的意见，马上就放弃自己的想法，听从别人的意见；自己有利益，别人有更大的需要，马上放弃自己的利益，将机会让给别人。这真是大贤之量啊。对待下属推心置腹，一片诚心，所以天下的英才都愿意为他所用。

其实胡林翼年轻的时候，也是一个恃才傲物之人，不把任何人放在眼里。但自从担当起镇压太平天国的重任之后，胡林翼深深地认识到一个道理，那就是经邦济世的重任单靠一个人的力量是无法完成的，必须得到各方面力量的配合与支持。从那以后，胡林翼的为人发生了很大的变化。他给曾国藩写信说：

> 克己以待人，屈我以伸人。惟林翼当为其忍、为其难。非如此则事必不济。

> 我得放下自我，才能更好地跟别人相处；我自己宁可受点委屈，也要给足别人面子。为了成就中兴大业，我必须学会包容，学会担当。

不如此则成就不了大业。这段话包含了"恕"字的基本含义，从中可以看出胡林翼对"恕"字的重视。

胡林翼是这样说的，也是这样做的。他对待湘军的人士可以说是至诚至谦。每当遇到大事难事，他总是勇于担当，而事后讨论得失，则总是将过错与责任揽到自己身上，而把机会与功劳推到别人身上，所谓"揽过于己而推美于人"。为了协调好湘军跟各方面的关系，胡林翼不在意自己遭受的误会与委屈。对待自己的下属，胡林翼则是苦心扶植，使人人都有"布衣昆弟之欢"。

胡林翼担任湖北巡抚时，湘军水师有两位统帅，一位叫彭玉麟，一位叫杨岳斌。这两个人都是名将，但他们二人之间矛盾很深，甚至到了见面不说话的地步。水师的统帅天天闹矛盾，湘军还怎么打仗啊？胡林翼专门把两个人请到自己的内室，摆好酒，请他们坐好，然后扑通一声给他们跪下了，说"如果你们两个不和好，我就不起来"。胡林翼是巡抚，两个人只是统领，这是上级给自己的下属下跪。两个人感动得痛哭流涕，从此和好如初。

在湘军中，曾国藩是一号人物，胡林翼是二号人物。曾国藩被皇帝罢免兵权、在家守制的时候，胡林翼已经是湖北巡抚了，是事实上的湘军统帅。胡林翼完全有机会取曾国藩的地位而代之。但他从未有过这种想法，相反，他一心一意维护曾国藩的地位，一心一意想办法请曾国藩重新出山统帅湘军。后来两江总督空出了位置，本来朝廷是准备安排胡林翼的，但胡林翼从湘军的大局出发，认为曾国藩得到这个位置对湘军的发展更为有利，于是主动将机会让给了曾国藩。

曾国藩在胡林翼去世时十分伤心，他当天在日记里记下一段话，对胡林翼进行了概括："赤心以忧国家，小心以事友朋，苦心以护诸将。天下宁复有似斯人哉！"（这个人，忠心为国家分忧，小心对待自己的朋友，一片苦心维护自己的下属。天底下哪里还有这样的人啊！）

胡林翼这种做法换来的，是人们对他真心的认可与归附，都愿意为他所用，这就是曾国藩所说的"群彦所归"。当时人们评价说："江、楚、豫、皖诸将帅，惟润帅能调和一气，联合一家。"在当时的情况下，只有胡林翼一个人能够把所有的力量调动和联合起来，这就是他"舍己从人"的"恕"道所带来的回报。

曾国藩对胡林翼的这一条非常佩服。他曾经给左宗棠写信评价胡林翼说，此公"推贤扬德，惟恐失之，则古来名臣，殆不是过，数十年所未见也"（这位老先生，一心一意推荐那些有才能的人，表扬那些有德行的人，唯恐落掉了哪个。古代以来的名臣，也不过如此，数十年之中就再没有见过这样的人物啊。）

其实，曾国藩本身也是这样一个"舍己从人"的大贤。曾国藩奉行的一个信条是"取人为善，与人之善"。咸丰年间，曾国藩在江西率湘军主力与太平军作战，战局非常不顺。湘军的水师被太平军分成两块，无法呼应。陆师方面，湘军主要大将之一的塔齐布因为九江久攻不下，呕血而亡。这时曾国藩身边可以依靠的人，就剩下了一个罗泽南。但罗泽南早已看明白，曾国藩把主力放在江西，根本不可能有什么作为。罗泽南对曾国藩说：

> 江西之事，转战无已时，如坐瓮底，于大局无益。而武汉者，东南之枢纽，形势百倍于九江。得武汉，则可建瓴而下，九

江将不攻自克。

江西的战事,打来打去看不到希望,就像坐在瓮底一样,对于大局没有任何的益处。而武汉是东南大局的枢纽,战略价值百倍于九江。攻占武汉,就可以居高临下,不可阻遏,九江也会不攻自克。

因而罗泽南要求离开江西,回师湖北,去开辟一个新局面,同时他还以自己所带的湘军力量太弱为理由,要求曾国藩再给他增添一个营的兵力,以便壮其势而利远征。

曾国藩的好友刘蓉听说后,劝他一定不要答应放罗泽南走。刘蓉对曾国藩讲:"您在江西所能依赖的,就是塔齐布和罗泽南这两支部队。现在塔公已死,可以依靠的就只剩下罗泽南了,现在你又放他远行,万一有什么缓急,还有谁可以靠得住?"

曾国藩没有听刘蓉的,他不但答应了罗泽南的要求,并且将原来隶属于塔齐布的三个营也拨给了罗泽南。曾国藩对刘蓉解释说:"我非常清楚您说得在理。但是想来想去,东南大局就是应该这样,现在都困在江西这个地方,没有任何好处。罗泽南这支军队如果能够有幸攻克武昌,天下大势还是有可为的余地的。我即使因此而被困在这里,也是很光彩的事情。"

罗泽南部队是曾国藩赖以起家的基础,罗泽南本人是既肯办事又能办事的人。罗泽南的七个营三千五百人,加上塔齐布的三个营一千五百人,一共有五千人之多,全部是湘军骨干。罗泽南这一走,意味着湘军的重心从此以后便从江西移到了湖北。结果胡林翼得到罗泽南的这支精兵,局面大为改观,此后夺取武汉、攻克九江、进军安庆,屡建大功,靠的都是这支力量。但曾国藩在罗泽南这支生力军走后,果然遇到了很大的麻烦,仗打得越来越难,后来甚至被迫以为父亲守制为名,丢下军队回了老家,结果因此又被咸丰皇帝剥夺了兵权,从而陷入他人生的最低谷。

但是曾国藩这种"舍己从人"的行动,却赢得了湘军将帅发自内心的佩服与敬重。胡林翼很清楚曾国藩这样做意味着什么，所以对他非常感激，并一心要回报他的大恩。从那以后，虽然胡林翼的名位已经与曾国藩并驾齐驱，且握有兵权饷权，但"事曾公弥谨"（对待曾国藩更加毕恭毕敬），心甘情愿以下属自居。在曾国藩被赶回家后，胡林翼还调动一切力量，为曾国藩的复出想办法。曾国藩重新出山之后，胡林翼又倾湖北全省的财力、物力，支持曾国藩的军事行动，每个月所提供的饷银都达到了四十万两。曾国藩的湘军，"专恃鄂省之饷"（完全依靠湖北提供的粮饷），但胡林翼从来不认为这是自己的功劳。

咸丰九年，因为湖北的财政压力太大，曾经有人建议胡林翼，稍微减少一点儿对曾国藩的支援，但胡林翼却坚决不干，一分未减。为了支持曾国藩作战，胡林翼除了把已经内定给自己的两江总督的位置让给了曾国藩，还把自己手下最精锐的霆字营六千多人和礼字营两千多人慷慨地拨给了曾国藩。

曾国藩后来说，就是因为胡林翼"事事相顾，彼此一家"，他"始得稍自展布，以有今日"（才得以施展出自己的才能，才有了后来的成就）。

胡林翼之所以能够如此有大局观，除了自身的修养，与曾国藩早年不分畛域，宁可陷自己于危境、困境也要成胡林翼之美的作为，也是分不开的。两个人都能突破私心，不顾自己的安危，却一心一意替对方着想，这才成就了"合则两美"的佳话。

四、功不必自己出，名不必自己成

曾国藩去世之后，李鸿章在给皇帝的奏折中谈到曾国藩能够做成大事的原因时，曾经充满感情地回忆说：

与人共事，论功则推以让人，任劳则引为己责；盛德所感，始而部曲化之，继而同僚谅之，终则各省从而慕效之。所以转移

风气者在此，所以宏济艰难者亦在此。

曾国藩这个人，与人合作，有了功劳就推给别人，有了责任就自己承担。这种高尚的品德，一开始就令下属非常感动。一个领导者，有了好处老是推给你，有了过失老是自己承担，时间长了，做下属的怎么会不感动呢？接下来是，跟他合作的同僚们也体谅他。其实，跟曾国藩合作的一些官员，一开始对他是有一些看法的。但一个人有了好处老是给你，有了过失老是自己承担，时间长了，你都不知不觉地就站在了他那边，体谅他的苦衷、替他说话了。最后的结果，则是各省都羡慕效仿他的这种做法。

应该说，晚清到了曾国藩的时代，已经属于所谓的"末世"，人心不古，人人都在意自己的得失，很少有人会替别人考虑。但曾国藩通过自己的行为，从影响周边的人开始，转移了这种风气。这就是曾国藩能够暂时挽救艰难时世的根本原因。

江苏巡抚何璟曾经做过曾国藩的幕僚。曾国藩去世后，何璟在给皇帝的奏折中，也说过这样一段话：

> 臣昔在军中，每闻谈及安庆收复之事，辄推功于胡林翼之筹谋，多隆阿之苦战；其后金陵克复，则又推功诸将，而无一语及其弟国荃。谈及僧亲王剿捻之时习劳耐苦，辄自谓十分不及一二；谈及李鸿章左宗棠一时辈流，非言自问不及，则曰谋略不如。往往形诸奏牍，见诸函札，非臣一人之私言也。

过去我在曾国藩的大营中，每次听他谈起安庆会战的事情，总是说谋划的功劳是胡林翼的，作战的功劳是多隆阿的。此后收复南京，他又把功劳推到各个下属身上，却没有一句话提到自己的弟弟曾国荃。谈到僧格林沁剿捻军时的吃劳耐苦，总是说自己连僧亲王的一成两成都比不上。谈到李鸿章、左宗棠这些同事、下属，不是说自问不及，就是说谋略不如。他在给朝廷的奏折里是这样写的，在给朋友的信函中也是这样写的。这可不是我一个人私下的评论啊。

曾国藩在谈到一个领导者如何让下属心服口服时说过八个字：

功不独居，过不推诿。

有了功劳不要马上一个人独占，有了责任不要马上推诿给别人。

他还说：

诿罪掠功，此小人事；掩罪夸功，此众人事；让美归功，此君子事；分怨共过，此盛德事。

推诿自己的过失，掠取别人的功劳，这是小人的行为。掩饰自己的过失，夸大自己的功劳，这是普通人的行为。把好处与功劳推让给别人，这是君子的行为。分担责任、承担过失，这是成就高尚品德的行为。

所以他说：

凡利之所在，当与人共分之；名之所在，当与人共享之。

凡是有利的事情，一定要注意分配。凡是有名的事情，一定要注意分享。

这样的人才能成就大事。这种与人为善、成人之美的宽容与善意，充分体现在曾国藩的为人处世之中。曾国藩在给曾国荃的信中说："功不必自己出，名不必自己成。"成就他人，其实就是成就自己。这样的胸怀，这样的格局，正是"恕道"的真义，也正是曾国藩身为领导者的人格魅力之所在。"恕道"，可以说是中国式领导力的核心。

北京大学国家发展研究院 BiMBA 商学院联席院长杨壮教授认为，领导力的关键不在于权力，而在于影响力，而影响力的关键在于可以改变追随者的价值体系、态度、行为和习惯。通过观念上的影响使其行为发生变化，这是影响力和权力之间的最大区别。① 优秀的领导者可以通过自己的魅力来感召下属，并保证下属的忠诚。因此，领导力的关键是怎样感动别人，真正让下属对你的行动不但表示赞同，而且心甘情愿地追随。曾国藩的"功不独居，过不推诿""功不必自己出，名不必自己成"，体现的正是推己及人的"恕"字功夫，它所释放出来的，也正是一种足以打动人心的影响力。

五、"恕"则不蔽于私

稻盛和夫在谈到优秀领导人的资质时说："领导人所处的地位，是要对左右集团命运的重大问题做出判断。这种情况下，对领导人来说，最重要的就是公正。而妨碍公正的因素，就是个人利益优先的利己心或叫私心。只要夹杂哪怕稍许的私心，判断就会暧昧，决断就会走向错误的方向。……夹杂私心的利己主义者当领导人最不称职。将自己的利益放在首位的领导人的行为，不仅会极大地打击现场的士气，而且会让整个组织道德堕落。……越是地位高的人越会看重自己，这是普遍的情形。然而，领导人越伟大越应该率先做出自我牺牲。不能把自己的事情搁在一边，没有勇气接受让自己吃亏的事情，我认为这样的人没有资格充当领导人。"② 这些话，对比曾国藩的行事，无疑是若合符节的。

的确，伟大的领导者在很多情况下，必须接受让自己吃亏的事情。曾国藩"恕"字功夫的表现之一，就是他在别人做得不对的时候，总能以仁爱、宽广的胸怀设身处地地理解别人、宽容别人。为了大局，哪怕自己会受委屈，也会做出自我牺牲，从而表现出极高的修养境界。

---

① 杨壮.做一个有影响力的人：北大领导力十堂课 [M].北京：机械工业出版社，2008：42—43.

② [日]稻盛和夫.稻盛和夫论领导人的资质 [M].商业评论，2012（7）：62—63.

湘军里，有一个人会为难曾国藩，那就是左宗棠。左宗棠，字季高，他的性格可以用"桀骜不驯、恃才傲物"这两个词来形容。左宗棠自视甚高，向来以诸葛亮自居，给朋友写信，往往不署自己的名字，而是署名"今亮"，甚至公开宣称"今亮或胜古亮"。可惜这位"今亮"科举考试不行，一直到了四十多岁，还只是一个举人。其实也不是左宗棠没有水平，而是他把精力都用在了研究兵书战策、经济地理这样一些事情上了，对于科举考试的八股文，并不是特别用心，自然也就屡试不中。

后来左宗棠干脆就放弃了科举之路，到湖南巡抚幕下，做了一位师爷。结果左宗棠很快就展现出了他的才华，把湖南大大小小的事情打理得井井有条。巡抚一看左宗棠这么有本事，乐得自己清闲，干脆就把事情都交给他了。有人来给巡抚汇报工作，巡抚往往一摆手，不耐烦地说："你去找左师爷去！"最后搞得湖南的官员都明白一个道理：遇到事情，找巡抚没有用，得找左师爷才行。

左宗棠这个人，有才能，但眼光奇高，一般人根本不放在眼里，就连对待曾国藩也是如此。左宗棠曾公开说曾国藩是"书憨"，也就是书呆子；说曾国藩"才略太欠，恐终非戡乱之才"（才能方略差了不少，恐怕最终并不是平定天下的人才）。曾国藩当时在湖南、江西跟官场闹得很不愉快，非常希望能得到左宗棠的支持，然而左宗棠却根本不给他留面子。曾国藩从长沙率军东征时，非常希望聘请左宗棠参与军幕、携之同行，左宗棠却毫不客气地拒绝了，不久之后却加入了巡抚骆秉章的幕府。左宗棠还不时对曾国藩落井下石。曾国藩在江西带兵时，非常抑郁，借父亲去世的机会撂下挑子回了老家，结果左宗棠非但不同情，反而在骆秉章的幕府中"肆口诋毁，一时哗然和之"，搞得曾国藩甚至说"欲效王小二过年"，不再与左宗棠说话了。

曾国藩有一次就半开玩笑地给左宗棠出了一副上联：

季子言高，仕不在朝，隐不在山，与我意见常相左。

你这个人说话就是高谈阔论，你说你当官吧，不在朝廷。只是个师爷，师爷根本算不上是体制内的官员。当隐士吧，你又不在家里好好待着，还跑出来指手画脚的。结果天天在这儿跟我闹矛盾。对联中把"左季高"三个字给嵌了进去。左宗棠也很聪明，马上就回了一个下联：

藩侯当国，进不能战，退不能守，问他经济又何曾！

你看你这个所谓的当国大臣，进你打不了仗，退你守不住，问你有过什么经邦济世的本领啊！下联中也嵌入了"曾国藩"。

有一次，曾国藩出于好意，想保左宗棠做候补知府，没想到左宗棠非但不领情，反而说曾国藩这是在拿个候补知府侮辱他，是让天下人耻笑他，还说自己要么不做官，要做官最小也得是个巡抚。结果又搞得曾国藩里外不是人。

左宗棠的这种性格，最终是一定要付出代价的。果然，左宗棠因为湖南永州镇总兵樊燮的案子，差一点把命都给搭了进去。

总兵在过去是武职中的二品官员。有一次，永州镇总兵樊燮去向巡抚骆秉璋汇报工作。拜见巡抚时，总兵按照惯例要给巡抚行磕头之礼。樊燮给巡抚行完礼，起来一看，哟，左师爷在旁边坐着，便给左宗棠作了个揖。

左宗棠非常恼火，大声问樊燮："你为什么不给我磕头？"樊燮一愣，心想我大小也是个二品官，你只是个师爷，半分品级都没有，我凭什么给你磕头？心里这样想，却不能这样说，便委婉地回了一句话："朝廷的体制，没有说总兵要给师爷磕头的。"

结果这句话却使得左宗棠怒火中烧，当时便一巴掌打了过去，骂了一声："王八蛋，滚出去！"

一个总兵让师爷给打了一个耳光，而且还被骂"王八蛋，滚出去"，这种侮辱可想而知。于是，樊燮找到了当时的湖广总督官文。官文对左宗棠的飞扬跋扈早就看不下去，便给朝廷写了个密折，说是湖南"一印两官"，大权都被左宗棠这样一个"劣幕"给控制了。咸丰皇帝非常震怒，当时就给官文下了一道上谕：左宗棠如果真有不法情事，可以就地正法。

左宗棠由此面临了杀身之祸。他一开始还不服，要去北京到御前申诉，但是官文在北京的朋党早就在半路上做好了准备，他要敢到北京，走到半路就会被截住，直接投进刑部大牢。左宗棠听到风声，也就不敢去了。

这时怎么保住左宗棠，就成了关键。虽然左宗棠平时对曾国藩很不客气，但曾国藩知道，为了大局，一定要救出左宗棠。他亲自给皇帝写折子，替左宗棠求情，折子中说："左宗棠刚明耐苦，晓畅兵机。当此需才孔亟之时，无论何项差使，唯求明降谕旨，俾得安心任事，必能感激图报，有裨时局。"同时又飞书在北京做官的湘籍人物郭嵩焘、王闿运等人，请他们出手相援。郭嵩焘、王闿运找到当时文采出众的翰林院侍读学士潘祖荫，花了重金请他写了一个折子。结果这个折子写得非常精彩，其中有两句关键的话，"骆秉章调度有方，实由左宗棠运筹决胜，此天下所共见""国家不可一日无湖南，而湖南不可一日无宗棠也"。尤其是后面这句，成了千古名句。

这么多人保奏左宗棠，这使得咸丰皇帝也为之动容。咸丰皇帝意识到左宗棠这个人非但不能杀，反而要重用。正好这时曾国藩再次给皇帝上折，说自己准备让左宗棠回湖南募勇六千，以救江西、浙江和皖南。咸丰皇帝于是下旨："左宗棠以四品京堂候补，随曾国藩襄办军务。"这样左宗棠就成了曾国藩的手下。

左宗棠投奔曾国藩后，曾国藩马上让他回家招兵，他也很快招了一支部队回来，这就是后来的"左湘军"，由此也就奠定了左宗棠一生事业的基础。曾国藩很了解左宗棠的为人，知道他不愿受人摆布，所以从一开始就让他独当一面，打了胜仗，所有的功劳都归他自己。而左宗棠每打一次胜仗，曾国藩就保举一次。在曾国藩的不断保举之下，三年的时间，左宗棠就从襄办军务变成了帮办军务，从帮办军务变成了浙江巡抚，从此成为封疆大吏。

左宗棠发展得如此迅速,当然与他本人的才能有关系,但如果没有曾国藩的保举,是根本就不可能的。这样的不断保举,在当时也只有曾国藩一个人能做出来。应该说,曾国藩是有恩于左宗棠的。

然而,打下南京之后,却因为幼天王的问题,发生了曾左失和的事情。太平天国的首都南京被湘军攻陷的一个月前,洪秀全已经病逝。他的儿子洪天贵福即位为幼天王。南京城破之时,太平天国后期最主要的领袖之一忠王李秀成,保护着幼天王往外冲,结果在突围的过程中被冲散,李秀成落入湘军之手。曾国藩便亲自审问李秀成,询问幼天王的下落。李秀成的判断是,幼天王就是一个十六七岁的少年,从来就没有出过南京城一步,根本没有生存能力,肯定已经死于乱军之中了。曾国藩也有点大意,就听信了李秀成的供词,给朝廷报告,说是幼天王"纵未毙于烈火,亦必死于乱军,当无疑义"。

没想到几个月以后,幼天王却在江西被发现了。江西当时的巡抚是沈葆桢,沈葆桢已经跟曾国藩有了矛盾,便把事情捅给了左宗棠。于是左宗棠与沈葆桢一唱一和,说是曾国藩所报幼天王已死之事不实,如果这一次幼天王不是在江西被发现了,那么太平天国很可能会死灰复燃,等等。

曾国藩打下南京以后,跟朝廷的关系已经非常紧张了。功高震主,历代"狡兔死,走狗烹"的例子太多了。明白的人都知道,曾国藩对此事的处理稍有不慎,便会遭到杀身灭族之祸。正当曾国藩站在悬崖边上,小心翼翼处理跟朝廷的关系时,没想到左宗棠却借幼天王的事件,从背后给了他一刀。以左宗棠的聪明,他应该不会不知道这件事如何处理才是最妥当的。因此,曾国藩很难原谅左宗棠,两个人从此以后再也没有通过音信。

但是,即使在这样的情况下,曾国藩对于左宗棠还是很宽容的。他曾经写信给自己的儿子曾纪泽说:

余于左、沈二公之以怨报德,此中诚不能无芥蒂,然老年笃

畏天命，力求克去褊心忮心。尔辈少年，尤不宜妄生意气，于二公但不通闻问而已，此外着不得丝毫意见，切记切记。

我对于左宗棠、沈葆桢二人以怨报德，心中不可能没有芥蒂，但我人老以后，笃畏天命，力求去掉狭隘忌妒之心。你们少年人，尤其不要妄生意气，对于二人只是不通音讯而已，此外不可有任何的意见，切记切记。

即使在这种情况下，曾国藩对左宗棠的才能依然是非常赏识的。同治年间，青海、甘肃、宁夏、新疆等地发生了"回乱"，左宗棠带兵到西北平乱。有一次，一位叫吕庭芷的幕僚从甘肃前线回来，曾国藩向他询问了左宗棠的部署，然后跟他说："你平心而论一下左公所为。"吕庭芷在讲了左宗棠的一大堆好话后，如实地说："以某之愚，窃谓若左公之所为，今日朝端无两矣。"（凭我的愚陋之见，我觉得左宗棠的作为，在如今的天下是找不出第二个人能做到这一步的。）曾国藩一拍桌子，说："诚然！此时西陲之任，倘左公一旦舍去，无论我不能为之继，即起胡文忠公于九泉，想亦不能为之继也。君谓朝端无两，我以为天下第一耳！"（你说得太对了！平定西北的重任，如果左宗棠不干了，不光是我接不了，就是让已经死去的胡林翼起死回生，他也接不了。你说天下没有第二个人，我认为他就是天下第一！）

后世有人感慨地评价说："时二人正在绝交中，曾公居心之正，有如此者！"（这时曾、左二人还在绝交之中，而曾国藩居心之正，竟然到了这样的境界！）

左宗棠在平定西北的时候，曾经与人谈过他最担心的事情："我既与曾公不协，今彼总督两江，恐其隐扼我饷源，败我功也。"西北许多地方是不毛之地，作战需要的粮饷，还得依靠东南富裕的省份。曾国藩是两江总督，如果曾国藩乘机报复，卡左宗棠的粮饷，他这个仗根本就没有办法打。

但让左宗棠没有想到的是,"文正为西征军筹饷,始终不遗余力,士马实赖以饱腾"。当时其他各个省都没有完成规定的任务,唯独曾国藩的两江辖区,按时足额、源源不断地将粮饷运了过来,保证了左宗棠军事行动的顺利进行。

曾国藩还把湘军裁撤之后剩下的最后一支精锐部队,也就是老湘营,全部交给左宗棠使用,老湘军的统领刘松山、刘锦棠叔侄,因此成为左宗棠西北用兵的主要骨干。而左宗棠也最终以此平定了西北,并且收复了新疆,成了民族英雄。薛福成评价此事时说:"是则文襄之功,文正实助成之,而文襄不肯认也。"(由此看来,左宗棠的功劳,其实是曾国藩帮助他完成的,只是左宗棠不肯承认罢了。)

平定西北之后,左宗棠做了陕甘总督,驻在兰州。当时曾国藩已经去世。有一次左宗棠跟一位幕僚聊天,聊着聊着就说起了曾国藩。这位幕僚很不客气地对左宗棠说:"大帅,我觉得你不如曾大帅。曾大帅心中时时有你,你心中从来就没有曾大帅。"意思是曾大帅可以包容你,你却包容不了曾大帅。左宗棠心服口服,说:"你说得太对了!曾国藩在世的时候,我很瞧不起他;但是他去世之后,我越来越佩服他。"左宗棠对曾国藩的佩服,无疑包括他的胸怀和度量。

曾国藩去世的时候,左宗棠写了一副挽联:

谋国之忠,知人之明,自愧不如元辅;
同心若金,攻错若石,相期无负平生。

这位一生与曾国藩闹意气的左宗棠,想必在写这副挽联的时候,也是动了真感情的。萧一山评价说:"国藩殁而宗棠心悔,一改往时骄慢之气,而有至诚之挽,此盖曾氏之宏度有以感动之也。"(曾国藩去世之后,左宗棠心中十分后悔,一改往日的骄横傲慢习气,有了这样一副至为诚恳的挽联,这也是曾国藩的大度感动了他的缘故啊。)

事实上,在曾国藩去世后,左宗棠对曾国藩的后代还是非常照顾的。

曾国藩的儿子曾纪泽和他的女婿聂缉椝的发展，在很多方面都得到了左宗棠的关照。

左宗棠曾经在给自己的儿子写信时，专门解释过他跟曾国藩的这段恩怨。他说"其实我跟曾国藩的关系不像外面传的那样。我们两人争的是国事，而不是私怨"。左宗棠的这段话到底是否可信，我们不好说，但毕竟由于曾国藩的包容，两个人的关系并没有完全破裂，湘军作为一个集团，也没有解体。

曾国藩在谈到"恕道"时曾有一段非常精彩的话：

> "恕"则不蔽于私。大抵接人处事，于见得他人不是，极怒之际，能设身易地以处，则意气顿平，故"恕"字为求仁极捷之径。

有了"恕"的功夫，人就不会为自己的私心所蒙蔽。大致说来，待人处事，当看到别人做得不对、你非常愤怒的时候，如果能够设身处地，将心比心，换位思考，那么你的情绪马上就能平和下来。所以"恕"字是达到仁的境界极为便捷的途径啊。

这一段话，把"恕"对于突破自我局限的价值讲得淋漓尽致。曾国藩还说过这样一段话：

> 凡有横逆来侵，先思所以取之之故，即思所以处之之法。不可便动气，两个人动气，就成了一对小人，一般受祸。

凡是有横暴无理的行为突然发生在自己身上，该如何做呢？先要静下心来，想明白究竟对方为什么要这样做，然后再想明白我应该如何处理才是最妥当的，不能随便动气。如果两个人都动了气，那就成了一对小人，最终的结果就是两败俱伤。

曾国藩在谈到如何才能有宽广的胸怀时也说：

> 胸怀广大，须从"平淡"二字用功。凡人我之际，须看得

"平"；功名之际，须看得"淡"。庶几胸怀日阔。

要想心胸开阔，一定要在"平淡"二字上下功夫。人都是以自我为中心的，往往会把自己看得高，把别人看得低；把自己看得重，把别人看得轻。人与人之间的交往，一定要突破自我，一碗水端平。人和人之间发生争夺冲突，一定是因为把"功名"二字看得太重，无法放下。面对功名，一定要学会看淡一些，这样心胸才能一天比一天开阔。

领导者在进行竞争的过程中，不可避免地会遇到一些令人生气的行为。联想的杨元庆便多次因为对手的言行而要给对方迎头痛击。柳传志在一封信中曾用"鸵鸟理论"提醒杨元庆，要学会站在别人的角度去想问题。柳传志说：

当两只鸡一样大的时候，人家肯定觉得你比他小；当你是只火鸡，人家是只小鸡，你觉得自己大得不行了吧，小鸡会觉得咱俩一样大；只有当你是只鸵鸟的时候，小鸡才会承认你大。所以，千万不要把自己的力量估计得过高，你一定要站在人家的角度去想。你想取得优势，你就要比别人有非常明显的优势才行。所以，当我们还不是鸵鸟的时候，说话口气不要太大。

柳传志的"鸵鸟理论"给了杨元庆极大的启发。杨元庆说这个理论让他心胸开阔，受益良多。后来杨元庆的确对国内的同行们进行过多次的公开提携。确实，对于企业领导者来说，学会从别人的角度看问题，学会从对手的角度看问题，才更有可能达到行业领袖的境界。

第十二讲

强

一、男儿自立，须有倔强之气

这一讲说的是"强"。强就是刚强、倔强。"强"所强调的就是意志、毅力、定力。用今天流行的领导力词汇来说，就是"坚毅"，就是要具备逆商。

美国宾夕法尼亚大学心理学教授安吉拉·杜克沃斯曾经对美国数千名高中生进行调研，并对西点军校的学员、美国全国拼字冠军等不同领域的优秀人才进行了跟踪、观察和分析。她发现，无论在什么情况下，比起智力、学习成绩和长相这些因素来说，坚毅（grit）才是预示一个人能否成功的最为可靠的指标。

领导者在成就事业的过程中，一定会遇到很多的挫折、打击、逆境。挫折和失败本来就是人生的组成部分。伟大的领导者几乎都是从失败中走出来的。能否走出挫折和失败的阴影而继续前行，并将失败和挫折变成最好的成长机会，是决定领导者的事业最终能否成功的关键因素。所以在曾国藩看来，"强"也是想做大事的领导者所必须具备的基本素质。

对于这个世界的本质，曾国藩有着非常清楚的认识，他在给曾国荃的信中说：

> 势利之天下，强凌弱之天下，此岂自今日始哉？盖从古已然矣。从古帝王将相，无人不由自强自立做出。

在给曾国荃的信中，曾国藩还说：

> 倔强二字，却不可少。功业文章，皆须有此二字贯注其中，否则柔靡不能成一事。孟子所谓"至刚"，孔子所谓"贞固"，皆从倔强二字做出。吾兄弟皆禀母德居多，其好处正在"倔强"。

"倔强"这两个字，是绝对不可少的。不管是做事还是写文章，都需要有这两个字的精神贯注于其中，否则是什么事情都成不了的。孟子所说的"至刚"，孔子所说的"贞固"，都是从"倔强"这两个字中引发出来的。我们兄弟受母亲性格的影响比较大，其好处也正在于"倔强"。

曾国藩的母亲江氏，是一位非常倔强的女性，这对曾国藩兄弟产生了很大的影响。其实曾国藩的性格，受他祖父曾玉屏的影响更大。曾玉屏常对家人说的一句话，就是"以懦弱无刚四字为大耻"。这句话曾国藩一生牢记在心，做了两江总督之后，他还以祖父的这句话教导自己的弟弟，并认为"男儿自立，须有倔强之气"。他说："凡事非气不举，非刚不济，即修身养家，亦须以明、强为本。""难禁风浪"是不行的，"古来豪杰皆以此四字为大忌"。而成大事者，必须是倔强、刚强之人。他以汉初大将樊哙"鸿门被帷、拔剑割彘、霸上还军之请、病中排闼之议"等种种壮举为例，说：

> 禀阳刚之气最厚者，其达于事理必有不可掩之伟论，其见于仪度必有不可犯之英风。……未有无阳刚之气，而能大有立于世者。

真正具有阳刚之气的人，在事理的见解上一定会有不可遮蔽的宏伟言论,在行为的举止上一定会有不可冒犯的英迈风范。从来就没有缺乏阳刚之气,却能在这个世界上有大成就的人。

曾国藩在解释为什么给长子曾纪泽取字"劼刚"时说:"吾字汝为劼刚,恐其稍涉柔弱也。"(我之所以为你取"劼刚"为字,就是怕你会稍稍沾上柔弱的毛病啊。)

美国总统柯立芝曾说过:"世界上没有一样东西可以取代毅力。才干也不可以——怀才不遇者比比皆是,一事无成的天才也到处可见;教育也不可以——世界上充斥着学而无用、学非所用的人;只有毅力和决心,才能无往而不胜。"

过人的毅力是曾国藩最突出的品格。他的"男儿以懦弱无刚为耻",他的咬牙立志、不甘失败,他的历尽千难万苦而不改其志,都是超出一般人的。

二、打脱牙,和血吞

龙梦荪在评价曾国藩时说:"虽极人世艰苦之境,而曾不少易其心;虽遇千挫百折之阻,亦不足以夺其志。"曾国藩的一生,充满了挫折与逆境,但他的过人之处,就在于他能够以倔强之气坚持下来,做到百折不挠,愈挫愈奋,屡屡在困厄之中冲出血路,并最终迎来辉煌。

曾国藩在回顾自己的经历时,曾说自己生平有"数大堑":

> 余生平吃数大堑,而癸丑六月不与焉。第一壬辰年发佾生,学台悬牌,责其文理之浅;第二庚戌年上日讲疏,内画一图甚陋,九卿中无人不冷笑而薄之;第三甲寅年岳州靖港败后,栖于高峰寺,为通省官绅所鄙夷;第四乙卯年九江败后,赧颜走入江西,又参抚、臬,丙辰被困南昌,官绅人人目笑存之。

我平生吃过几次大亏。咸丰三年六月因为跟湖南官场势同水火、被人赶出长沙那一次还不算。第一次是道光十二年我做秀才的时候，学台公开指责我写的文章文理不通。第二次是道光三十年我做翰林，在给皇上讲课的时候，画的一幅图十分丑陋，大臣们没有一个不对我冷嘲热讽的。第三次是咸丰四年我第一次带兵，在岳州、靖港战败后，暂时栖身于长沙城外的高峰寺，结果全省的官绅没有一个不用鄙夷的眼光看我的。第四次是咸丰五年九江战败，我厚着脸皮进入江西，又弹劾了江西的巡抚、按察使，结果第二年当我被困在南昌时，全省的官绅人人都兴高采烈地看我的笑话。

曾国藩在这里讲的第三大堑，即靖港之役，是他带兵以来所遭受的第一次大挫折。1853年，湘军东征，正好与太平军的西征军迎头相遇。湘军大将王鑫在岳州之战中首先便败给了太平军，湘军出师不利，除塔齐布外，其余各军都退回了长沙。湖南官绅议论纷纷，有的骂曾国藩无用，有的主张乘机解散湘军。湖南巡抚骆秉章虽然因为无兵守卫长沙，不同意解散湘军，但对曾国藩的态度也极为冷淡。好在湘军的主力并没有受到多大的损失，太平军因为进攻势头太盛，也暴露出了不少弱点，其中占领湘潭的林绍璋一军由于后援没有跟上，攻势停顿，已经陷入了孤立无援的境地，这给了湘军以反攻的机会。曾国藩抓住对手的这个弱点，制订了集中兵力攻打湘潭的计划，并安排杨岳斌、彭玉麟等五营先行，曾国藩率其余五营于次日跟进。

然而，在曾国藩临行的前一天晚上，忽然有靖港民团前来报告，说那里的太平军少而无备，并说当地民团已经搭好了浮桥，愿意协助进攻，充当向导。曾国藩一听机会难得，就不顾打湘潭的军队已经出发，率领所余水路各军改攻靖港。不想民团提供的情报有误，太平军的力量远远超过湘军。湘军遭到了太平军炮火的猛烈轰击，战船很快就被太平军击毁了十余只，余下的也被太平军俘获。湘军水兵一看不好，纷纷上岸逃命。曾国藩急忙调动陆军前来救援，但陆军见水兵溃逃，也纷纷后退。曾国藩亲自执剑督阵，并竖起令旗，旗上写着"过此旗者斩"几个大字，然而兵败如山倒，官兵们一个个绕过令旗，一路狂逃，败局于是再也不可挽回。

以前曾国藩一再讥笑绿营兵望风而逃，不料自己训练的湘军不但如绿营一样不堪一战，甚至逃亡溃散，有过之而无不及。曾国藩跟湖南的那些官员们早就有了矛盾，这些人听说曾国藩打了败仗，不知道要幸灾乐祸到什么地步呢。他左思右想，既羞又气，船到铜官渡，趁人不注意，扑通一声跳到了水中，想一死了之。好在之前幕僚见他神色不对，便在后面悄悄地跟着，一看到他跳入水中，赶紧把他捞了上来。一众人等再三劝说，曾国藩才勉强回到了大营之中。

果然，湘军在靖港战败的消息传到长沙，各种各样嘲笑、讽刺的话都来了，说得非常难听，甚至还有人跑到巡抚骆秉章那里告状，要求解散湘军了事。一时之间，闹得个满城风雨。曾国藩自己也悲观到了极点，回到长沙后就不肯吃饭，不肯更衣，也不肯洗脸。他暗中给皇帝写好了遗折，还让弟弟曾国葆给他备好了棺材，准备再次自杀。就在这时，传来了去打湘潭的那部分湘军大获全胜的消息。这就像一阵大风，吹散了曾国藩的满面愁云，也改变了长沙城内的形势。长沙官场一改对曾国藩和湘军的歧视，骆秉章也开始热情起来。甚至远在京城的咸丰皇帝，也开始重视湘军。曾国藩和湘军的政治处境得到了极大的改善。

曾国藩所说的第四大堑，即九江战败之后厚着脸皮进入南昌，更是他终生难忘的一段惨痛经历。曾国藩被困在南昌的时候，可以说到了困窘异常的地步。一方面，仗打得不好，与太平军作战是屡战屡败；另一方面，跟江西官场的关系闹得一塌糊涂，用他自己的话说已经到了"通国不能相容"的地步。江西官场从巡抚陈启迈到其手下，几乎人人与他作对，双方势同水火，屡屡冲突，这无疑使他的处境进一步雪上加霜。用曾国藩自己写给咸丰皇帝奏折中的话说："每闻春风之怒号，则寸心欲碎；见贼帆之上驶，则绕屋彷徨。"（一听到春风的怒号，心都要碎了；一看见敌人的船开过来，就急得绕着屋子转圈，却没有任何的办法。）后来王闿运写《湘军志》，还说曾国藩在江西实在悲苦，读到当时的文件，都让人忍不住要流泪。直到曾国藩担任了两江总督，他的日子才好过了一些。

但是曾国藩讲，他自己平生的长进，"全在受辱受困之时"。正是在与官场政敌与太平天国的双重搏斗中，曾国藩养成了一种咬牙立志、不肯认输的性格。他自己称之为"打脱牙，和血吞"的"挺"字功夫。他曾经夫子自道说：

> **李申夫曾尝谓余怄气从不说出，一味忍耐，徐图自强，因引谚曰："好汉打脱牙，和血吞。"此二语是余咬牙立志之诀。余庚戌、辛亥间为京师权贵所唾骂，癸丑、甲寅为长沙所唾骂，乙卯、丙辰为江西所唾骂，以及岳州之败、靖港之败、湖口之败，盖打脱牙之时多矣，无一次不和血吞之。**

李申夫曾经说我与人怄气从来不说出口，而是特别能忍耐，一步步寻求自强之道，因而引用俗话说：好汉被人打掉了牙，连牙带血一块儿吞到肚子里，绝对不露出败相来。这正是我咬牙立志的诀窍啊。我曾经被京城中的权贵唾骂，被长沙的官场唾骂，被江西的官场唾骂，我也经历过岳州之败、靖港之败、湖口之败，我被打掉牙的时候多了，没有一次不是连血一块吞下去的。

三、天下事果能坚忍不懈，总可有志竟成

曾国藩在回顾自己的一生时，还说过这样一段话：

> 本部堂办水师，一败于靖港，再败于湖口，将弁皆愿去水而就陆，坚忍维持而后再振。安庆未合围之际，祁门危急，黄德糜烂，群议撤安庆之围援彼二处，坚忍力争，而后有济。至金陵百里之城，孤军合围，群议皆恐蹈和、张之覆辙，即本部堂劝；不

以为然，厥后坚忍支撑，竟以地道成功。

> 我办理湘军水师，一败于靖港，再败于湖口，将士们都想要离开水师而做陆军。但我咬紧牙关将局面维持了下来，而后终于有了重振的机会。安庆没有合围的时候，祁门大营十分危急，黄德的局势也很危险，大家都建议我撤安庆之围，以支援祁门、黄德，但我咬紧牙关不撤，终于打下了安庆。至于南京这样一个方圆百里的大城，易守难攻，我却以孤军将南京围了起来，大家都说恐怕要蹈前面和春与张国梁的覆辙了，然而我却咬牙坚持了下来，最后竟然立了大功。

安庆会战的过程，可以说使曾国藩的"倔强之气"淋漓尽致地体现了出来。安庆会战是曾国藩精心布置的一场与太平军的决战，是实现曾国藩"以上制下"战略的关键点。曾国藩的目的，就是通过围攻安庆这样一个必争之地，引诱太平军以主力来救，从而迫使太平军与湘军在安庆决战，以此消灭太平军的主力，为湘军顺江而下、攻占南京创造条件。为此，曾国藩进行了精心的安排。然而，安庆会战刚刚开始，曾国藩却先后遭受了来自各方面的巨大压力。

安庆会战首先遭到了清政府的反对。清政府当时仅仅盯着所谓的东南财赋之区，一心一意想尽快收复江浙等地，对于曾国藩发起安庆会战的深层意义，并不真正理解，反而认为攻打安庆是缓不济急。因而就在曾国藩开始集中兵力要展开安庆会战的时候，清政府却给他连下了多道谕旨，要求他如果安庆能尽快打下来，就打；如果一时打不下来，就不要打了，赶紧派兵到苏州、常州、杭州等江浙之地。曾国藩只好给朝廷反复写折子，解释为什么从全局的角度看必须从安庆下手才可以，最后终于把清政府给说服了。

来自朝廷的压力好解决，但是来自湘军内部的压力，曾国藩却是必须面对的。这种压力，偏偏来自胡林翼。安庆会战打响后，太平天国看破曾国藩的意图，反过来制定了一个"围魏救赵"的战略，准备集中兵力，进攻湘军的后方基地武汉，通过进攻武汉，迫使围困安庆的湘军回师湖北，由此便可以解安庆之围。这一战略应该说是很高明的。结果太平军陈玉成部进展得非常快，连克英山、蕲水，随即占领黄州，直逼武汉城下。当时清军湖北兵力十分空虚，防守武汉的只有三千绿营兵，而且战斗力极差。听说太平军要来进攻的消息，整个武汉三镇的官员富户逃之一空。湖北巡抚胡林翼急得吐血，骂自己是"笨人下棋，死不顾家"，因而请求曾国藩赶紧回来先保武汉要紧。这对曾国藩形成了极大的压力，胡林翼是湘军的二号人物，湖北又是湘军的后方基地，显然不可能置之不理。但一旦回师湖北，安庆会战的计划就要泡汤了。要不要撤围安庆、回师湖北？

在这种情况下，曾国藩再一次表现出了他的定力。曾国藩分析当时的状况以后得出结论：太平军的意图就是"围魏救赵"，打武汉的目的就是为了调走围安庆的部队，然后再回过头来解安庆之围；太平军能否打下来先不说，就是打下来，也不会守，即使想守也守不住。因此不管太平军能否打下武汉，最后还是要回来打安庆。所以这其中的关键，就是安庆。只要湘军咬住安庆这个点不放，太平军就一点办法都没有。

在给安庆前线指挥攻城的曾国荃的信中，曾国藩说："此次安庆之得失，关乎吾家之气运，即关系天下之安危。""吾但求破安庆一关，此外皆不遑与之争得失，转旋之机就在一两个月可决耳。"（我只要求攻下安庆这一关，此外所有的地方太平军都拿去，我都不要了。大局的转折点，在这一两个月就可以看出来了。）

曾国藩把自己的这个想法也跟胡林翼讲了，胡林翼这时已经从最初的慌乱中清醒了过来，认为曾国藩确实是对的，因而对曾国藩的决定表示坚决支持。

后来的形势发展完全被曾国藩说中了，在曾国藩的支持之下，曾国荃一心一意进攻安庆。而太平军对武汉的进攻果然只是虚晃一枪，在武汉城下遇到担心因武汉开战而影响自己利益的英国商人势力的阻挠后，太平军便立即放弃进攻武汉，回过头来直奔安庆。如此来回折腾，不但没有调动湘军，反而白白浪费了时间，可谓正中曾国藩的下怀。最终虽然太平军竭尽全力，要解安庆之围，但安庆还是被湘军攻破了。

太平天国总理朝政的洪仁玕后来在反思太平天国的历史时，认为太平天国最大的失误之一，就是安庆落到了湘军之手，"安庆一失，沿途至天京之城相继陷落，不可复守矣"（安庆一丢，沿着长江一直到南京的各个城池也相继陷落，南京再也无法守住了）。事实证明，曾国藩的决定是完全正确的。

李瀚章在评价曾国藩时说："其过人之识力，在能坚持定见，不为浮议所动。"曾国藩自己也说："天下事，果能坚忍不懈，总可有志竟成。"如果刚受挫折，或者听到别人不切实际的议论就心情沮丧，改变计划，那是成不了事的。曾国藩还说，一个人"若从流俗毁誉上讨消息，必致站脚不牢"（如果一味靠揣摩别人的毁誉来决定自己的行为，那是根本无法站稳脚跟的）。在给欧阳兆熊的信中，曾国藩说："集思广益，本非易事。要当内持定见，而六辔在手；外广延纳，而万流赴壑。乃为尽善。"（集思广益并不是一件容易的事情。关键是心里一定要有定见，就像要用缰绳把握住方向一样；广泛听取众人的意见，就像所有的溪水都最终要汇入大江一样。这样才会尽善尽美。）

在湘军之中，胡林翼的见识与品德都不在曾国藩之下，然而胡林翼的成就却不如曾国藩，非常重要的一个原因，就是胡林翼缺乏曾国藩这样的定见，容易动摇。安庆会战就是一个例子。曾国藩在给湘军大将李续宜的信中曾说：

> 胡中丞于久经谋定之局，每至临事变其初计。……大抵宫保德性之坚定，远胜于往年，而主意不甚坚定，犹不免往年游移之见。左季翁谓其"多谋少断"，良为不诬。

胡林翼对于早已谋划决定了的战略，每到事已临头之时，往往会改变自己的主意。大致说来，胡林翼道德修养的坚定，远比往年高出很多，但他的主意不甚坚定，还是不免于往年的犹豫不决、举棋不定。左宗棠说他"多谋少断"，确实不是冤枉他。

正因为如此，曾国藩非常看重在困境中能够咬牙立志、坚持定见的倔强之气。曾国藩说，"凡发一谋，举一事，必有浮议摇撼"（凡是你提出一个计划，开始一个行动，一定会有各种各样的议论来动摇你的决心），关键是你自己必须有定见，即所谓的"是非审之于己"。"于毁誉祸福置之度外，此是根本第一层功夫。此处有定力，到处皆坦途矣。"（将毁誉祸福置之度外，这是最根本的第一层功夫。这个方面有了定力，什么事情就都容易做成了。）

因此，"凡是做事，没有志气是不行的，没有倔强的性格也是不行的""艰难困苦，正是上天要将你磨炼成英雄的好机会""天下事只在人力作为，到山穷水尽之时自有路走"——这也就是曾国藩一生所崇信的"志之所向，金石为开"。

四、以"硬"字法冬藏之德

在曾国藩看来，通过艰苦的磨难和逆境的洗礼，正好可以淬砺出一种百折不挠的精神。他说："古代的贤人，在困苦忧患之际，正是道德功业突发猛进的时候。其大处在于胸怀坦荡，其小处在于身体健康。圣贤之所以为圣贤，佛家之所以成佛，关键都在于遭到过大的磨难。"

确实，虽然曾国藩经历了许多的磨难和挫折，但他还是凭着顽强的意志和咬牙立志的气概，最终打败了太平军，成了同治中兴的第一名臣。挫折困难对他来说，正是一个"增益其所不能"的过程。而且在别人遇到挫折的时候，他也经常以此相劝。曾国藩曾写信给曾国荃说："来信每怪运气不好，便不似好汉声口。唯有一字不说，咬定牙根，徐图自强而已。"（你的来信中每次都怪自己运气不好，这就不像是好汉的口气。唯有一个字也不说，咬紧牙关，慢慢寻求自强之道而已。）"吾生平长进，全在受挫受辱之时。务须咬牙励志，蓄其气而长其智，切不可徒然自馁也。"（我这一辈子的长进，全都在受挫受辱的时候。一定要咬牙立志，蓄积自己的倔强之气，增长自己的智慧；千万不要因此而白白泄了气。）

曾国荃弹劾官文之后，引起了轩然大波，京中流言四起，使他陷入了极大的困境之中，曾国藩写信劝他说：

此时须将劾官相之案、圣眷之隆替、言路之弹劾一概不管，袁了凡所谓"从前种种譬如昨日死，从后种种譬如今日生"。另起炉灶，重开世界。安知此两番之大败，非天之磨炼英雄，使弟大有长进乎？

你现在应该将对官文的弹劾、皇帝对你的宠眷、舆论对你的弹劾都放下，一概不管。你就按照袁了凡所说的"从前种种譬如昨日死，从后种种譬如今日生"，另起炉灶，重开世界。谁知道这两次的大败，不是老天要磨炼英雄，使你大有长进呢？

曾国藩还说，天下事并不是一开始就设定要如何如何的。但是一旦进入局面，它就迫使你必须要做出一番成就，也只有这样，才可以洗去昔日的耻辱，这也是一种倔强。

曾国藩还专门讲过一个"硬"字诀。他对曾国荃说：

弟当此百端拂逆之时，又添此至交龃龉之事，想心绪益觉难堪。然事已如此，亦只有逆来顺受之法，仍不外"悔"字诀、"硬"字诀而已。……朱子尝言："悔"字如春，万物蕴蓄初发；"吉"字如夏，万物茂盛已极；"吝"字如秋，万物始落；"凶"字如冬，万物枯凋。又尝以"元"字配春，"亨"字配夏，"利"字配秋，"贞"字配冬，兄意"贞"字即"硬"字诀也。弟当此艰

危之际，若能以"硬"字法冬藏之德，以"悔"字启春生之机，庶几可挽回一二乎？

所谓的"悔"，就是反思，就是自新。而所谓的"硬"，就是咬牙，就是立志。越是处境困难，越要像冬天里的草那样，在万物凋零之时，虽不能任意抽发，却咬紧牙关，抵抗严寒，等待春天的到来。"硬"，实际是"强"的最高境界。

曾国藩甚至认为，越是在艰难之时，越不能萌生任何的退意。他给曾国荃写信说：

> 运气一坏，万弩齐发，沅弟急欲引退。余意此时名望大损，断无遽退之理，必须忍辱负重，咬牙做去。待军务稍转，人言稍息，再谋奉身而退。

> 人运气一坏，马上就会有无数人落井下石。老弟你现在一心想着赶紧引退，在我看来，现在你的名望已经大损，绝没有立即引退的道理。一定要忍辱负重，咬紧牙关一步步地去做。等到军情稍有好转，人言稍有平息，再想办法全身而退才行。

从这段话中，可以清楚地看出曾国藩的性格：逆境如逆水行舟，心劲儿一松，便会被激流裹挟，再也无法控制局面。此时反而要咬紧牙关，硬挺下去。当渡过难关、风平浪静之际，自然可进可退，而不会发生危险。

对于自己的倔强，曾国藩十分自负。他有一次说自己要写一部书教人，叫作《挺经》。人生在世，就是要挺直了，别趴下，不能轻易服输。还有一次，当曾国藩的心腹幕僚赵烈文说起李鸿章来，说他"事机不顺，未必能如师宏忍"的时候，曾国藩立即非常得意地说："吾谥法文韧公，此邵位西之言，足下知之乎？"（我死了以后，应当谥为文韧公，这是邵位西说的，你知道吗？）可见曾国藩最自得的，就是自己的坚忍不拔。

五、在自修处求"强"

不过,曾国藩所说的倔强,并不是刚愎自用。关于这一点,曾国藩说得很清楚:

> 强毅之气,决不可无,然强毅与刚愎有别。古语云:自胜之谓强。曰"强制",曰"强恕",曰"强为善",皆自胜之义也。如不惯早起,而强之未明即起;不惯庄敬,而强之坐尸立斋;不惯劳苦,而强之与士卒同甘苦,强之勤劳不倦,是即强也。不惯有恒,而强之有恒,即毅也。舍此而求以客气胜人,是刚愎而已矣。二者相似,而其流相去霄壤,不可不察,不可不谨。

> 倔强坚毅之气是绝对不能少的。但倔强坚毅与刚愎自用有根本的区别。古人云:自胜谓之强。像勉力于自制、勉力于恕道、勉力于为善,都是自己战胜自己的意思。像不习惯于早起,而强迫自己不到天明就起;不习惯于庄重严肃,而强迫自己端坐在那里;不习惯于劳苦,而强迫自己与士卒同甘共苦,强迫自己勤劳不倦,这些就是倔强。不习惯于有恒心,而强迫自己有恒心,这些就是坚毅。舍弃这些,而非要以虚浮之气压过别人,这是刚愎自用而已。二者有相似的地方,但实际上有根本的差别,因此不可以不分别,不可以不谨慎。

正因为如此,曾国藩还强调,"强"字必须以"明"字为基础。他在给曾国荃的信中说:

> 强字原是美德,余前寄信,亦谓明强二字断不可少。第强字须从明字做出,然后始终不可屈挠。若全不明白,一味横蛮,待他人折之以至理,证之以后效,又复俯首输服,则前强而后弱,京师所谓瞎闹者也。

"强"字原是美德,我以前寄给你的信里也说:"明""强"二字必不可少。只是"强"字须从"明"字做出,然后才会有始有终。如果全不明白,一味蛮横,等到别人"折之以道理,证之以后效",又重新低头认输,这就是前强而后弱。这就是京城里所说的瞎胡闹之人啊。

　　所以曾国藩说:"在自修处求强则可,在胜人处求强则不可。"(一个人应该在自我修养方面讲求倔强,而不应该在压倒别人方面讲求倔强。)

　　人性是有弱点的,包括软弱、自私、懒惰、动摇等。正是这些东西阻碍了人的积极进取,阻碍了人最终的成就。而"强"字强调的是"天行健,君子以自强不息"的精神,强调的是"功可强立,名可强成",强调的是对自身局限的超越。用曾国藩的话说:"天下无现成人才,亦无生之卓识,大抵由勉强磨炼而出耳。"因此,这里所说的"强",强调的就是勉力于自我品性的成长。真正的成长,往往就发生在领导者能够突破自我边界的时候。

　　曾国藩的性格,实际上反映了儒家关于"力"与"命"之间关系的二重性。儒家是承认天命的,曾国藩便说自己是一个相信天命的人,但另一方面,在"力"和"命"的关系上,儒家又非常相信意志的力量。从孔子的"知其不可而为之"、孟子的"舍我其谁"、荀子的"制天命而用之",到《周易》的"自强不息",再到宋儒的"为天地立心,为生民立命,为往圣继绝学,为万世开太平",无不体现出一种对主体力量的高度自信。在"力"与"命"的关系上,儒家承认"天命"的至上性,但又以"人能弘道"的信念,强调充分发挥人的主体力量,不令天命独胜而人独败。同时,也正是"弘道"的社会历史使命,向以弘道为己任的儒生提出了"士不可以不弘毅"的命题。只有有了这种"弘毅"的韧劲与倔强,才能"不怨天,不尤人",才能一往无前,百折不回,无论身处什么样的环境,都不会放弃自己的信念与追求。曾国藩的"强"所体现的,正是这样一种咬牙立志、不甘失败的精神。曾国藩曾说：

> 事会相薄，变化乘除，吾当举功业之成败，名誉之优劣，文章之工拙，概以付之运气一囊之中，久而弥自信其说不可易也。然吾辈自信之道，则当与彼赌乾坤于俄顷，较殿最于锱铢，终不令囊独胜而吾独败。

世事纷纭，变幻无常，我们应当把功业的成败、名誉的好坏、文章的优劣，全部归结到"运气"二字上。经历的事情多了，我更加相信这种观点是不可变更的。然而，我们真正的自信，则应当与命运作斗争，不能总让它独胜，而我们独败。

这是一种"天下事只在人力作为，到山穷水尽之时自有路走"的自信，这是一种"成败听之于天，毁誉听之于人"的坚持。一切毁誉、成败、荣辱、生死因此被付之命定而置之不顾，"吾尽吾心而已"。故这里的"强"，就是看明白以后的一种坚持、一种定力。这无疑是做大事的人必须拥有的一种品质。对于一个领导者来说，这种倔强，这种自信，这种毅力，这种不服输的精神，无疑是非常关键的。

人生总是会遇到各种各样的挑战，领导者遇到的挑战，往往要超出一般人。一个人如果缺乏坚强的意志，往往就会以环境为借口，随意地放弃应该达成的目标。稻盛和夫认为，"在经营者当中有这样的人，当目标看来难以实现时，他们立即寻找理由和借口，将目标数字向下调整，甚至将目标全盘取消"。他认为，"应该立即撤换这种没有意志、盲目跟着环境转悠的经营者、领导人"。稻盛和夫说，领导者要问自己，作为领导者，在部下面前，你的坚强意志真的经由态度和行动表现出来了吗？还是仅仅停留在口头上？如果每位部下都亲眼目睹他努力工作的状态，那么部下们一定会追随这位领导者，怀着坚强的意志，朝着目标达成的方向。领导者发挥出献身的工作精神，勇于"自我牺牲"，那么不管处于何种严峻的环境之下，整个团队都能团结一致，朝着目标大步迈进。所以稻盛和夫说"曾经将下面这句话作为京瓷的经营口号：'以渗透到潜意识的、强烈而持久的愿望和热情，去实现自己设定的目标。'……这个口号表明，团队的领导人不管遭遇何种障碍，都要以坚定的意志朝着达成目标的方向奋勇前进，决不妥协，决不停顿。"① 他还说："我们要有突破障碍的信心与勇气，这样我们的个性才能愈发坚强及坚忍不拔。正是这股坚持到底的毅力才能使我们收获另一次更大的成功。"

尼克松在《领导人》一书中说："一个人要能够经受住领导人必须经受的艰难痛苦，他就非得相信自己的事业不可。他必须相信自己，否则不能说服别人相信他。"②

据说丘吉尔最后一次演讲是在剑桥大学的毕业典礼上，这也许是世界演讲史上最简短的一次演讲。面对上万名大学生，在整个演讲过程中，丘吉尔只讲了一句话，而且这句话的内容还是重复的，那就是："永不放弃……决不……决不……决不！"现场的所有人，无一例外地为这位世界伟人的生命之音所深深震撼。这位世界伟人是用他一生的成功经验告诉人们：成功没有什么秘诀，如果非要说有的话，那就是"永不放弃"。

卓越的领导者一定有一颗强大的内心。稻盛和夫曾说："成功与失败的不同点就在于坚忍与毅力。"柳传志也说："每个人都面临着失败和挫折的可能，这是我们每个人人生经历的一部分，我们必须坚持自己的目标，并且在任何情况下都不动摇。"在领导者的成长过程中，不可避免地会遇到各种各样的困境、挫折和压力。曾国藩的经历告诉我们：作为一名领导者，需要一种不甘失败、愈挫愈奋的精神。天下有一帆风顺的庸才，却没有一帆风顺的英雄。是艰苦磨炼出了真正的英雄，是坚忍不拔的意志成就了真正的英雄。曾国藩的一生，是屡战屡败、屡败屡战的一生。尼采说："凡是不能杀死你的，最终都会让你更强。"任正非说："经九死一生还能

---

① 〔日〕稻盛和夫.稻盛和夫论领导人的资质[M].商业评论，2012（7）：57—58.
② 〔日〕稻盛和夫.活法（修订版）[M].北京：东方出版社，2009：25—26.

好好地活着，这才是真正的成功。"曾国藩也说："凡事皆有极困极难之时。打得通的，便是好汉。"没有人会永远胜利，所有的人都会经历失败，最忌讳的是胜则一日千里，负则一败涂地。伟大的领导者可以失败，但永远不会放弃卷土重来的机会，永远不会失去东山再起的意志。真正伟大的领导者，往往就是在这一过程中，表现出了真正的过人之处。

结 语
而困而知，而勉而行

稻盛和夫在解释是什么造就了平凡人的非凡时曾说："是那一股能默默专注在同一件事而不感到厌烦的力量，也就是拼命去过每一个今天的力量，以及一天天去累积的持续力。换句话说，把平凡化为非凡的是'持续'。"①

曾国藩在进入垂暮之年的时候，他的心腹幕僚赵烈文有一次跟他聊天，总结起他的成功经验时，说了这样一番话。赵烈文说：老师的功劳绝不限于平定太平天国这件事上。一般人都知道老师用人、治军、筹饷、整饬吏治等方面很有成就，其实这些都是皮相之论。我跟随老师多年，认为老师有两项功夫为常人所不及。这也是老师能够成功的地方。一是"不管有什么事情发生，都是肖然不动心"，二是"饮食起居，都有一定的规律，几十年如一日"。这两件事是一般人绝对做不到的。赵烈文又发挥说：老师之所以成功，就在于精神力量的坚卓。

赵烈文的这段话，可谓说到了点子上。曾国藩本来只是一个普通人，身上的毛病、弱点也很多。但是他跟普通人不一样的地方，就是他要做圣贤。曾国藩在二十岁生日的时候，给自己改号为"涤生"。他在日记中解释说：

---

① 〔日〕稻盛和夫.活法(修订版)[M].北京：东方出版社，2009：56—57.

> 涤，取涤其旧染之大污也。生，取明袁了凡之言：从前种种，譬如昨天死；从后种种，譬如今日生。

曾国藩以此立志自新，重起炉灶，要与从前的自我血战一番，发誓要做一个新人。不过，人要想根除自己的缺点是非常困难的。京城之中，同僚朋友的往来吃请、征逐饮宴几乎无日不有，因而曾国藩的改易品性，经过了不知多少次的反复。

曾国藩年轻时的毛病非常多，包括为人浮躁，脾气暴躁，经常控制不了自己的情绪。有一次曾国藩的父亲从老家到北京来，朋友们听说了后都过去看望老人，曾国藩却因为一件小事儿，当着众人的面，对着一个朋友破口大骂，非常失态。曾国藩作为一个年轻而成功的男子，也喜欢漂亮的女性。有一次听说一个朋友娶了两个漂亮的小妾，他就动了心，下班以后没有回家，而是直接到了朋友家中。一开始还装模作样谈了几句学问，但很快就露出了真实的来意，要朋友把两个小妾叫出来给自己看一下。朋友并不愿意，但曾国藩执意要看。朋友只好把人叫了出来。曾国藩一看就控制不住自己了，说了一大堆不堪的话，一直到回家的路上，还在车中想入非非。还有一次曾国藩参加团拜，到了一个官员家中，这户人家非常有钱，钟鸣鼎食，美女如云，他心中非常艳羡。回家后正好自己的妻子生病躺在床上呻吟，心中顿时生出了厌恶之意，心想自己这过的是什么日子。

曾国藩把这些缺点都记到日记里，骂自己畜生，发誓一定要改。但是今天刚刚发了誓，第二天就违背誓言，老毛病又犯了。于是曾国藩又痛骂自己一通，再次发誓一定要改。结果第三天又犯了。于是只好再痛骂自己一番。

看曾国藩早年的日记，他就是在那里不断地煎熬着，非常痛苦。但是，正是在这种破坏自己誓言与重新立志的不断较量中，曾国藩一步步地战胜了自己，并培养出了苦行僧一般的自律精神和坚忍强毅的意志力。他后来出山镇压太平军，与朝廷、与地方官、与太平军多方周旋，可以说是九死一生，屡遭拂逆，但他靠着坚忍强毅的意志力艰苦支撑，最终取得了胜利。这种坚忍强毅的意志力，就是得益于他在这一时期所受到的陶冶。

曾国藩后来从自己一生的经历中悟出了这样一个道理：凡人才的高下，是由其志趣所决定的。志向和趣味低下的人，安于现状，囿于世俗的陋见，必然越来越低贱污劣；而志向和趣味高尚的人，向往先贤的辉煌事功，因此也就一天比一天高明。这就像远行一样：如果愧奋直前，有破釜沉舟之志，那就会走得很远也不觉得累；如果糊里糊涂，没有追求，那么近处也是可以度日的，又何必远行百里之外呢？曾国藩认为人只要立志，那么圣贤豪杰的事业都是可以做到的：

人苟能自立志，则圣贤豪杰，何事不可为？何必借助于人？我欲仁，斯仁至矣；我欲为孔孟，则日夜孜孜，惟孔孟之是学，人谁得而御我哉？若自己不立志，则虽日与尧舜禹汤同住，亦彼自彼，我自我矣，何与于我哉？

人只要能自己立志，那么圣贤豪杰，什么事业做不成？何必借助于人？我想做孔子、孟子那样的人，那么日夜孜孜不倦，一心学习孔孟之道，别人谁还挡得住我呢？若自己不立志，那么虽然每天都与尧舜禹汤这些大圣大贤一起，也不过他们是他们，我是我而已。对我又会有什么帮助呢？

对于领导者来说，志向可以提供清晰而单一的目标感，而目标感可以让人做事更加从容和专注。志向还可以提供强大而持续的自我激励。有了这样的自我激励，领导者就可以承受失败，面对压力，超越平凡，走向卓越。所以曾国藩在给曾纪泽的一封信中，专门强调了"立志"对于一个人成长的重要性：

人之气质，由于天生，本难改变。欲求变之之法，总须先立坚卓之志。即以余生平言之，三十岁前，最好吃烟，片刻不离，至道光壬寅十一月二十一日，立志戒烟，至今不再吃。四十六岁

> 以前，做事无恒，近五年深以为戒，现在大小事均尚有恒。即此二端，可见无事不可变也。古称金丹换骨，余谓立志即丹也。

人都是有欲望、有追求的。追求的大小往往会决定一个人最终成就的大小。曾国藩的立志，就是用大的追求来克服和超越小的欲望。小的欲望只能满足小我，成为欲望的奴隶是成就不了大事的，只能日就卑污之地；大的志向才能成就大我，才能日就高明之境，才能做成大的事业。

梁启超对于曾国藩的自拔于流俗，十分感慨，认为曾国藩一生事业即基于此。梁启超说：

> 凡自古以来能成大事的，一定是自制之力很强的人。西方人不必说，古人不必说，请让我们看看最近的人物。曾国藩自少年时候就有吸烟及晚起的毛病，后来决心戒烟，开始的时候烟瘾十分顽强，无法克服；而曾国藩视之如大敌，一定要拔其根株而后已。他此后能够镇压太平天国起义，正与他能够克服了十几年的积习是同一精神。从普通人的眼光来看，岂不以为区区小节，无关大礼吗？而不知道制之有节，行之有恒，实在是人生品格的第一大事。善于观察人的，每每于这些地方体现出观察人的眼力。

的确，曾国藩是一个活生生的人，有他的局限，也有他的缺点。他的彷徨、他的郁闷、他的内心矛盾、他的焦虑紧张，都与普通人没有什么区别。曾国藩一生屡战屡败，三次自杀，他是在不断地与自我作战的历程中一步步完成他的"功业"的。曾国藩的成功，从根本上来说，还是出于他那"志之所向，金石为开"的信念和"打脱牙，和血吞"的坚韧精神，这就是所谓的"拙""诚"之效。梁启超在评价曾国藩时还有一段非常精辟的话：

> 文正固非有超群绝伦之天才，在并时诸贤杰中，称最钝拙。其所遭值事会，亦终身在拂逆之中。然乃立德、立功、立言，三并不朽，所成就震古铄今，而莫与京者，其一生得力在立志自拔于流俗，而困而知，而勉而行，历百千艰阻而不挫屈，不求近效，铢积寸累。受之以虚，将之以勤，植之以刚，贞之以恒，帅之以诚，勇猛精进，坚苦卓绝，如斯而已，如斯而已！

稻盛和夫曾说："要在人生这个大舞台上演一出精彩的戏，得到丰硕的成果，所需的能力不是单靠脑细胞的多寡来定高下。要看的是，能不能在任何情况下，都可以凭着一股傻劲认真去做，而遭遇困难时也能不闪不躲与其正面交锋。这可以说是成功的不二法门，也是我们必须时时刻刻牢记在心的原理原则。"① 曾国藩的成功，就是以稻盛和夫所说的"磨炼心智、提升心性"为基础的。这也正是曾国藩从凡人通往非凡的基本路径。

对于领导者来说，曾国藩的一生，就像一面镜子一样。我们可能永远做不了曾国藩，但是从曾国藩的身上我们可以看到，一个伟大的领导者，可以达到什么样的境界。

---

① 〔日〕稻盛和夫.活法(修订版)[M].北京：东方出版社，2009：100—101.

附 录

曾文正公嘉言钞

《曾文正公嘉言钞》系近代著名政治家、思想家梁启超辑录曾国藩名言而成的一部著作。梁启超对曾氏推崇备至,认为他是"有史以来,不一二睹之大人"(有史以来难得一见的伟人);更重要的是,"彼其所言,字字皆得之阅历而切于实际,故其亲切有味"(曾国藩所总结出来的道理,字字都是从阅历中来的,切于实际,因而读来非常亲切)。梁启超甚至认为,对于国人来讲,曾国藩总结出来的道理,就如同"布帛菽粟,而斯须不可去身者也"(人要穿衣吃饭一样,是一刻也离不开的)。因而梁启超特地从曾国藩的文献中辑录嘉言,编成《曾文正公嘉言钞》,以供有志者诵读自省之用。梁启超不愧为国学大师,《曾文正公嘉言钞》数万言,全系千淘万漉之精华,本身就是一部国学经典,因而特地附于本书之后,以供读者进一步领略曾国藩的智慧与境界。

《曾文正公嘉言钞》序

梁启超

曾文正者，岂惟近代，盖有史以来不一二睹之大人也已；岂惟我国，抑全世界不一二睹之大人也已。然而文正固非有超群绝伦之天才，在并时诸贤杰中，称最钝拙，其所遭值事会，亦终身在拂逆之中。然乃立德、立功、立言，三并不朽，所成就震古铄今，而莫与京者，其一生得力在立志自拔于流俗，而困而知，而勉而行，历百千艰阻而不挫屈，不求近效，铢积寸累。受之以虚，将之以勤，植之以刚，贞之以恒，帅之以诚，勇猛精进，坚苦卓绝。如斯而已，如斯而已！

孟子曰："人皆可以为尧舜。"尧舜信否尽人皆可学焉而至，吾不敢言。若曾文正之尽人皆可学焉而至，吾所敢言也。何也？文正所受于天者，良无以异于人也。且人亦孰不欲向上？然生当学绝道丧、人欲横流之会，窳败之习俗以雷霆万钧之力相罩相压，非甚强毅者固不足以抗围之。荀卿亦有言："庸众驽散，则劫之以师友。"而严师畏友，又非可亟得之于末世，则夫滔滔者之日趋于下，更奚足怪！其一二有志之士，其亦惟乞灵典册，得片言单义而持守之，以自鞭策，自夹辅，自营养，犹或可以防杜堕落而渐进于高明。

古人所以得一善则拳拳服膺，而日三复，而终身诵焉也。抑先圣之所以扶世教、正人心者，《四书》《六经》亦盖备矣。然义丰词约，往往非末学所骤能领会，且亦童而习焉，或以为陈言而忽不加省也。近古诸贤阐扬辅导之言，益汗牛充栋，然其义大率偏于收敛，而贫于发扬。夫人生数十寒暑，受其群之荫以获自存，则于其群岂能不思所报？报之则必有事焉，非曰逃虚守静而即可以告无罪也，明矣。于是乎不能不日与外境相接构，且既思以己之所信易天下，则行且终其身以转战于此浊世。若何而后能磨炼其身心，以自立于不败？若何而后能遇事物泛应曲当，无所挠枉？天下最大之学问,殆无以过此!非有所程式而养之于素,其孰能致者?

曾文正之殁,去今不过数十年,国中之习尚事势,皆不甚相远。而文正以朴拙之姿,起家寒素,饱经患难,丁人心陷溺之极运,终其生于挫折讥妒之林,惟恃一己之心力,不吐不茹,不靡不回,卒乃变举世之风气而挽一时之浩劫。彼其所言,字字皆得之阅历而切于实际,故其亲切有味,资吾侪当前之受用者,非唐宋以后儒先之言所能逮也。孟子曰:"闻伯夷之风者,懦夫有立志。"又曰:"奋乎百世之上,百世之下闻者莫不兴起。"况相去仅一世,遗泽未斩,模楷在望者耶!则兹编也,其真全国人之布帛菽粟,而斯须不可去身者也。

书　札

今日而言治术,则莫若综核名实;今日而言学术,则莫若取笃实践履之士。物穷则变,救浮华者莫如质。积玩之后,振之以猛,意在斯乎!

吾辈今日苟有所见,而欲为行远之计,又可不早具坚车乎哉?

耐冷耐苦,耐劳耐闲。

人材高下,视其志趣。卑者安流俗庸陋之规,而日趋污下。高者慕往哲盛隆之轨,而日即高明。

无兵不足深忧,无饷不足痛哭。独举目斯世,求一攘利不先、赴义恐后、忠愤耿耿者,不可亟得。……此其可为浩叹也。

今日百废莫举,千疮并溃,无可收拾,独赖此精忠耿耿之寸衷,与斯民相对于骨岳血渊之中，冀其塞绝横流之人欲，以挽回厌乱之天心，庶几万有一补。不然，但就局势论之，则滔滔者吾不知其所底也。

集思广益本非易事，要当内持定见，而六辔在手；外广延纳，而万流赴壑，乃为尽善。

方今民穷财困，吾辈势不能别有噢咻生息之术，计惟力去害民之人，以听吾民之自孳自活而已。

带勇之人，第一要才堪治民，第二要不怕死，第三要不急急名利，第四要耐受辛苦。大抵有忠义血性，则四者相从以俱至。

古来名将得士卒之心，盖有在于钱财之外者。后世将弁专恃粮重饷优为牢笼兵心之具，其本为已浅矣。是以金多则奋勇蚁附，利尽则冷落兽散。

国藩入世已深，厌阅一种宽厚论说、模棱气象，养成不黑不白、不痛不痒之世界，误人家国已非一日，偶有所触，则轮囷肝胆又与掀振一番。

练勇之道，必须营官昼夜从事，乃可渐几于熟，如鸡伏卵，如炉炼丹，未宜须臾稍离。

二三十年来，士大夫习于优容苟安，揄修袂而养姁步，倡为一种不白不黑、不痛不痒之风，见有慷慨感激以鸣不平者，则相与议其后，以为是不更事，轻浅而好自见。国藩昔厕六曹，目击此等风味，盖已痛恨次骨。

国藩从宦有年，饱阅京洛风尘，达官贵人优容养望，与在下者软熟和同之象，盖已稔知之而惯尝之，积不能平，乃变而为慷慨激烈、轩爽肮脏之一途，思欲稍易三四十年来不白不黑、不痛不痒、牢不可破之习，而矫枉过正，或不免流于意气之偏，以是屡蹈愆尤，丛讥取戾，而仁人君子，固不当责以中庸之道，且当怜其有所激而矫之之苦衷也。

苍苍者究竟未知何若，吾辈竭力为之，成败不复计耳。

愚民无知，于素所未见未闻之事，辄疑其难于上天。一人告退，百人附和，其实并无真知灼见；假令一人称好，即千人同声称好矣。

虹贯荆卿之心，而见者以为淫氛而薄之；碧化苌宏之血，而览者以为顽石而弃之。古今同慨，我岂伊殊？屈原之所以一沉，而万世不复返顾者，良有以也。

时事愈艰，则挽回之道，自须先之以戒惧惕厉。傲兀郁积之气，足以肩任艰巨，然视事太易，亦是一弊。

凡善弈者，每于棋危劫急之时，一面自救，一面破敌，往往因病成妍，转败为功。善用兵者亦然。

急于求效，杂以浮情客气，则或泰山当前而不克见。以瓦注者巧，以钩注者惮，以黄金注者昏。外重而内轻，其为蔽也久矣。

锐气暗损，最为兵家所忌。用兵无他谬妙巧，常存有余不尽之气而已。

日中则昃，月盈则亏，故古诗"花未全开月未圆"之句，君子以为知道。自仆行军以来，每介疑胜疑败之际，战兢恐惧，上下怵惕者，其后恒得大胜；或当志得意满之候，狃于屡胜，将卒矜慢，其后常有意外之失。

欲学为文，当扫荡一副旧习，赤地新立。将前此所业荡然若丧其所有，乃始别有一番文境。

吾乡数人，均有薄名，尚在中年，正可圣可狂之际。惟当兢兢业业，互相箴规，不特不宜自是，并不宜过于奖许，长朋友自是之心。彼此恒以过相砭，以善相养，千里同心，庶不终为小人之归。

敬以持躬，恕以待人。敬则小心翼翼，事无巨细，皆不敢忽。恕则常留余地以处人，功不独居，过不推诿。

吾辈互相砥砺，要当以声闻过情为切戒。

自古大乱之世，必先变乱是非，然后政治颠倒，灾害从之。赏罚之任，视乎权位，有得行，有不得行。至于维持是非之公，则吾辈皆有不可辞之任。顾亭林所称"匹夫与有责焉"者也。

莅事以明字为第一要义。明有二：曰高明，曰精明。同一境，而登山者独见其远，乘城者独觉其旷。此高明之说也。同一物，而臆度者不如权衡之审，目巧者不如尺度之确。此精明之说也。凡高明者，欲降心抑志，以遽趋于平实，颇不易易。若能事事求精，轻重长短，一丝不差，则渐实矣。能实则渐平矣。

军事不可无悍鸷之气，而骄气即与之相连；不可无安详之气，而惰气即与之相连。有二气之利而无其害，有道君子尚难养得，况弁勇乎？

敬字、恒字二端，是彻始彻终工夫，鄙人生平欠此二字，至今老而无成，深自悔憾。

心常用则活，不用则窒，如泉在地，不凿汲则不得甘醴，如玉在璞，不切磋则不成令器。

敬字惟无众寡、无小大、无敢慢三语最为切当。

趋时者博无识之喜，损有道之真。

惟忘机可以消众机，惟懵懂可被不祥。

军中阅历有年，益知天下事当于大处着眼，小处下手。陆氏但称先立乎其大者，若不辅以朱子"铢积寸累"工夫，则下梢全无把握。

前曾语阁下以"取人为善"、"与人为善"。大抵取诸人者，当在小处、实处；与人者，当在大处、空处。

治心治身，理不必太多，知不可太杂，切身日日用得着的，不过一两句，所谓守约也。

骄、惰未有不败者。勤字所以医惰，慎字所以医骄。此二字之先，须有一诚字，以立之本。

大局日坏，吾辈不可不竭力支持，做一分算一分，在一日撑一日。

收之欲其广，用于欲其慎。大抵有操守而无官气，多条理而少大言，本此四者以衡人，思过半矣。

观人之道，以朴实廉介为质。有其质，而更傅以他长，斯为可贵；无其质，则长处亦不足恃。

求才之道，须如白圭之治生，如鹰隼之击物，不得不休；又如蚨之有母，雉之有媒，以类相求，以气相引，庶几得一而可及其余。

凡沉疴在身，而人力可以自为主持者，约有二端：一曰以志帅气，一曰以静制动。人之疲惫不振，由于气弱，而志之强者，气亦为之稍变。如贪早睡，则强起以兴之。无聊赖，则端坐以凝之。此以志帅气之说也。久病虚怯，则时时有一畏死之见，憧扰于胸中，即魂梦亦不甚安恬。须将生前之名、身后之事与一切妄念铲除净尽，自然有一种恬淡意味，而寂定之余，真阳自生。此以静制动之法也。

吾辈读书人，大约失之笨拙，即当自安于拙，而以勤补之，以慎出之，不可弄巧卖智，而所误更甚。

平日非至稳之兵，必不可轻用险着；平日非至正之道，必不可轻用奇谋。

治军以勤字为先，实阅历而知其不可易。未有平日不早起，而临敌忽能早起者；未有平日不习劳，而临敌忽能习劳者；未有平日不忍饥耐寒，而临敌忽能忍饥耐寒者。吾辈当共习勤劳，先之以愧厉，继之以痛惩。

阅历世变，但觉除得人以外，无一事可恃。

大抵世之所以弥乱者，第一在黑白混淆，第二在君子愈让，小人愈妄。

主气常静，客气常动。客气先盛而后衰，主气先微而后壮。故善用兵者，最喜为主，不喜为客。

专从危难之际，默察朴拙之人，则几矣。

信，只不说假话耳，然却极难，吾辈当从此一字下手。今日说定之话，明日勿因小利害而变。

爱民乃行军第一义，须日日三令五申，视为性命根本之事，毋视为要结粉饰之文。

词气宜和婉，意思宜肫诚，不可误认简傲为风骨。风骨者，内足自立、外无所求之谓，非傲慢之谓也。

养身之道，以"君逸臣劳"为要。省思虑，除烦恼，二者皆所以清心，君逸之谓也。行步常勤，筋骨常动，臣劳之谓也。

用兵之道，最重自立，不贵求人。驭将之道，最贵推诚，不贵权术。

吾辈位高望重，他人不敢指摘，惟当奉方寸如严师，畏天理如刑罚，庶几刻刻敬惮。

凡办一事，必有许多艰难波折，吾辈总以诚心求之，虚心处之。心诚则志专而气足，千磨百折，而不改其常度，终有顺理成章之一日。心虚则不动客气，不挟私见，终可为人共亮。

大抵任事之人，断不能有誉而无毁，有恩而无怨。自修者，但求大闲不逾，不可因讥议而馁沉毅之气。衡人者，但求一长可取，不可因微瑕而弃有用之材。苟于峣峣者过事苛责，则庸庸者反得幸全。

事会相薄，变化乘除，吾尝举功业之成败、名誉之优劣、文章之工拙，概以付之运气一囊之中，久而弥自信其说之不可易也。然吾辈自尽之道，则当与彼赌乾坤于俄顷，校殿最于锱铢，终不令囊独胜而吾独败。

大非易辨，似是而非难辨。窃谓居高位者，以知人、晓事二者为职。知人诚不易学，晓事则可以阅历黾勉得之。晓事，则无论同己异己，均可徐徐开悟，以冀和衷。不晓事，则挟私固谬，秉公亦谬；小人固谬，君子亦谬；乡原固谬，狂狷亦谬。重以不知人，则终古相背而驰。故恒言以分别君子、小人为要，而鄙论则谓天下无一成不变之君子；无一成不变之小人。今日能知人能晓事，则为君子；明日不知人不晓事，即为小人。寅刻公正光明，则为君子；卯刻偏私暗昧，即为小人。故群誉群毁之所在，下走常穆然深念，不敢附和。

国藩昔在湖南、江西，几于通国不能相容。六七年间，浩然不欲复闻世事。然造端过大，本以不顾死生自命，宁当更问毁誉？以拙进而以巧退，以忠义劝人而以苟且自全，即魂魄犹有余羞，是以戊午复出，誓不返顾。

以勤以本，以诚辅之。勤则虽柔必强，虽愚必明。诚则金石可穿，鬼神可格。

逆亿命数是一薄德，读书人犯此弊者最多，聪明而运蹇者，厥弊尤深。凡病在根本者，贵于内外交养。养内之道，第一将此心放在太平地，久久自有功效。

坚其志，苦其心，勤其力，事无大小，必有所成。

养生与力学，皆从"有恒"做出，故古人以"有恒"为作圣之基。

若遇棘手之际，请从"耐烦"二字痛下工夫。

用兵之道，最忌势穷力竭。力，则指将士之精力言之。势，则指大计大局，及粮饷之接续、人才之可继言之。

阁下此时所处，极人世艰苦之境，宜以宽字自养。能勉宅其心于宽泰之域，俾身体不就孱弱，志气不致摧颓，而后从容以求出险之方。

事功之成否，人力居其三，天命居其七。

外境之迕，未可滞虑，置而遣之，终履夷涂。

君子有高世独立之志，而不予人以易窥；有藐万乘却三军之气，而未尝轻于一发。

凡道理不可说得太高，太高则近于矫，近于伪。吾于僚友相勉，但求其不晏起、不撒谎二事，虽最浅近，而已大有益于身心矣。

君子欲有所树立，必自不妄求人知始。

危险之际，爱而从之者，或有一二；畏而从之，则无其事也。

我辈办事，成败听之于天，毁誉听之于人，惟在己之规模气象，则我有可以自主者，亦曰不随众人之喜惧为喜惧耳。

平日千言万语，千算万计，而得失只争临阵须臾之顷。

立法不难，行法为难，以后总求实实行之，且常常行之。应事接物时，须从人情物理中之极粗极浅处着想，莫从深处细处看。

先哲称利不什不变法，吾谓人不什不易旧。

君子不恃千万人之谀颂，而畏一二有识之窃笑。

古人患难忧虞之际，正是德业长进之时，其功在于胸怀坦夷，其效在于身体康健。圣贤之所以为圣，佛家之所以成佛，所争皆在大难磨折之日，将此心放得宽，养得灵，有活泼泼之胸襟，有坦荡荡之意境，则身体虽有外感，必不至于内伤。

祸机之发，莫烈于猜忌。此古今之通病，坏国丧家亡人，皆猜忌之所致。《诗》称"不忮不求，何用不臧"，仆自省生平愆咎，不出忮、求二字。今已衰耄，旦夕入地，犹自憾拔除不尽。因环观当世之士大夫，及高位者长，果能铲除此二字者，亦殊不多得也。忮、求二字，盖妾妇、穿窬兼而有之，自反既不能免此，亦遂怃然愧惧，不复敢道人之短。

人才非困厄则不能激，非危心深虑则不能达。

家　书

朱子言为学譬如熬肉，先须用猛火煮，然后用慢火温。予生平功夫，全未用猛火煮过。虽略有见识，乃是从悟境得来，偶用功，亦不过优游玩索已耳，如未沸之汤，遽用慢火，将愈煮愈不熟矣。

用功譬若掘井，与其多掘数井而皆不及泉，何若老守一井，力求及泉，而用之不竭乎！

凡专一业之人，必有心得，亦必有疑义。

士人第一要有志，第二要有识，第三要有恒。有志则不甘为下流，有识则知学问无尽，不敢以一得自足，有恒则断无不成之事，三者缺一不可。诸弟此时，惟有识不可以骤几，有志、有恒，则诸弟勉之而已。

凡事皆贵专。心有所专宗，而博观他途，以扩其识，亦无不可；无所专宗，而见异思迁，此眩彼夺，则大不可。

君子之处顺境，兢兢焉常觉天之过厚于我，我当以所余补人之不足。君子之处啬境，亦兢兢焉常觉天之厚于我，非果厚也，以为较之尤啬，而我固已厚矣。古人谓境地须看不如我者，此之谓也。

凡仁心之发，必一鼓作气，尽吾力之所能为，稍有转念，则疑心生，私心亦生。

荷道以躬，舆之以言。

谁人可慢？何事可弛？弛事者无成，慢人者反尔。

德业之不常，曰为物牵。尔之再食，曾未闻或愆？

心欲其定，气欲其定，神欲其定，体欲其定。

牢骚太甚者，其后必多抑塞。盖无故而怨天，则天必不许；无故而尤人，则人必不服，感应之理然也。

功名之地，自古难居。人之好名，谁不如我？我有美名，则人必有受不美之名者。相形之际，盖难为情。

未习劳苦者，由渐而习，则日变月化，而迁善不知；若改之太骤，恐难期有恒。

古之成大事者，规模远大与综理密微，二者缺一不可。

接人总宜以真心相向，不可常怀智术以相迎距。人以伪来，我以诚往，久之则伪者亦共趋于诚矣。

来书谓"兴会索然"，此却大不可。凡人作一事，便须全副精神注在此事，首尾不懈，不可见异思迁，做这样想那样，坐这山望那山。人而无恒，终身一无所成。

身体虽弱，却不宜过于爱惜。精神愈用则愈出，阳气愈提则愈盛。每日作事愈多，则夜间临睡愈快活；若存一爱惜精神的意思，将前将却，奄奄无气，决难成事。

不慌不忙，盈科后进，向后必有一番回甘滋味出来。

吾自信亦笃实人，只为阅历世途，饱更事变，略参些机权作用，把自家学坏了；实则作用万不如人，徒惹人笑，教人怀憾，何益之有？近日忧居猛省，一味向平实处用心，将自家笃实的本质复我固有。贤弟此刻在外，亦急须将笃实复还，万不可走入机巧一路，日趋日下也。

强毅之气决不可无，然强毅与刚愎有别。古语云：自胜之谓强，曰强制，曰强恕，曰强为善，皆自胜之义也。如不惯早起，而强之未明即起；不惯庄敬，而强之坐尸立斋；不惯劳苦，而强之与士卒同甘苦，强之勤劳不倦。是即强也。不惯有恒，而强之贞恒，即毅也。舍此而求以客气胜人，是刚愎而已矣。二者相似，而其流相去霄壤，不可不察，不可不谨。

打仗不慌不忙，先求稳当，次求变化；办事无声无臭，既要老到，又要精明。

弟此时以营务为重，则不宜常看书。凡人为一事，以专而精，以纷而散。荀子称"耳不两听而聪，目不两视而明"，庄子称"用志不纷，乃凝于神"，皆至言也。

总须脚踏实地，克勤小物，乃可日起而有功。

凶德致败，莫甚长傲。傲之凌物，不必定以言语加人，有以神气凌之者矣，有以面色凌之者矣。中心不可有所恃，心有所恃，则达于面貌。以门地言，我之物望大减，方且恐为子弟之累；以才识言，近今军中炼出人才颇多，弟等亦无过人之处，皆不可恃，只宜抑然自下，一味言忠信，行笃敬，庶可以遮护旧失，整顿新气；否则，人皆厌薄之矣。

胸多抑郁，怨天尤人，不特不可以涉世，亦非所以养德；不特无以养德，亦非所以保身。

声闻之美，可恃而不可恃。善始者不必善终，行百里者半九十。

精神愈用而愈出，不可因身体素弱过于保惜。智慧愈苦而愈明，不可因境遇偶拂，遽尔摧沮。

求人自辅，时时不可忘此意。

不轻进，不轻退。

一经焦躁，则心绪少佳，办事必不能妥善。

人生适意之时不可多得。弟现在颇称适意，不可错过时会，当尽心竭力，做成一个局面。

吾因本性倔强，渐近于愎，不知不觉做出许多不恕之事，说出许多不恕之话，至今愧耻无已。

日慎一日，以求事之济，一怀焦愤之念，则恐无成。千万忍耐，忍耐千万。久而敬之四字，不特处朋友为然，即凡事亦莫不然。

余死生早已置之度外，但求临死之际，寸心无可悔憾，斯为大幸。

习劳为办事之本。引用一班能耐劳苦之正人，日久自有大效。

不轻进人,即异日不轻退人之本;不妄亲人,即异日不妄疏人之本。

天下古今之庸人,皆以一惰字致败;天下古今之才人,皆以一傲字致败。

欲去骄字,总以不轻非笑人为第一义;欲去惰字,总以不晏起为第一义。

凡办大事,半由人力,半由天事。吾辈但当尽人力之所能为,而天事则听之彼苍而无所容心。

凡说话不中事理、不担斤两者,其下必不服。

凡事后而悔己之隙,与事后而议人之隙,皆阅历浅耳。

凡军事做一节说一节,若预说几层,到后来往往不符。

办大事者以多选替手为第一义。满意之选不可得,姑节取其次,以待徐徐教育可也。

沅弟谓雪声色俱厉。凡目能见千里,而不能自见其睫。声音笑貌之拒人,每苦于不自见,苦于不自知。雪之厉,雪不自知;沅之声色恐亦未始不厉,特不自知耳。

每日临睡之时,默数本日劳心者几件,劳力者几件,则知宣勤国事之处无多,更宜竭诚以图之。

从古帝王将相，无人不由自立做出；即为圣贤者，亦各有自立自强之道，故能独立不惧，确乎不拔。余往年在京，好与诸有大名大位者为仇，亦未始无挺然特立、不畏强御之意。近来见得天地之道，刚柔互用，不可偏废。太柔则靡，太刚则折。刚非暴戾之谓也，强矫而已；柔非卑弱之谓也，谦退而已。趋事赴公，则当强矫；争名逐利，则当谦退。

众口悠悠，初不知其所自起，亦不知其所由止。有才者忿疑谤之无因，而悍然不顾，则谤且日腾。有德者畏疑谤之无因，而抑然自修，则谤亦日熄。吾愿弟等之抑然，不愿弟等之悍然也。

古来成大功大名者，除千载一郭汾阳外，恒有多少风波，多少灾难，谈何容易！愿与吾弟兢兢业业，各怀临深履薄之惧，以冀免于大戾。

盛时常作衰时想，上场当念下场时。富贵人家宜牢记此二语。

军事呼吸之际，父子兄弟不能相顾，全靠一己耳。

凡危急之时，只有在己者靠得住，其在人者皆不可靠。恃之以守，恐其临危而先乱；恃之以战，恐其猛进而骤退。

吾兄弟既誓拼命报国，无论如何劳苦，如何有功，约定终始不提一字，不夸一句。知不知一听之人，顺不顺一听之天而已。

凡行兵须蓄不竭之气，留有余之力。

吾兄弟报国之道，总求实浮于名，劳浮于赏，才浮于事。从此三句切实做去，或者免于大戾。

强自禁制，降伏此心。释氏所谓降龙伏虎，龙即相火也，虎即肝气也。多少英雄豪杰打此两关不破，亦不仅余与弟为然，要在稍稍遏抑，不令过炽。古圣所谓窒欲，即降龙也；所谓惩忿，既伏虎也。释儒之道不同，而其节制血气，未尝不同。总不使吾之嗜欲戕害吾之躯命而已。至于倔强二字，却不可少。功业文章，皆须有此二字贯注其中。否则，柔靡不能成一事。孟子所谓至刚，孔子所谓贞固，皆从倔强二字做出。吾兄弟好处正在倔强。若能去忿欲以养体，存倔强以励志，则日进无疆矣。

自古圣贤豪杰、文人才士，其志事不同，而其豁达光明之胸大略相同。吾辈既办军务，系处功利场中，宜刻刻勤劳，如农之力穑，如贾之趋利，如篙工之上滩，早作夜思，以求有济。而治事之外，此中却须有一段豁达冲融气象。二者并进，则勤劳而以恬淡出之，最有意味。

舍命报国，侧身修行。

吾辈所最宜畏惧敬慎者，第一则以方寸为严师，其次则左右近习之人，又其次乃畏清议。

担当大事，全在明强二字。《中庸》学、问、思、辨、行五者，其要归于愚必明，柔必强。

无形之功，不必腾诸口说，此是谦字之真工夫。所谓君子之不可及，在人之所不见也。

强字原是美德，余前寄信，亦谓明强二字断不可少。第强字须从明字做出，然后始终不可屈挠。若全不明白，一味横蛮，待他人折之以至理，证之以后效，又复俯首输服，则前强而后弱，京师所谓瞎闹者也。

君子大过人处，只是虚心。

大凡办一事，其中常有曲折交互之处，一处不通，则处处皆窒矣。

古来大战争、大事业，人谋仅占十分之三，天意恒居十分之七。往往积劳之人，非即成名之人；成名之人，非即享福之人。吾兄弟但从"积劳"二字上着力，"成名"二字则不必问及，"享福"二字更不必问及矣。

俭以养廉，直而能忍。

用人极难，听言亦殊不易，全赖见多识广，熟思审处，方寸中有一定之权衡。

富贵功名，皆人世浮荣，惟胸次浩大是真正受用。

吾屡教家人崇俭习劳，盖艰苦则筋骨渐强，娇养则精力愈弱也。

既奢之后，而返之于俭，若登天然。

小心安命，埋头任事。

不如意之事机，不入耳之言语，纷至迭乘，余尚愠郁成疾，况弟之劳苦过甚百倍于阿兄，心血久亏数倍于阿兄者乎！弟病非药饵所能为力，必须将万事看空，毋恼毋怒，乃可渐渐减轻。蝮蛇螫手，壮士断腕，所以全生也。吾兄弟欲全其生，亦当视恼怒如蝮蛇，去之不可不勇。

弟信于毁誉祸福置之度外，此是根本第一层功夫。此处有定力，到处皆坦途矣。

天下之事理、人才，为吾辈所不深知、不及料者多矣，切勿存一自是之见。

吾辈在自修处求强则可，在胜人处求强则不可以。若专在胜人处求强，其能强到底与否尚未可知，即使终身强横安稳，亦君子所不屑道也。

困心横虑，正是磨炼英雄，玉汝于成。李申夫尝谓余恼气从不说出，一味忍耐，徐图自强，因引谚曰"好汉打脱牙和血吞"。此二语是余生平咬牙立志之诀。余庚戌、辛亥间为京师权贵所唾骂，癸丑、甲寅为长沙所唾骂，乙卯、丙辰为江西所唾骂，以及岳州之败、靖江之败、湖口之败，盖打脱牙之时多矣，无一次不和血吞之。弟来信每怪运气不好，便不似好汉声口，惟有一字不说，咬定牙根，徐图自强而已。

兄自问近年得力，惟有一悔字诀。兄昔年自负本领甚大，可屈可伸，可行可藏，又每见得人家不是。自从丁巳、戊午大悔大悟之后，乃知自己全无本领，凡事都见得人家有几分是处。故自戊午至今九载，与四十岁以前迥不相同。大约以能立能达为体，以不怨不尤为用。立者，发奋自强站得住也；达者，办事圆融行得通也。

袁了凡所谓"从前种种譬如昨日死，从后种种譬如今日生"，另起炉灶，重开世界。安知此两番之大败，非天之磨炼英雄，使弟大有长进乎？谚云"吃一堑，长一智"，吾生平长进，全在受挫受辱之时。务须咬牙励志，蓄其气而长其智，切不可茶然自馁也。

弟当此百端拂逆之时，亦只有逆来顺受之法，仍不外悔字诀、硬字诀而已。

家 训

处多难之世，若能风霜磨炼，苦心劳神，自足坚筋骨而长识见。沅甫叔向最羸弱，近日从军，反得壮健，亦其证也。

居家之道，惟崇俭可以长久。处乱世，尤以戒奢侈为要义。

人生惟有常是第一美德。余早年于作字一道，亦尝苦思力索，终无所成。近日朝朝暮写，久不间断，遂觉月异而岁不同。可见年无分老少，事无分难易，但行之有恒，自如种树养畜，日见其大而不觉耳。

人之气质由于天生，本难改变。欲求变之之法，总须先立坚卓之志。即以余生平言之，三十岁前最好吃烟，片刻不离，至道光壬寅十一月二十一日立志戒烟，至今不再吃。四十六岁以前作事无恒，近五年深以为戒，现在大小事均尚有恒。即此二端，可见无事不可变也。古称金丹换骨，余谓立志即丹也。

不料袁婿遽尔学坏至此！然尔等待之，却不宜过露痕迹。人之所以稍顾体面者，冀人之敬重也。若人之傲惰鄙弃已露出，则索性荡然无耻，拼弃不顾，甘与正人为仇，而以后不可救药矣。

凡诗文欲求雄奇矫变，总须用意有超群离俗之想，乃能脱去恒蹊。

凡文有气则有势，有识则有度，有情则有韵，有趣则有味。

颜黄门之推《颜氏家训》作于乱离之世，张文端英《聪训斋语》作于承平之世，所以教家者至精，尔兄弟宜各觅一册，常常阅习。

凡言兼众长者，必其一无所长者也。

凡事皆用困知勉行工夫，不可求名太骤，求效太捷也。尔以后每日宜习柳字百个，单日以生纸临之，双日以油纸摹之。临帖宜徐，摹帖宜疾。数月之后，手愈拙，字愈丑，意兴愈低，所谓困也。困时切莫间断，熬过此关，便可少进。再进再困，再熬再奋，自有亨通精进之日。不特习字，凡事皆有极困极难之时，打得通的，便是好汉。

尔惮于作文，正可借此逼出几篇。天下事无所为而成者极少，有所贪、有所利而成者居其半，有所激、有所逼而成者居其半。

余生平略涉儒先之书，见圣贤教人修身，千言万语，而要以不忮不求为重。忮者，嫉贤害能、妒功争宠，所谓怠者不能修，忌者畏人修之类也；求者，贪利贪名，怀土怀惠，所谓未得患得，既得患失之类是也。将欲造福，先去忮心，所谓"人能充无欲害人之心，而仁不可胜用也"。将欲立品，先去求心，所谓"人能充无穿窬之心，而义不可胜用也"。忮不去，满怀皆是荆棘；求不去，满腔日即卑污。余于此二者常加克治，恨尚未能扫除净尽。尔等欲心地干净，宜于此二者痛下工夫。附作《忮求诗》二首录左。

不忮

善莫大于恕，德莫凶于妒。妒者妾妇行，琐琐奚比数。已拙忌人能，已塞忌人遇。已若无事功，忌人得成务。已若无党援，忌人得多助。势位苟相敌，畏逼又相恶。已无好闻望，忌人文名著。已无贤子孙，忌人后嗣裕。争名日夜奔，争利东西鹜，但期一身荣，不惜他人污。闻灾或欣幸，闻祸或悦豫，问渠何以然，不自知其故。尔室神来格，高明鬼所顾。天道常好还，媢人还自误。幽明丛诟忌，乖气相回互。重者灾汝躬，轻亦减汝祚。我今告后生，悚然大觉悟。终身让人道，曾不失寸步。终身祝人善，曾不损尺布。消除嫉妒心，普天零甘露，家家获吉祥，我亦无恐怖。

不求

知足天地宽，贪得宇宙隘。岂无过人资，多欲为患害。在约每思丰，居困常求泰。富求千乘车，贵求万钉带。未得求速偿，既得求勿坏。芬馨比椒兰，磐固方泰岱。求荣不知厌，志亢神愈忕。岁燠有时寒，月明有时晦。时来多善缘，运去生灾怪。诸福不可期，百殃纷来会。片言动招尤，举足便有碍。戚戚抱殷忧，精爽日凋瘵，矫首望八荒，乾坤一何大！安荣无遽欣，患难无遽憖，君看十人中，八九无倚赖。人穷多过我，我穷犹可耐。而况处夷涂，奚事生嗟忾？于世少所求，俯仰有余快。俟命堪终古，曾不愿乎外。

日课四条

一曰慎独则心安

自修之道，莫难于养心。心既知有善，知有恶，而不能实用其力，以为善去恶，则谓之自欺。方寸之自欺与否，盖他人所不及知，而己独知之，故《大学》之"诚意"章两言慎独……能慎独，则内省不疚，可以对天地，质鬼神，断无"行有不慊于心则馁"之时。人无一内愧之事，则天君泰然，此心常快足宽平，是人生第一自强之道，第一寻乐之方，守身之先务也。

二曰主敬则身强

"敬"之一字，孔门持以教人，至程朱则千言万语不离此旨……吾谓"敬"字切近之效，尤在能固人肌肤之会，筋骸之束。庄敬日强，安肆日偷，皆自然之征应。虽有衰年病躯，一遇坛庙祭献之时，战阵危急之际，亦不觉神为之悚，气为之振。斯足知敬能使人身强矣。若人无众寡，事无大小，一一恭敬，不敢懈慢，则身体之强健，又何疑乎？

三曰求仁则人悦

我与民物,其大本乃同出于一源。若但知私己,而不知仁民爱物,是于大本一源之道,已悖而失之矣。至于尊官厚禄,高居人上,则有拯民溺、救民饥之责。读书学古,粗知大义,即有觉后知、觉后觉之责。若但知自了而不知教养庶汇,是于天之所以厚我者,辜负甚大矣。……

四曰习劳则神钦

凡人之情,莫不好逸而恶劳。无论贵贱智愚老少,皆贪于逸而惮于劳,古今之所同也。人一日所着之衣、所进之食,与一日所行之事、所用之力相称,则旁人题之,鬼神许之,以为彼自食其力也……古之圣君贤相,若汤之昧旦丕显,文王日昃不遑,周公夜以继日,坐以待旦,盖无时不以勤劳自励。《无逸》一篇,推之于勤则寿考,逸则夭亡,历历不爽。为一身计,则必操习技艺,磨练筋骨,困知勉行,操心危虑,而后可以增智慧而长才识。为天下计,则必己饥己溺,一夫不获,引为余辜。大禹之周乘四载,过门不入;墨子之摩顶放踵,以利天下;皆极俭以奉身,而极勤以救民。故荀子好称大禹、墨翟之行,以其勤劳也。军兴以来,每见人有一材一技而耐艰苦者,无不见用于人,见称于时。其绝无材技不惯作劳者,皆唾弃于时,饥冻就毙……是以君子欲为人神所凭依,莫大于习劳也。

日 记

精神要常令有余于事,则气充而心不散漫。

凡事之须逐日检点者,一旦姑待,后来补救难矣。

《记》云:"君子庄敬日强。"我日日安肆,日日衰苶,欲其强,得乎?

知己之过失，即自为承认之地，改去毫无吝惜之心，此最难事。豪杰之所以为豪杰，圣贤之所以为圣贤，全是此等处磊落过人。

不为圣贤，便为禽兽；莫问收获，但问耕耘。

盗虚名者，有不测之祸；负隐慝者，有不测之祸；怀忮心者，有不测之祸。

天道恶巧，天道恶盈，天道恶贰。贰者，多猜疑也，不忠诚也，无恒心也。

天下无易境，天下无难境；终身有乐处，终身有忧处。

取人为善，与人为善；乐以终身，忧以终身。

天下断无易处之境遇，人间哪有空闲的光阴。

天下事一一责报，则必有大失望之时。

天下事未有不从艰苦中得来而可久可大者也。

用兵最戒骄气惰气，作人之道，亦惟骄惰二字误事最盛。

《易》曰："劳谦君子有终。吉。"劳谦二字，受用无穷。劳所以戒惰也，谦所以戒傲也。有此二字，何恶不去，何善不臻？

与人为善、取人为善之道，如大河水盛，足以浸灌小河，小河水盛，亦足以浸灌大河，无论为上为下，为师为弟，为长为幼，彼此以善相浸灌，则日见其益而不自知矣。

天下凡物倍加磨冶，皆能变换本质，别生精彩，况人之于学乎！

知天之长而吾所历者短，则遇忧患横逆之来，当少忍以待其定。知地之大而吾所居者小，则遇荣利争夺之境，当退让以守其雌。知书籍之多而吾所见者寡，则不敢以一得自喜，而当思择善而约守之。知事变之多而吾所办者少，则不敢以功名自矜，而当思举贤而共图之。夫如是，则自私自满之见，可渐渐蠲除矣。

就吾之所见，多教数人，取人之所长，还攻吾短。

百种弊病，皆从懒生。懒则弛缓，弛缓则治人不严，而趋功不敏，一处迟则百处懈也。

勤劳而后憩息，一乐也。至淡以消忮心，二乐也。读书声出金石，三乐也。

凡喜誉恶毁之心，即鄙夫患得患失之心也，于此关打不破，则一切学问才智，适足以欺世盗名。

言物行恒，诚身之道也，万化基于此矣。余病根在无恒，故家内琐事，今日立条例，明日仍散漫，下人无常规可循，将来莅众必不能信，作事必不能成。戒之。

孙高阳、史道邻皆极耐得苦，故能艰难驰驱，为一代之伟人。今已养成膏粱安逸之身，他日何以肩得大事？

自戒烟以来，心神彷徨，几若无主。過欲之难，类如此矣，不挟破釜沉舟之势，讵有济哉！

古人办事，掣肘之处，拂逆之端，世世有之，人人不免。恶其拂逆而必欲顺从，设法以诛锄异己者，权奸之行径也。听其拂逆而动心忍性，委曲求全，且以无敌国外患而亡为虑者，圣贤之用心也。借人之拂逆，以磨厉我之德性，其庶几乎！

扶危救难之英雄，以心力劳苦为第一义。

为政之道，得人、治事二事并重。得人不外四事：曰广收、慎用、勤教、严绳。治事不外四端：曰经分、纶合、详思、约守。

每日须以精心果力独造幽奥，直凑单微，以求进境。一日无进境，则日日渐退矣。

于清早单开本日应了之事，本日必了之。

与胡中丞商江南军事。胡言凡事皆须精神贯注，心有二用，则必不能有成。余亦言军事不日进则日退。二人互许为知言。

文　集

独也者，君子与小人共焉者也。小人以其为独，而生一念之妄，积妄生肆，而欺人之事成。君子懔其为独而生一念之诚，积诚为慎，而自慊之功密。

彼小人者，一善当前，幸人之莫我察也，则趋焉而不决。一不善当前，幸人之莫或伺也，则去之而不力。幽独之中，情伪斯出，所谓欺也。惟夫君子者，惧一善之不力，则冥冥者堕行，一不善之不去，则涓涓者无已时。屋漏而懔如帝天，方寸而坚如金石，独知之地，慎之又慎。

风俗之厚薄奚自乎？自乎一二人之心之所向而已。民之生，庸弱者戢戢皆是也。有一二贤且智者，则众人君之而受命焉；尤智者，所君尤众焉。此一二人者之心向义，则众人与之赴义；一二人者之心向利，则众人与之赴利。众人所趋，势之所归，虽有大力莫之敢逆。故曰："挠万物者莫疾乎风。"风俗之于人之心，始乎微，而终乎不可御者也。

先王之治天下，使贤者皆当路在势，其风民也皆以义，故道一而俗同。世教既衰，所谓一二人者不尽在位，彼其心之所向，不能不腾为口说而播为声气。而众人者，势不能不听命而蒸为习尚。于是乎徒党蔚起，而一时之人才出焉。有以仁义倡者，其徒党亦死仁义而不顾；有以功利倡者，其徒党亦死功利而不返。水流湿，火就燥，无感不雠，所从来久矣。

今之君子之在势者，辄曰天下无才。彼自尸于高明之地，不克以己之所向转移习俗，而陶铸一世之人，而翻谢曰无才，谓之不诬可乎？否也。十室之邑，有好义之士，其智足以移十人者，必能拔十人中之尤者而材之。其智足以移百人者，必能拔百人中之尤者而材之。然则转移习俗而陶铸一世之人，非特处高明之地者然也。凡一命以上，皆与有责焉者也。有国家者得吾说而存之，则将慎择与共天位之人。士大夫得吾说而存之，则将惴惴乎谨其心之所向，恐一不当而坏风俗，而贼人才。循是为之，数十年之后，万有一收其效者乎？非所逆睹已。

先王之道不明，士大夫相与为一切苟且之行，往往陷于大戾，而僚友无出片言相质确者,而其人自视恬然,可幸无过。且以仲尼之贤,犹待学《易》以寡过,而今日无过,欺人乎?自欺乎?自知有过,而因护一时之失,展转盖藏,至蹈滔天之奸而不悔。斯则小人之不可近者已。为人友而隐忍和同,长人之恶,是又谐臣媚子之亚也。

学贵初有决定不移之志,中有勇猛精进之心,末有贤贞永固之力。

凡物之骤为之而遽成焉者,其器小也;物之一览而易尽者,其中无有也。

君子赴势甚钝,取道甚迂,德不苟成,业不苟名,艰难错迕,迟久而后进,铢而积,寸而累,及其成熟,则圣人之徒也。

贤达之起,其初类有非常之撼顿,颠蹶战兢,仅而得全。疢疾生其德术,荼蘖坚其筋骨,是故安而思危,乐而不荒。

古君子多途,未有不自不干人始者也。小人亦多途,未有不自干人始者也。

能俭约者不求人。

天可补,海可填,南山可移,日月既往,不可复追。其过如驷,其去如矢,虽有大智神勇,莫可谁何。光阴之迁流如此,其可畏也,人固可自暇逸哉?

人固视乎所习。朝有媕阿之老,则群下相习于诡随。家有骨鲠之长,则子弟相习于矩矱。倡而为风,效而成俗,匪一身之为利害也。

天之生斯人也，上智者不常，下愚者亦不常，扰扰万众，大率皆中材耳。中材者，导之东而东，导之西而西，习于善而善，习于恶而恶。其始瞳焉无所知识，未几而骋耆欲、逐众好，渐长渐惯而成自然。由一二人以达于通都，渐流渐广，而成风俗。风之为物，控之若无有，鳞之若易靡，及其既成，发大木、拔大屋，一动而万里应，穷天人之力，而莫之能御。

安乐之时，不复好闻危苦之言，人情大抵然欤！君子之存心也，不敢造次忘艰苦之境，尤不敢狃于所习，自谓无虞。

君子之道，莫大乎以忠诚为天下倡。世之乱也，上下纵于亡等之欲，奸伪相吞，变诈相角，自图其安而予人以至危，畏难避害，曾不肯捐丝粟之力以拯天下。得忠诚者起而矫之，克己而爱人，去伪而崇拙，躬履诸艰，而不责人以同患，浩然捐生如远游之还乡，而无所顾悸。由是众人效其所为，亦皆以苟活为羞，以避事为耻。呜呼！吾乡数君子所以鼓舞群伦，历九载而戡大乱，非拙且诚者之效欤？

世多疑明代诛锄绪绅而怪后来气节之盛，以为养士实厚使然。余谓气节者，亦一二贤者倡之，渐乃成为风会，不尽关国家养士之厚薄也。

凡菜茹手植而手撷者，其味弥甘。凡物亲历艰苦而得者，食之弥安也。

道微俗薄，举世方尚中庸之说，闻激烈之行，则訾其过中，或以罔济尼之。其果不济，则大快奸者之口。夫忠臣孝子，岂必一一求有济哉？势穷计迫，义不反顾，效死而已矣。其济，天也；不济，于吾心无憾焉耳。

后 记

呈现在读者面前的这本书，是在拙著《大道至拙——曾国藩与中国式领导力》基础上修改完成的。该书出版后，有幸得到读者的认可和喜爱，多次重印，并一直是北京大学国家发展研究院 EMBA、MBA 和 EDP 教学的指定教材。该书出版后，在教学的过程中，以及与朋友们交流的过程中，我对曾国藩领导力这一主题也不断有了新的思考。加上原书的出版公司博雅光华（北京大学出版社与时代光华图书有限公司合力打造的专业图书策划机构）已经不复存在，该书不再重印，需要再版，因而我利用这个机会，对原书进行了修订。本次修订的原则是：保留原书的框架，但根据作者最新的思考，对书中的内容做了较大幅度的充实。

修订的过程中，不少朋友提出，原来的书名不太容易反映书的主题，因而此次修订再版，将书名改为"曾国藩领导力十二讲"，以求名实相副，并希望能够继续得到读者朋友们的支持与指正。

新书出版之际，我要感谢博雅光华的原策划编辑朱笛女士和责任编辑孙尔春先生，并要感谢为本书提供再版机会的北京大学出版社副社长孙晔先生、总编辑助理林君秀女士、总编室主任陈健先生，以及责任编辑贾米娜女士。同时我还要感谢上过我的课的企业家、职业经理人以及政府官员朋友们。教学相长，我从他们身上学到的东西远远超出我所能给予他们的，对此我一直心怀感恩。

宫玉振

2018 年 10 月